CON
BOOK.

Emma Bessi

Tante emma und Der schnee-express

Wie ich mit meiner kleinen Nichte die Eisenbahn in die Arktis nahm

Folgen Sie uns!

Wir informieren Sie gerne und regelmäßig über
Neuigkeiten aus der CONBOOK-Welt. Folgen
Sie uns für News, Stories und Informationen zu
unseren Büchern, Themen und Autoren.

www.conbook-verlag.de/newsletter

www.facebook.com/conbook

www.instagram.com/conbook_verlag

MIX
Papier aus verantwor-
tungsvollen Quellen
FSC® C083411
www.fsc.org

www.conbook-verlag.de

Einbandgestaltung: Kathrin Steigerwald, Hamburg, unter Verwendung
der Motive von scharfsinn86/AdobeStock, wins86/AdobeStock,
nadia1992/AdobeStock und Emma Bessi
Karte: © Peter Palm, Berlin
Fotos im Bildteil: Emma Bessi
Satz: David Janik
Druck und Verarbeitung: CPI Books GmbH, Leck

894013 01 21 2

Printed in Germany

ISBN 978-3-95889-401-3

Inhalt

*»Gebt mir einen Punkt, wo ich hintreten kann,
und ich bewege die Erde.«*
(Archimedes)

»Kinder erinnern sich später nicht
an ihren besten Tag vor dem Fernseher.«
(Unbekannt)

Vorwort

Beim Sortieren meiner ganzen Notizen und Tagebücher und bei meinem Versuch, euch die Expedition mit dem Schnee-Express und meiner Nichte so detailliert wie möglich zu schildern, ist die Reise nach Monaten wieder in mir hochgekommen, und einige Szenen haben große Emotionen in mir ausgelöst. Die Augenblicke, die ich mit Lia während unseres Eisenbahnabenteuers teilen durfte, bedeuten mir sehr viel, weil meine Nichte ihr erstes großes Abenteuer mit mir erlebt hat und wir beide viel Spaß, aber auch etwas Leid hatten, wenn es uns mal nicht so gut ging.

Vielleicht werden einige von euch meine Schwester oder mich als leichtsinnig bezeichnen, das haben wir schon oft zu hören bekommen. Ich kann heute sagen, es war definitiv nicht leichtsinnig, weil Lia der beste Reisebegleiter und Co-

Abenteurer war, den ich bisher haben durfte. Wenn ihr Lia heute fragt, wie sie die Reise fand, dann wird sie euch sagen: »Das war voll cool und hat viel Spaß gemacht!«

Mehrere Tage im Zug zu verbringen hat mir sehr viel Stoff zum Nachdenken eingebrockt. Warum wollen Erwachsene und Kinder unterwegs sein? Wie kommen wir auf die Idee, unser gemütliches Zuhause zu verlassen? Welche Motivation steckt dahinter? Als studierte Historikerin hatte ich das Privileg, die Menschen von vor Tausenden von Jahren gewissermaßen kennenlernen zu dürfen. Die alten Griechen waren zum Beispiel im mediterranen Raum auf Reisen, um sich zu entspannen oder gesund pflegen zu lassen. Im ausgehenden Mittelalter wanderten andere Menschen auf der arabischen Halbinsel und in Asien, um nach kulturellen Erfahrungen zu suchen und ihr Wissen zu erweitern, wie Marco Polo, Christoph Columbus, Ibn Battuta. Ähnlich wie im Februar 2019 meine Nichte Lia. Auch sie hat nach Wissen gesucht: Wo gibt es viel Schnee? Und kann man da mit dem Zug hinfahren?

Entdecken, Reisen und Abenteuer sind eng miteinander verbunden. Die älteste Straße der Welt, die heute noch intakt ist, ist die Via Appia in Rom, die Hunderte Jahre vor Christus durch die Römer erbaut wurde. Daraus können wir schließen, dass die Römer zu den bekanntesten Reisevölkern gehören. Ein gut ausgebautes Straßennetz war der Grund, warum sie sich sicher und schnell fortbewegen konnten. Die Römer reisten, um ihre Neugierde zu stillen. Sie wollten lernen, wie viele andere Völker und Kulturen vor ihnen. Die Römer glaubten, dass Reisen eines der besten Mittel war, um andere Kulturen kennenzulernen und ihre Kunst, Architektur und Sprachen zu beobachteten.

Und das stimmt auch. Kinder wollen es, und wir Erwachsenen wollen es auch. Irgendetwas ist in uns, dass wir die Welt kennenlernen wollen. Zuerst reisten wohlhabende Menschen in ihren gut ausgestatten Fuhrwerken und Schiffen. Dies änderte sich im Mittelalter und die, die weniger hatten, bekamen auch endlich die Möglichkeit, unterwegs zu sein. Ja, auch im Mittelalter, das von vielen angeprangert wird als schwarze Zeit, weil die Religion das Zentrum des Lebens war, waren die Europäer viel unterwegs: etwa auf Pilgerreisen. Viele mögen es heute nicht verstehen, aber die Menschen reisten Hunderte, teilweise auch Tausende Kilometer, um eine Reliquie oder einen heiligen Ort zu besuchen.

Natürlich könnt ihr euch vorstellen, dass in Europa der Jakobsweg mit dem Ziel Santiago de Compostela zu erreichen war. Heute noch wandern einige die Jakobswege. Ich lief den Abschnitt von Trier nach Metz zum ersten Mal zwischen meinen Abiturprüfungen und bin froh, dass ich dieses Erlebnis danach fortsetzen konnte. Es war wie ein Zauber, der sich auf mich legte. Die Natur, die wundervollen Menschen, die mir auf jeder Etappe sagten, dass sie schon von mir gehört hätten. »Das junge Mädel mit der Jakobsmuschel um Hals«, nannte mich an der luxemburgischen Grenze ein Siebzigjähriger in gelber Regenjacke. »Ich bin den Weg auch schon gepilgert. Hast du schon etwas von der Magie gespürt?«, fragte er mich mit einem Lächeln im Gesicht. »Ja, das habe ich.« Er nahm mich kurz in die Arme, drückte mir einen Apfel in die Hand und ging anschließend weiter. »*Buen camino, Mädchen.*« Diese Begegnung rufe ich mir manchmal ins Gedächtnis zurück. Das Gesicht des Mannes habe ich immer noch vor meinen Augen: die kleinen Falten, die großen blauen Augen und dieses sympathische Lächeln.

Um Menschen die Reisen zu erleichtern, fing man an ein System aufzubauen, um mit Tourismus Geld zu verdienen, indem man Gästehäuser und Pilgerherbergen anbot. Städtetrips, heutzutage eine der begehrtesten Formen zu reisen, entstanden ebenfalls Hunderte Jahre vor unserer Zeit. Junge Aristokraten wollten die berühmten europäischen Hauptstädte wie Paris, London und Rom kennenlernen, um der Geschichte, Architektur und Kunst willen. Der erste Kaiser Russlands bereiste Westeuropa, weil er neugierig war und alles über dieses Gebiet wissen wollte.

Aber der wichtigste Beitrag zum Reisen kam mit dem Eisenbahnsystem, weil die Menschen nun anfingen, aus Spaß zu verreisen. Wir können also sagen, dass Mitte des 19. Jahrhunderts der Tourismus radikal anstieg, weil sich so gut wie jeder Reisen leisten konnte und sie auch nicht mehr so anstrengend für ärmere Schichten waren. Es gab jetzt einen Weg, um ganz locker und flockig durch die europäischen Länder zu reisen. Herrlich, oder?!

So entstand auch das Gruppenreisen unter dem ersten Reisebüro: Thomas Cook. An den Namen können sich vermutlich insbesondere die Pauschalreisenden unter uns erinnern. Ihr wisst ja, dann ging alles ganz schnell. Die Entwicklung des Verkehrs wurde weiter ausgebaut, um das Reisen noch komfortabler und für jedermann zu gestalten. Heute haben wir coole Apps, mit denen wir im Nullkommanichts und so billig Reisen buchen können – das ist der Hammer! Wir können uns entscheiden, ob wir in zwei Tagen mit dem Flugzeug einmal um die Welt fliegen wollen, ob wir wandern, das Auto nehmen, in die Pedalen treten oder lieber unser wundervolles Schienennetzwerk nutzen wollen.

Jeder hat heutzutage die Möglichkeit zu reisen. Auch Kinder. Lasst euch nicht verunsichern. Irgendwann wird der Zeitpunkt kommen, in dem man die Dinge bereut, die man nicht getan hat, aus Angst oder weil man sich die Zeit dafür nicht nehmen wollte. Vielleicht liegt der Schlüssel darin, wieder aus der Geschichte zu lernen und das zu tun, was unsere Vorfahren so gerne gemacht haben: entdecken.

Ach ja, Freunde, meine Schwester hat mir während meiner Arbeit an diesem Buch gesagt, dass ich auf jeden Fall anmerken soll, dass sie in der Schwangerschaft und auch danach weder geraucht, Drogen konsumiert noch Alkohol getrunken hat. »Ich habe noch nicht einmal Salami gegessen und Kaffee getrunken«, waren ihre Worte, nachdem sie so einige Abschnitte gelesen hatte und über den Unfug und die verrückten Ideen und Aussagen ihrer beiden Mädels lachen musste.

Ich bin der Überzeugung – und das wissen wir alle –, dass jedes Kind eine Macke hat. Sagen wir mal, jeder Mensch hat so etwas. Ich meine, die Kinder, denen ich auf der Schnee-Express-Expedition mit Lia begegnet bin, waren manchmal auch ganz ... ganz speziell ... amüsant und herrlich ... zum Kaputtlachen, Freunde!

Ich will euch nicht weiter aufhalten.

Die Story soll jetzt endlich anfangen.

Doch bevor es richtig losgeht ...

Mama? Oma? Am besten hört ihr hier schon auf zu lesen. Wie sich im Laufe der Schreiberei herausgestellt hat, werdet ihr noch das ein oder andere Hühnchen mit mir zu rupfen haben. Na ja, obwohl, Oma, wir wurden doch schon von der russischen Mafia in St. Petersburg verfolgt ...

Ich bin schon in mehr als 50 Ländern gewesen, die größere Abenteuer mit mir vorhatten als eine Zugreise mit meiner kleinen Nichte in den Norden Norwegens. Dachte ich. Tatsächlich habe ich mich getäuscht! Meine Wunschrealität entspricht nicht der Realität eines sechs Jahre alten Mädels.

Jede Reise, die man macht, lässt vergangene Reisen wieder aufleben. Bei mir ist es zumindest so, und ich denke, dass ich da auch für andere Weltenbummler rede. In Kasachstan saß ich zwei Tage im Knast. Im berühmten Valley Forge (Pennsylvania, USA) wurde ich von einem Polizeitrupp gesucht, und in Schottland musste ich einmal das Weite suchen, um einem Fuchsrudel zu entkommen. Aber was ist ein Abenteuer schon ohne Risiken? Richtig: nichts! Außer ein Besuch in Disneyland. Und für Disneyland können wir auch nach Paris fahren.

Vor der Reise

Von der Idee, mit dem Zug zum Polplaneten zu fahren

»Du willst mit meiner sechs Jahre alten Tochter in die Arktis fahren?«, fragte meine Schwester mit weit aufgerissenen Augen.

Ich nickte. »Ja.«

»Die ganze Strecke mit dem Zug?«

Wieder nickte ich. »Ja.«

»Hin und zurück?«

»Ja-ha.«

Plötzlich fing meine Schwester an, so breit zu grinsen, dass ihre Ohren fast Besuch bekamen.

»Reisende soll man ja in der Regel nicht aufhalten, stimmt's?!«

Mein Kopf kam aus dem Nicken gar nicht mehr raus.

»Viel Spaß!«, erwiderte meine Schwester, während ich im Hintergrund meine Nichte jubeln hörte: »Wir fahren zum Polplaneten!«

Voller Vorfreude auf die siebentägige Zugreise mit meiner rothaarigen Nichte malte ich mir gedanklich aus, wie erwachsen und gelassen ich die Reise mit einem kleinen Vorschulmädchen managen würde. Schließlich hatte ich darin Erfahrung, die Welt auf die coolste Art und Weise zu erkunden, dachte ich mit einem dämlichen Grinsen im Gesicht.

»Das Grinsen wird dir noch vergehen«, brabbelte meine Schwester und fing selbst laut schallend an zu lachen. Wahrscheinlich hatte sie in diesem Moment einen kurzen Ausflug in die Vergangenheit unternommen ...

»Muddi, was haben ein Tausendmarkschein und ein Polizist gemeinsam?«, hörte ich meine zwei Jahre ältere Schwester durch das Tacke-Tack des Zuges hindurch fragen.

»Nicht jetzt«, antwortete meine Mutter und schielte zu dem Polizisten rüber, der auf einem der Vierersitze neben uns Platz genommen hatte.

»Ne, jetzt ehrlich, was haben die beiden gemeinsam?«

Demonstrativ schlug meine Mutter die Zeitung auf, die sie kurz zuvor am Frankfurter Hauptbahnhof gekauft hatte, und verschwand hinter den grauen Blättern, getreu dem Motto: aus den Augen, aus dem Sinn.

Ich lächelte den Polizisten – damals noch in grüner Uniform – an. Er erwiderte mein Lächeln. Die Sitzpolster der Regionalbahn hatten dieselbe

Farbe wie die Kleidung des Polizisten, dachte ich nur. Unser Kater hockte schlafend zwischen mir und meiner Schwester in seiner Katzenbox.

»Du weißt es nicht«, rief meine Schwester siegessicher.

»Ich will es nicht wissen«, sagte meine Mutter im Singsang. »Und du wirst es mir auch nicht sagen. Haben wir uns verstanden, Fräulein?«

»Sie sind nie da, wenn man sie braucht«, plärrte meine vorlaute Schwester schließlich in einem derartigen Tempo, dass sie sich beinahe an ihren eigenen Worten verschluckt hätte.

Die Finger meiner Mutter krampften sich in die Zeitungsblätter, während sie langsam die Zeitung sinken ließ und mit aufeinander gepressten Lippen und hoch erhobenen Augenbrauen den lachenden Polizisten anstarrte. Meine Schwester hingegen schob sich ihre Hände unter die Oberschenkel und schaute aus dem schmutzigen Fenster des Bummelzuges, als wäre nie etwas vorgefallen.

»Tut mir leid«, nuschelte meine Mutter verlegen und verschwand wieder hinter ihrer Zeitung.

»Nah! Sie hat doch recht«, sprach der Polizist und lachte herzlich weiter.

Bis heute frage ich mich, ob er über meine damals zwölfjährige Schwester gelacht hat, über meine verlegene Mutter oder einfach über das Gesamtpaket: eine peinlich genervte Mutter mit ihren drei Kindern und einem Kater im Bummelzug auf dem Weg von Wuppertal nach Fürth. Wenn ich heute, also 17 Jahre später, darüber nachdenke, waren die Zugreisen als

Kind die beste Zeit in meinem Leben. Okay, für meine Mutter wahrscheinlich die anstrengendste Zeit, immerhin reiste sie mit meiner Schwester, unserem jüngsten Bruder, dem Kater, einem Wochenendticket und mir quer durch Deutschland, um meine Oma oder unsere Heimatstadt Bremerhaven zu besuchen.

Bei mir und Lia würde es anders sein. Lia war zum Zeitpunkt unserer Reise sechs Jahre alt. Auf keinen Fall kannte sie solche Fangfragen. Ich würde das schon hinbekommen. Oft genug waren wir zusammen nach Berlin gefahren und wieder zurück. Mit dem Zug. Und genauso wie ich liebte Lia Züge, vor allem Schnellzüge. Allerdings erreichte man Berlin von Wuppertal aus mit dem ICE in nur dreieinhalb Stunden. Die Arktis hingegen war schon ein Stück weiter weg.

Ich musste ein straffes und kreatives Programm vorbereiten, um über knapp 6.000 Kilometer hinweg der Langeweile und dem daraus entspringenden Gejammer eines Vorschulmädchens entgegenzuwirken. Hätte ich nicht vielleicht doch ein anderes Abenteuer mit ihr starten sollen? Obwohl, es war ja ihre Idee gewesen, zum »Polplanten« zu fahren. Sie hatte es mir ganz simpel erklärt: »Mit dem Zug«, hatte sie gesagt und mit dem Finger auf ihre Felix-Weltkarte getippt, »fahren wir um die Welt herum und dann hoch zum Polplanet.«

Aber wieso Zug? Auf Zugreisen trifft man in kürzester Zeit und auf engem Raum mit den unterschiedlichsten Menschen zusammen. Die verrücktesten und unvorstellbarsten Situationen sind mir auf Zugfahrten widerfahren. Wälder und Felder, Schlösser und Burgen, Wasser und Gebirge können bei einer einzigen Bahnfahrt an dir vorbeiziehen. Bis heute ist für mich Zugfahren wie eine Geschichte, die sich live vor meinen Augen abspielt. Von Heiratsanträgen und verrückten Schamanen bis hin zu vierzig betrunkenen Hooligans und indischen

Giftschlangen im Schulkarton: Die Märchen aus 1.001 Nacht werden hier von der modernen Konkurrenz geschlagen. Statt auf Kamelen und fliegenden Teppichen quer durch die Welt zu reisen, setze ich auf komfortable Highspeed-Züge und – die dürfen natürlich nicht fehlen – auf stinkende Bummeleisenbahnen.

Wie jede Sache im Leben hat auch mein Märchen der unendlich vielen und langen Bahnreisen einen Anfang. Für unseren Kater, meine Geschwister und mich waren es echte Abenteuerreisen gewesen, ganz à la Sindbad. Nur in unserem Märchen heiratete nicht Prinzessin Scheherazade den König, woraufhin die Geschichte ihren Lauf nahm, sondern die Bahncard und das Wochenendticket kamen auf den Markt und die Eisenbahnräder ins Rollen.

Berlin–
Wuppertal

Wie ich verschlief und mit meiner
Nichte die erste Vereinbarung traf

»Verdammte Scheiße!«, rief ich, als ich auf meinen Wecker
blickte: Punkt acht Uhr. Mein Herz war mir vor Schreck in
meine Harry-Potter-Pyjamahose gerutscht. Genau um acht
Uhr morgens hätte ich am Düsseldorfer Flughafen landen sollen. Wie eine Furie sprang ich aus meinem Bett, als auch noch
mein Handy klingelte.

›Samsofon ruft an‹, zeigte mir der Bildschirm den einge-
henden Anruf meiner Schwester an.

Mit den Worten »O mein Gott« nahm ich das Gespräch
entgegen.

»Samira reicht auch«, kam es aus dem Lautsprecher zurück.

»Du willst nicht wissen, was mir passiert ist. Und DAS ist
mir in meinem ganzen Leben noch nicht passiert.«

»Kannst du mir gleich erzählen. Sitzt du schon in der S-Bahn? Wir bereiten gerade das Frühstück vor«, sagte meine Schwester gähnend.

»Wir haben Nutella gekauft«, rief meine fast vier Jahre alte jüngere Nichte Tibby aus dem Hintergrund.

»Ich bin noch zu Hause«, schrie ich hysterisch ins Telefon und fühlte mich am frühen Morgen schon wie eine Versagerin. Wie sollte ich eine Zugreise mit einem Vorschulmädchen in die Arktis packen, wenn ich es nicht einmal pünktlich von Berlin nach Wuppertal schaffte?

»Hä? Du musst doch jetzt gelandet sein.«

Nervös ging ich den Flur auf und ab. »Mein Wecker hat nicht geklingelt.«

Lange Leitung ... »Hast du verschlafen?«

»Ja!«

Sie sog scharf die Luft ein. »Also die Mädels warten auf dich.«

So gut wie jedes Telefonat, das ich mit meinen Nichten führe, beginnt mit: »Wann kommst du?« Mit »nächsten Monat« oder »in zwei Wochen« geben die beiden sich nicht zufrieden. Meistens folgt dann noch »Wann genau?« oder »Wie oft muss ich noch schlafen?«. Nicht selten handelt Tibby die Tage mit mir aus. »Du musst noch zwölf Tage schlafen.« »Was? So lang noch? Fünfzehn Tage.« »Bitte, dann fünfzehn Tage.«

»Hallo? Bist du noch dran, oder bist du auf die Stummtaste gekommen?«

»Weißt du ...« Ich setzte mich auf mein Bett, bevor ich weitersprach. »... ich habe doch den Interrail-Pass. Ich werde den jetzt schon benutzen.«

»Du willst wirklich Zugfahren? Du wirst die ganze nächste Woche im Zug hocken.«

Ich ging sämtliche Pläne im Kopf durch, doch eine andere Möglichkeit fiel mir nicht ein. Ich hatte Tibby versprochen, einen Mädelsnachmittag mit ihr allein zu unternehmen, bevor ich mit ihrer Schwester in Richtung Norden verschwand, und der würde ins Wasser fallen, wenn ich den Flieger um 14 Uhr nähme. »Ich werde den ICE um 10:26 Uhr nehmen«, beschloss ich und stellte mich wie eine kampfbereite Soldatin hin.

Nachdem ich ausgiebig gefrühstückt hatte, zog ich mir einen bunt gestreiften Kapuzenpulli und eine dunkle Boyfriend-Hose an. Ich liebe diesen Kleidungsstil, weil er einfach gemütlich ist und lässig aussieht. Schnell noch in meine dunkelblauen Chucks geschlüpft, meinen großen Trekking-Rucksack auf den Rücken geschnallt, den kleineren Rucksack auf den Bauch, und schon konnte es losgehen. Wie ein spontan entschlossener Bilbo Beutlin, der an einer geheimen Expedition um den Arkenstein teilnehmen wollte, brach ich aufgeregt und voller Abenteuerlust auf, hüpfte die Treppen runter und lief in schnellen Schritten zum S-Bahnhof.

Es war Ende Februar, ein milder Tag. Der leichte Wind bauschte meine offene Skijacke auf. Meine Rucksäcke wärmten mich wie ein angenehmes Lagerfeuer in einer kühlen Herbstnacht. Die Sonne schien durch den sanften Wolkenschleier. So langsam, langsam kamen auch die im Winter leidenden Meisen wieder aus ihren Verstecken und kündigten den Frühling an.

Schnellen Schrittes ging ich die Treppen zum Gleis runter. Ich beugte mich kurz nach unten, um abzuchecken, welche S-Bahn gerade in den Bahnhof eingefahren war. Entweder war es die in Richtung Westkreuz und somit zum Berliner Hauptbahnhof oder die in die entgegengesetzte Richtung zu Deutschlands Problemzone: Flughafen Schönefeld.

Es war meine Bahn. War ja klar! Ich richtete mich wieder auf, was gar nicht so leicht war mit meinem vollgepackten

Rucksack am Bauch und dem noch schwereren Rucksack auf meinem Rücken. Ich sprintete die restlichen Stufen runter, übersprang gelegentlich die eine oder andere Stufe, weil ich wusste: Wenn ich diese Ringbahn fahren ließe, müsste ich bei meinem Glück 20 statt fünf Minuten warten. Dann würde ich meinem Zug bestenfalls hinterherwinken können.

Leider gehöre ich zu den Menschen, die (fast) alles immer auf die letzte Sekunde schaffen, was echt stressig sein kann. Du stehst rechtzeitig auf, um einen gemütlichen Tagesablauf zu haben, dann nimmst du dir für eine Sache mehr Zeit, als eingeplant, etwa um ein YouTube-Video nach dem anderen zu suchten, und schwups, drängt die Uhr. Auch diesmal schaffte ich die S-Bahn auf die Sekunde genau. Erleichtert setzte ich mich auf einen der Viererplätze und platzierte meine Rucksäcke neben mir.

»Gott sei Dank, der Zug fährt aus dem Bahnhof«, dachte ich und fischte meine Kopfhörer aus einer meiner hundert Jackentaschen. Gerade war ich dabei, mich auf die Musik von Barry Louis Polisar zu konzentrieren, als die Ringbahn eine Station vor Westkreuz stehen blieb. Für sage und schreibe fünf Minuten. Und bei mir kommt es doch immer auf jede Minute an!

Genervt verdrehte ich die Augen und legte den Kopf in den Nacken. Das konnte doch nicht wahr sein! Schließlich setzten sich die Räder in Bewegung, und es ging weiter. Das Ding war nur: Entschied ich mich, weiter zum Hauptbahnhof zu fahren, würde der ICE definitiv ohne mich starten. Also beschloss ich, von Westkreuz nach Berlin-Spandau zu fahren, um weitere 14 Minuten Puffer zu haben. Dachte ich.

Mit meinem Gepäck stand ich an der Tür der S-Bahn und sah aus dem Fenster. Mein Kopf wackelte zum Beat der Musik. »O mein Gott!«, rief ich plötzlich.

»Alles gut?«, fragte mich ein älterer Herr neben mir.

»Der ICE nach Köln steht schon am Gleis«, antwortete ich, eher zu mir selbst. *Ich habe doch noch drei Minuten.*

Ich war gefühlte fünftausendmal mit dieser Verbindung nach Wuppertal gefahren, deshalb wusste ich, dass dieser ICE keinen längeren Aufenthalt in Spandau machte. Meine Hand glitt direkt zum Türöffner. Obwohl die S-Bahn noch nicht ganz zum Stehen gekommen war, drückte ich nervös auf den Knopf, um rausspringen zu können, sobald die Tür auch nur einen winzigen Spalt geöffnet war.

Wie ein vollbepackter Esel rannte ich das Gleis entlang, sprang die Treppen runter, flitzte um die Ecke zu Gleis 4 hoch. Und dann sah ich den Schaffner, der in seine Pfeife blies.

»WARTE!«, schallte meine Stimme über die Köpfe der Leute hinweg. Ich rannte die letzten Meter, die Türen waren gerade dabei, sich zu schließen, und ich sprang mit meinen Rucksäcken in den ICE. Ich flog förmlich in den Schnellzug. Beinahe hätte ich bei der Landung mein Gleichgewicht verloren. »Yes!«, jauchzte ich triumphierend. Meine alltäglichen Jump-Übungen in S- und U-Bahnen auf letzter Sekunde hatten sich bezahlt gemacht.

Zwei junge Männer applaudierten, und eine Frau mittleren Alters hob den Daumen. Ich lachte bei dem Gedanken, was der Schaffner und all die anderen Mitreisenden hier von mir dachten. Außer Puste suchte ich mir einen Platz und ließ mich, nachdem ich mein Gepäck verstaut hatte, in die blauen Sitze fallen.

Ein korpulenter Mann mit Glatze in typisch dunkelblauer DB-Uniform ging Wagen Nummer 9 entlang. Ja, ich in der ersten Klasse. Nicht weil ich Geld furzen konnte, sondern dank eines Rabattcoupons für meinen Interrail-Pass. Aber dazu komme ich noch. Schließlich hatte ich mich intensiv auf diese Reise vorbereitet, weil ich ein sechs Jahre altes Mädchen mit im Schlepptau haben würde.

Irgendwie erinnerte mich der Schaffner an den dicken Bahnhofsaufseher aus den Harry-Potter-Filmen in der Szene, in der Ron und Harry durch den magischen Eingang zum Gleis 9 ¾ marschieren wollen, der aber – Achtung! Spoiler-Alarm – aufgrund von Dobby, dem Hauselfen, geschlossen bleibt, woraufhin beide gegen die großen Pfeiler krachen. Doch dieser Schaffner wirkte nicht so unfreundlich. Ich sah ihm seine Lebenseinstellung an: *Mit Freundlichkeit fährt man am besten.*

»Sportliche Leistung«, begrüßte mich der Kontrolleur und streckte die Hand nach meinen Papieren aus.

»Das ist Ihnen wohl nicht entgangen, was?« Mir wurde heiß, und ich glaube, ich war in diesem Moment so rot wie eine ausgereifte andalusische Tomate. Ich presste meine Lippen aufeinander und zwang mich zu einem Lächeln. Nebenbei warf ich einen Blick auf den Bildschirm an der Decke des Zuges. Irgendetwas stimmte da nicht. Zwischen Hamm und Köln fehlten die Stopps in Hagen und Wuppertal.

»Wieso werden Hagen und Wuppertal nicht angezeigt?«, fragte ich, während ich nach meinem Interrail- und meinem Reisepass kramte.

»In Wuppertal gab es einen Erdrutsch, deshalb müssen wir Wuppertal und demnach auch Hagen umfahren«, antworte er direkt in einem Satz, ohne dass irgendwelche Fragen offenblieben.

Ich kann es nicht ab, wenn Menschen um den Punkt herumreden oder wollen, dass man ihnen wirklich alles aus der Nase ziehen muss. Allerdings schoss seine Antwort allzu locker aus ihm heraus, er konnte ja nicht wissen, was sie in diesem Augenblick in mir auslöste. Mir fiel alles aus dem Gesicht. Ich hatte das Gefühl, als würde mein Magen sich umdrehen, obwohl ich gesund war und ein supergutes Frühstück gehabt hatte. Ich schluckte.

»Wissen Sie«, sagte ich ohne viel Kraft in der Stimme. »Ich glaube, irgendjemand will mich in Wuppertal nicht haben oder die Reise mit meiner Nichte sabotieren.« Wie eine alte Närrin schüttelte ich den Kopf. »Wenn wir nicht mit dem Zug in den Norden kommen, wird für meine Nichte eine Welt zusammenbrechen.«

Sein ratloser Blick verriet mir, dass er nicht wusste, wovon ich sprach, also erzählte ich ihm von meinem katastrophalen Morgen und meinem bevorstehenden Trip. Ich war in den letzten Jahren oft gereist. Entweder aus beruflichen Gründen oder Neugierde. Meine Aufregung hatte sich immer in Grenzen gehalten. Fliegen war für mich wie eine kurze Busreise, und fremde Kulturen waren wie Blumen, an denen ich noch nicht gerochen hatte, aber an deren Geruch ich mich schnell gewöhnte, weil ich gelernt hatte, dass ich meine gewohnte Umgebung anderen Menschen in anderen Ländern nicht aufzwingen konnte. Nur würde ich dieses Mal in Europa bleiben und in der westlichen Kultur. Ich würde durch Länder reisen, die ich schon einmal entdeckt hatte. ABER ich würde meine Nichte dabeihaben. Ein Vorschulmädchen. Wir würden zusammengerechnet mehr als eine Woche nur in Zügen verbringen.

»Für niemanden wird eine Welt zusammenbrechen«, sagte der Schaffner ruhig in seiner Baritonstimme. »Steigen Sie in Hamm aus und dann in die Regionalbahn nach Wuppertal.« Er nickte, als würde er seine eigenen Worte bestätigen wollen.

Ich atmete tief ein und aus. Dann nickte auch ich. »Vielen Dank.«

Kurz nachdem der Schaffner weitergezogen war, beugte sich eine ältere Dame mit grauem Filzhut über die Sitzlehne neben mir. »Entschuldigen Sie, ich habe das gerade mitbekommen. Sie wollen wirklich mit einem Kind eine Zugreise machen? Finden Sie das nicht riskant?«

Der Stimme nach war die Frau jünger, als ich annehmen mochte. Ich verrenkte fast meinen Hals, als ich mich in ihre Richtung drehte, und schaute nach oben. Sie hatte roten Lippenstift auf den Zähnen. »Das würde ich nicht sagen, weil das ganze Leben riskant ist.« Meine Gedanken schweiften wieder zu Bilbo Beutlin. Sobald man aus der Tür geht, betritt man die Straße, und wenn man nicht aufpasst, weiß man nicht, wohin die Füße einen tragen werden.

»Sehr leichtsinnig.« Die Dame schüttelte den Kopf und lehnte sich wieder zurück.

War ich wirklich leichtsinnig, ging es mir durch den Kopf. Hätte ich zu Lias Idee einfach nein sagen sollen? Bevor ich mich wieder in dem Gedanken festfahren konnte, kam der Schaffner und überreichte mir eine Packung Oreo, Multivitaminsaft und eine Flasche Wasser. »Nach Ihrem meisterhaften Sprung in den Zug, werden Sie auch die Fahrt in die Arktis mit Bravour meistern«, sagte er herzlich und versuchte ein Lachen zu unterdrücken.

Dafür fing ich an zu lachen. Ich malte mir aus, wie für die anderen mein Sprung ausgesehen haben musste, als ich vollbepackt in den ICE reingesprungen war, während die Türen sich langsam schlossen.

Dieses Gefühl, eine Reisende zu sein, hatte ich erst im September 2016 bekommen. Dabei war ich die ganzen Jahre zuvor ständig unterwegs gewesen, ein waschechter Cosmopolitan, Wanderer, Globetrotter, Backpacker und was es sonst noch für Bezeichnungen in der Abenteurer-Reise-Branche gibt. Es war auf dem Lykischen Weg in der südwestlichen Türke. Mein Wandergefährte und ich marschierten aus einem der 19 Olymps, also einem der Sitze der griechischen Götter der Antike. Tatsächlich gab es 19 dieser Götterwohnheime – gar nicht so schlecht bei gerade mal zwölf Göttern. Wir liefen den Strand der winzigen Ortschaft Çıralı entlang. Trotz des Ausnahmezustands wegen des Putschversuchs tummelten sich Badegäste auf dem wundervollen weißgoldenen Sand. Im Wasser spielten Kinder, junge Frauen und Männer ließen sich ins saphirblaue Mittelmeer gleiten. Es waren mehr als 35 Grad im Schatten.

Und dann waren da noch wir beide. Zwei deutsche Abenteurer, die in voller Wandermontur mit ihren fetten Trekkingschuhen über den weichen glitzernden Sandstrand zwischen den halbnackten Badegästen und ihren kühlen Erfrischungsgetränken liefen.

»Lordy! You're walking that hiking trail? Lycian way?!«, rief einer aus der Menge heraus, bevor er auf uns zulief und uns den Weg versperrte.

»Ja, und ich würde so gerne jetzt mit dir tauschen«, antwortete ich auf Englisch.

»Den ganzen Weg?«, hakte er nach.

Mein Begleiter und ich nickten synchron. Tatsächlich hatten wir schon mehr als zwei Drittel des Weges hinter uns gelassen.

Alle Blicke waren auf uns gerichtet. Nach ein

paar weiteren Floskeln und Komplimenten durften wir weitergehen.

»I like your backpack«, rief mir jemand hinterher.

»Ich auch«, sagte ich grinsend und voller Stolz in der Brust auf meinen grünen Rucksack mit seinen gelben Blümchen.

»Wann gehen wir endlich los, Emma?«, fragte meine kleine Nichte hastig.

O Gott, mein Kopf ... »Lass mich doch erst einmal reinkommen, du Nudel.«

»Ich bin keine Nudel«, rief Tibby mit einem breiten Grinsen im Gesicht.

»Du bist zu spät«, begrüßte mich Lia. »Glaubst du, wir schaffen den Zug morgen?« Panik stand ihr ins Gesicht geschrieben.

»Wir haben noch heute. Morgen ist erst morgen«, versuchte ich sie zu beruhigen.

Sie atmete erleichtert aus. »Puh! Zum Glück ist heute nicht morgen, wir hätten alles verpasst. Auch den Schlafzug in drei Tagen.«

Ich hob eine Augenbraue. Bevor ich etwas erwidern konnte, sprachen die Ladys schon im Chor weiter. Tibby machte sich Sorgen um den Mädelsnachmittag zu zweit, und Lia wurde es flau im Magen bei dem Gedanken, irgendeinen Zug zu verpassen. Dabei mussten die beiden Mädels gleich noch in den Kindergarten, um eine Karnevalsfeier nachzuholen, die einige Male verschoben worden war, da nach und nach Kinder und Erzieher krank geworden waren. Na ja, immerhin fand nun doch noch eine Party statt. Auch wenn es nur zwei Stunden waren. Die Kinder würden Spaß haben, und das war die Hauptsache.

Im Flur standen Puppenhaus, Kuscheltiere, Rucksäcke und vollgepackte Jutebeutel.

»Das«, meine Schwester zeigte auf das Chaos und drehte dabei provokant den Zeigefinger, »möchte Lia mitnehmen.«

OMG! Geschockt riss ich die Augen auf und klimperte mit den Wimpern. »Wie stellt ihr euch das vor? Das ist ja der halbe Haushalt!«

Sie zuckte nur gelassen ihre Schulter. »Das müsst ihr untereinander klären. Ich mische mich da nicht ein.«

Taktik ist das A und O. Bevor Lia und ich uns noch ankeiften, machte ich den Vorschlag, dass sie alles mitnehmen dürfe, was sie auch tragen könne. Das war auch für Lia einleuchtend. Für ihre Kleidung hatte ich schon in Berlin in meinem Rucksack Platz gelassen. Lia stand in einem weiß-schwarz karierten Kleid vor mir. Unter dem rechten Arm steckte ein lilafarbenes Einhorn, unter ihrem linken ein weiteres Kuscheltier, und in ihrer linken Hand hatte sie ein türkisfarbenes Puppenhaus. Sie starrte mich mit ihren dunkelbraunen Augen hilflos an. »Was soll ich denn mitnehmen?«

Ich überlegte ein paar Sekunden. »Hast du noch die Liste?« Sie nickte und lief an ihren Schreibtisch.

Damit ich Lia in die Vorbereitungen einbeziehen konnte, hatte ich zuvor meiner Schwester eine Liste mit Symbolen geschickt, was sie sich einpacken sollte. Unter anderem war auch ein Teddy-Icon mit von der Partie.

»Weißt du, der Fehler liegt bei mir«, nuschelte ich mehr zur Liste als zu Lia. »Ich hätte noch draufschreiben sollen, wie viel du von jedem mitnehmen darfst.«

Gott sei Dank hatten wir das Thema schnell geklärt, ohne jegliche Diskussion oder irgendein Gejammer, weil sie nicht ihr halbes Zimmer einpacken durfte beziehungsweise konnte. Sie hatte es verstanden, und das beruhigte mich ungemein.

Die Macht der Neugierde und der ewige Geier in mir

»Neugierde der Kinder ist der Wissensdurst nach Erkenntnis, darum sollte man diese in ihnen fördern und ermutigen«, hatte der englische Aufklärer John Locke einmal gesagt. Eigentlich fühle ich mich nicht zur Philosophie hingezogen, allerdings hatte ich in der Oberstufe einen sehr kompetenten und ausgezeichneten Philosophielehrer. Sein offener und aktiver Umgang mit uns jungen Erwachsenen hatte mir das Fach versüßt, und so kamen mir John Lockes Worte wie die ersten Frühlingsblümchen aus dem Schnee ins Gedächtnis, als Lia beim Durchblättern ihres Felix-Buchs auf einen Plüschhasen in Felljacke mitten im weißen Nirgendwo stieß. Es war im Oktober 2018, zwei Monate vor Lias sechstem Geburtstag, und Europa hatte gerade einen dürren Hitzesommer überstanden. Wäre Lia zu dieser Zeit als Astronaut über Europa geflogen, hätte sie anstatt leuchtend grüner Wiesen und Felder nur verbranntes Gestrüpp und große braune Flächen entdeckt. Die lang anhaltende Trockenperiode, die unseren wunderschönen und naturreichen Kontinent ausgedorrt hatte, hatte insbesondere Skandinavien und den Süden Deutschlands fest im Griff gehabt. Meine Oma lebt in Bayern und konnte wie viele andere Menschen tagelang überhaupt nicht aus dem Haus, weil es einfach zu heiß war und sie sonst kollabiert wäre. Die rekordverdächtigen Temperaturen waren eine klimatische Katastrophe, da auch am Polarkreis Temperaturen von 30 °C gemessen wurden. Leider kostete die mehrwöchige Hitze vielen Tieren das Leben. Der drastische Farbwechsel hatte sich in nur wenigen Monaten vollzogen, und der Schaden, der durch diese Periode verursacht wurde, ist bis heute nicht behoben.

»Wo liegt so viel Schnee?«, fragte Lia mich skeptisch, als würde sie den Seiten ihres Felix-Buchs nicht trauen.

»Am Nordpol«, antwortete ich knapp.

»Es gibt wirklich so viel Schnee in Deutschland?!« Ihre Augen fielen ihr fast aus dem Kopf.

»Nicht in Deutschland, sondern am Nordpol und in der Arktis, dem Gebiet um den Nordpol herum.«

Neugierde flackerte in Lias Gesicht auf. »Kann man da mit dem Zug hinfahren?«

Ich schmunzelte. »Joa, theoretisch.«

Lia holte ihre Weltkarte aus dem Schrank und rollte sie auf dem geblümten Teppich aus. Ich zeigte ihr mit einem Bleistift, wo wir uns befanden und wo die Arktis liegt. Ich zeichnete den Weg von Wuppertal nach Tromsø ein.

Bevor ich noch etwas dazu erzählen konnte, rief sie völlig außer sich: »WAS??? Man muss mit dem Zug aus der Welt rausfahren, um zum Polplanet zu kommen?«

»Erstens heißt es Nordpol und nicht Polplanet. Zweitens befindet sich der Nordpol immer noch auf unserem Globus.«

Ich stellte mir vor, wie wir mit dem Zug aus der Atmosphäre düsten und zwischen den typischen Kindersternschnuppen und -galaxien zu einem Planeten über der Erde fuhren. Lia drückte sich die Nase an der Fensterscheibe platt, und ich betete, nicht von einem Asteroiden getroffen zu werden.

»Gibt es am Nordpol auch diese grünen Streifen?« Vorsichtig strich sie mit ihren Fingern über die Karte.

»Die Polarlichter«, verbesserte ich sie. »Ja, die gibt es dort. Aber nicht immer.«

Ein Blick auf meine Nichte verriet, dass sämtliche Zahnräder in ihrem Hirn in Bewegung waren. »Können wir auch dahin?«, fragte Lia, nachdem sie fünf Minuten tief in Gedanken ihre Weltkarte angestarrt hatte.

Ich nickte. »Nichts leichter als das. Aber«, sagte ich und schaute sie an, »verrate es noch keinem, weil ich erst einen Plan machen muss, bevor ich ihn den anderen vorstellen kann.«

Lia strahlte wie ein Honigkuchenpferd. »Okay. Zip.«

Was soll ich euch sagen? Sie hat es nicht einmal eine Minute geschafft, das Geheimnis für sich zu behalten. Kurz nachdem ich aus ihrem Zimmer in die Küche gegangen und mit einer Flasche Wasser zurückgekommen war, konnte ich sehen, wie Lia sich von ihrer Mutter wegdrehte und so tat, als wäre nie etwas passiert.

»Polplanet mit dem Zug?«, fragte meine Schwester und zog beide Augenbrauen nach oben. »Lia meint doch nicht etwa den Nordpol?«

Ich blockte direkt ab. »Noch ist nichts entschieden. Ich muss erst mal schauen und planen, wie man so etwas am besten anstellen kann.«

Höchstwahrscheinlich hielt meine Schwester die Fahrt in die Arktis für eine Schnapsidee. Wir sprachen nicht mehr über das Thema, bis zu dem Zeitpunkt, als ich in einem Hotel in Hamburg saß und einfach mal schaute, welche Züge mich *theoretisch* in die Arktis bringen könnten und was der ganze Spaß mich kosten würde. Allein die Fahrt von Wuppertal nach Hamburg lag schon bei 49 Euro. Dann kamen noch die Fahrten nach Kopenhagen, Malmö, Stockholm und Narvik hinzu. Und nicht zu vergessen: Das alles müssten wir auch wieder zurückfahren. Ich konnte keine 1.000 Euro allein für Hin- und Rückfahrt ausgeben. Ich war Studentin, lebte in einem kleinen Apartment in Berlin und arbeitete gelegentlich als Ghostwriterin und Journalistin. Für meine Reisen kam ich meistens selbst auf. Da blieb nicht sehr viel Geld über. Außerdem steckte in einer Reise wesentlich mehr Abenteuer, wenn der Trip nicht bis ins Detail kalkuliert werden musste. Davon abgesehen wollte ich bei meiner Familie meinen Ruf als schnäppchenjagender Geier nicht verlieren.

Plötzlich poppte eine Werbe-E-Mail auf meinem Laptop auf: Interrail. *Bingo, wie geil ist das denn,* ging es mir durch den Kopf. Als hätten die Newsletter-Spezialisten von Interrail meine Sorge gerochen, aufgrund zu hoher Zugpreise unsere Reise durch halb Europa abblasen zu müssen. Ich hatte zweimal in meinem Leben eine Reise, die ich schon bezahlt hatte, canceln müssen. Einmal wegen höllischer Rückenschmerzen, die ich ›dank‹ einer Grippe bekommen hatte, als ich nach Nürnberg mit dem Zug fahren wollte, und das zweite Mal, als ich ins Westjordanland nach Ramallah reisen wollte, dieses mir aber aufgrund von Ausschreitungen verwährt wurde. Aber kommen wir wieder auf Interrail zurück: Dieses Fahrkartenwesen ist keine neumodische Erscheinung. Ich kann mir gut vorstellen, dass sich auch die jungen Erwachsenen aus den 1970er und 1980er Jahren noch gut an Interrail (früher auch Hippie-Rail genannt) erinnern können. Für alle Eltern, Tanten und Onkel, die mit Kindern Abenteuer erleben wollen und Interrail noch nicht kennen: Besorgt euch den Interrail-Pass! Ich habe den Tarif für sieben Tage Zugfahrt quer durch Europa genommen. Das Coole ist, mit der Adult-Variante wird allen Miniweltenbummlern unter elf Jahren KOSTEN-LOS ein Interrail-Pass zur Verfügung gestellt.

Mein Herz machte in diesem Moment einen Riesensprung. Wie ein Geier, der kurz davor war, sich auf seine Beute zu stürzen, grinste ich hinter meiner Brille. Am Ende der Buchung hatte ich mit einem 20-Prozent-Gutschein, den ich mir zuvor auf Google gesucht hatte, nur 293 Euro bezahlt, und das auch noch in der ersten Klasse. Nur in Schweden musste man in den Schnellzügen noch Plätze reservieren. Das war ganz simpel über die jeweilige Website zu erledigen, die Platzkarten kosteten nur ein paar Euro. Die Abteile mit den Betten waren natürlich etwas teurer, aber auch das hielt sich im Rahmen. Ich war schon einmal mit Interrail durch Österreich, die Slowakei und Slowenien gereist und hatte tolle Erfahrungen sammeln dürfen. Interessanterweise hatte ich auf dieser Fahrt einige Kinder getroffen, die quer durch die Züge gelaufen waren, während ihre Mütter sich hin und wieder ein Gläschen Wodka gegönnt hatten. Ehrlich gesagt, hatte ich diese Szenen amüsant gefunden – getreu dem Motto: O Gott, die energiegeladenen Kinder kommen, schnell noch einen Schluck russisches Wasser tanken, um innere Kraft und Geduld aufzuladen und die Kids auszuhalten in einem so winzigen Zugabteil.

Mir war klar, dass Lia nicht am Stück im Zug sitzen könnte, deshalb hatte ich von vornherein einen Aufenthalt in Stockholm eingeplant. Über Booking verschaffte ich mir einen groben Überblick, was die Hotels oder Hostels mit Frühstück (dringend zu empfehlen, wenn mit Kind gereist wird) in der Stadt kosten. Ab 25 Euro aufwärts. Auch das war für mich machbar. Allerdings hatte ich nicht vor, Unterkünfte und sämtliche Platzreservierungen im Voraus zu buchen. Lia und ich würden Weltenbummler sein ohne den typischen Urlaubsstress, den viele Familien haben, bevor sie in die Ferien aufbrechen. Nicht alles musste bis ins kleinste Detail durchstrukturiert sein.

Wenn ich allein reise, kann ich selbst entscheiden, wohin ich will und was ich machen möchte, ohne auf jemanden Rücksicht zu nehmen. Aber mit Lia war ich zu zweit. Wir besprachen alles gemeinsam. Auch wenn ich nur einen Mini-Globetrotter im Schlepptau hatte – Spoiler: Die Mini-Version ist anspruchsvoller! Mir wurde schnell klar, dass Kinder wesentlich neugieriger sind als Erwachsene. Sie stellen Fragen wie: Wieso hat jedes Land sein eigenes Geld? Wieso können wir nicht alle dieselbe Sprache sprechen? Wieso hört sich Dänisch deutscher an als Arabisch? Warum sind die Menschen hier netter als in Deutschland? Diese Fragen sind nur ein Bruchteil von dem, was in Lias Kopf schwirrte.

»Ich liebe reisen«, hatte sie mir offenbart, als wir ein Jahr zuvor nach Berlin gefahren waren. »Wieso macht Reisen nur so viel Spaß?«

Ich hatte unterdessen vor allem die Sorge gehabt, dass Lia Durchfall oder Bauchschmerzen bekommen könnte.

Menschen sind Wanderer. Wandern liegt uns, seit es die Menschheit gibt, in den Genen. Geprägt von der Bewegung unserer Vorfahren werden wir immer ein Gefühl von Fernweh haben. Auch Menschen, die nie gereist sind, haben hin und wieder Sehnsucht nach der Ferne und nach der Bewegung, die dahintersteckt. Wir Menschen sind für ein Leben mit Bewegung programmiert. Sobald unsere Bewegung nachlässt, rosten wir körperlich sowie seelisch ein.

Vor dreizehntausend Jahren waren Menschen noch in Nomadenvölker eingeteilt. Sesshaftigkeit existierte nicht. Auf der Suche nach Nahrung waren sie in ständiger Bewegung. Durch die Klimaveränderungen änderte sich auch ihr Speiseplan, deshalb wurde mit bestellten Äckern und Vorräten für die kalten Wintermonate vorgesorgt. Erfolgreiche Jagdmethoden sorgten zudem für eine sinkende Population der Jagdbeute.

Werfen wir einen Blick auf die drei monotheistischen Weltreligionen, so hatte die Menschheit schon immer aus Wanderern und Sesshaften bestanden. Der erste Mord in der Menschheitsgeschichte, der von Kain an Abel, resultierte aus den unterschiedlichen Lebensbedingungen, die beide führten. Nachdem Kain aus Eifersucht seinen Bruder Abel, den Hirten, erschlagen hatte, schickte Gott ihn auf eine lange Wanderung – nicht um ihn zu bestrafen, sondern um ihn zur Vernunft zu bringen.

Wahrnehmungen verändern sich durch Raum und Zeit. Solche Erfahrungen werden mit alten Erinnerungen in Verbindung gebracht, was neue Selbstentwürfe ermöglicht. Unterwegssein lässt die Gedanken arbeiten. Plötzlich sieht man viele Dinge in einem ganz anderen Licht. Reisen verändert die Sicht auf das Leben.

Wuppertal–Kopenhagen

Der Mann, der dachte, ich würde mit Lia ausbüxen

Wer die Schwebebahn kennt, kennt auch den Namen der Stadt Wuppertal. Achtung: Nicht umgekehrt. Denn kein Mensch kennt Wuppertal, ohne die Schwebebahn zu kennen. In der Regel fällt die Sprache in Unterhaltungen zuerst auf den schwebenden Zug über der Stadt, und dann folgt die Frage, wo dieses fahrende Instrument denn sein Unwesen treibt. Schließlich fällt dann ganz zum Schluss der Name, Wuppertal.

Nein, es ist keine Achterbahn. Und es fühlt sich auch nicht so an, als würde man in einer Achterbahn sitzen, wenn man mit der Schwebebahn fährt. Die Wuppertaler Jugend ist eher auf die nahe gelegenen Niederlande fixiert als auf die tolle Schwebebahn, die immerhin eine Geschwindigkeit von 40 km/h erreichen darf.

Leider kennen sehr viele Menschen die Schwebebahn und somit auch Wuppertal, die besondere Stadt im Bergischen Land, nicht. Zwar ist das Bergische Land nicht nach seinen Bergen und Tälern benannt, dafür aber nach dem historischen Herzogtum Berg. Wer in Wuppertal mit Inlinern oder Fahrrad durch die Stadt cruisen möchte, braucht aber trotzdem Ausdauer und gute Beinmuskulatur, denn in der Tat besteht Wuppertal nur aus Tälern und Bergen. Für Touristen, die Wuppertal noch nie besichtigt haben: Nach eurem Besuch werdet ihr den schönsten Hintern haben und eine Ausdauer wie Usain Bolt.

Um von hier nach Kopenhagen zu kommen, würde ich vom Fußweg abraten und lieber den Schienen lauschen und die Bilder der vorbeifahrenden Landschaft bewundern. Mehr oder weniger. Denn wer in den Norden Deutschlands hochfährt, weiß, dass er flache und grüne Felder mit Windkrafträdern zu sehen bekommt. Burgen und Schlösser und Weinberge wie im Rheintal sind hier Fehlanzeige. Und dann muss man den neugierigen Kindern auch noch erklären, wofür diese Windkrafträder sind, und wenn jemand von euch schlaue Kinder haben möchte, muss er dann noch erklären, wie gesundheitsschädlich solche Windkrafträder für Tier und Natur sind. Speziell unsere Vogelarten hier in Deutschland leiden unter den Windkrafträdern, die ihnen den Lebensraum streitig machen. Im nördlichen Schweden soll der größte Windpark Europas aufgebaut werden, um mehr zum Klimaschutz beizutragen. Und wenn man extrem intelligente Kinder haben möchte, dann sollte man ihnen zusätzlich erklären, wie man den Klimaschutz und Tierschutz miteinander vereinbaren kann, weil beides wichtig ist, um den viel zu schnellen Klimawandel in Zaum zu halten, was immerhin noch ein paar Menschen und die deutschen Schulministerien wissen.

Je weiter wir in den Norden Europas kommen, desto interessanter wird auch die Schulbildung. Denn das skandinavische Schulsystem besteht aus einer neunjährigen Grundschule, an die eine dreijährige Gymnasialschule anschließt. Allerdings kann die skandinavische Gymnasialschule nicht mit der aus Deutschland verglichen werden, weil der größte Teil der skandinavischen Berufsausbildung wie Studienvorbereitungen und berufsinitiative Ausbildungsprogramme in diesen Schulen angeboten werden.

Wahrscheinlich kommt jetzt die Frage auf: Wieso zum Teufel neun Jahre Grundschule? Das hat nichts mit mangelnden kognitiven Fähigkeiten der skandinavischen Schüler zu tun, sondern es geht mehr darum, den Kindern und Jugendlichen zu helfen, langfristige und stabile Beziehungen aufzubauen, damit sie sich gegenseitig helfen, Stärken zu entdecken und Schwächen gemeinsam zu reduzieren. Wahrscheinlich schneiden deshalb die Skandinavier in den PISA-Studien immer so gut ab.

Allerdings hat die Schulbildung in Skandinavien keine lange Geschichte, da die Volksschule bis ins 20. Jahrhundert mit Skepsis aufgefasst wurde und immer noch der Glaube bestand, dass Bildung nicht nützlich ist, weshalb die Menschen sich mehr mit Religion auseinandersetzen sollten. Mit dem Fokus auf die Gesellschaft und die Naturwissenschaft hat sich auch das komplette Schulwesen verändert. Nicht nur die Lerninhalte und die Alltagsstruktur der Schüler veränderten sich, sondern auch die Methodik hinter dem Schulwesen. Jetzt ging es um individuelle Förderung und die Entwicklung der Schüler. Ich denke, da könnten wir uns einige dicke Scheiben von unseren Wikingerfreunden abschneiden, um unser Schulwesen besser auszubauen und auch Kindern aus sozial benachteiligten Familien den Weg in eine gute Zukunft zu bereiten.

Draußen war es stockfinster, als Lia und ich verschlafen die Treppe runterwatschelten. Meine Mutter hatte am Abend zuvor ein Taxi bestellt, das genau um 3:30 Uhr vor der Haustür stand.

Trotz der Dunkelheit konnten wir im Blick des Fahrers eine Mischung aus Neugierde, Skepsis und Sorge erkennen. Mein Rucksack ragte über meinen Kopf. Der kleine Backpack, voll gepackt mit meiner ganzen Elektronik, mit der ich am Vortag bei meiner Schwester und ihrer Freundin angegeben hatte, war sicher auf meinen Bauch geschnallt. In der linken Hand hielt ich einen Jutebeutel voll mit Essen und Trinken. Meine Mutter denkt immer, ich gehe für die nächsten zehn Jahre auf Seefahrt und werde in diesen Jahren kein einziges Mal anlegen (haltbare Vorräte mitzunehmen ist sehr sinnvoll, wenn das Geld knapp ist). Lias struppiges Haar hatte meine Mutter ungekämmt zu einem Dutt geknotet. Unter dem Arm hielt meine Nichte ihr Löwen-Nackenkissen, in der einen Hand einen kleinen Beutel und auf dem Rücken ihren eigenen bordeauxroten Wanderrucksack, den ich ihr mal geschenkt hatte. Es ist bereits ihr zweiter Wanderrucksack, und darauf bin ich extrem stolz. Der Rucksack sagt viel über eine Person aus. Denn anhand des Gepäcks kann man erkennen, was für ein Reisetyp vor einem steht. Lia hatte noch zusätzlich eine dünne Jacke eingepackt, die sie allerdings an ihren Rucksack geschnallt hatte. In den Seitentaschen hatte sie Müsliriegel, eine Lupe, Wollsocken und eine kleine Thermosflasche mit Tee.

»Wir wollen zum Bahnhof«, sagte ich mit kratziger und etwas verschlafener Stimme.

»Überlegst du dir das«, antwortete der Taxifahrer mit starkem türkischem Akzent.

Stille. Ich verstand nicht, was er mir damit sagen wollte. Dann machte es Klick in meinem Hirn, und ich fing an zu lachen. »O mein Gott, das verstehen Sie falsch. Wir hauen nicht ab. Wir machen nur eine kleine Reise, und alle wissen Bescheid.«

»Wir machen ein großes Abenteuer«, warf Lia in die Runde.

Die Besorgnis des Schnurrbartträgers schlug in Bewunderung um. »Das gut fur Kopf.«

Vor ein paar Jahren hatte mir ein alter Mann auf dem Lykischen Weg gesagt, dass nicht derjenige viel weiß, der alt ist, sondern derjenige, der viel herumgekommen ist. Ich stimmte dem Taxifahrer (und dem Dorfmenschen aus der Türkei) nickend zu, denn Reisen bildet tatsächlich. Um Goethe zu zitieren: »Die beste Bildung findet ein gescheiter Mensch auf Reisen.« Allerdings merke ich die neu gewonnenen Erkenntnisse meist erst Wochen nach einer Reise. Dann wird mir erst klar: Abenteuer sind die besten Wege zur Bildung. Jedes Abenteuer ist anders, deshalb lernen wir so viele unterschiedliche Sachen auf Reisen.

Entspannt wollte ich mich in den dunkelblauen Sitz lehnen und der Stimme von Dirk Bach lauschen, die aus meinen Kopfhörern strömte. Wir hatten den ICE in Düsseldorf erreicht. Für mich war jetzt Ruhe angesagt. Schließlich zeigten die Zahlen auf meinem Display erst 6 Uhr morgens. Doch irgendetwas ließ mich nicht entspannen. Ich öffnete mein linkes Auge einen Spalt und schielte nach links. Breit grinsend und mit zerzausten Haaren schaute sie mich an. *Okaaay.*

»Jaaa?«, fragte ich.

»Ich muss Pipi«, sagte Lia und schob sich ihre Kopfhörer um den Hals.

»Wir sind vor 15 Minuten eingestiegen, Lia.«

»Ich muuuuuss aber. Ich mache mir gleich in die Hoooosen.«

»Okaaay.« Ich drückte ihr eine wirklich hässliche orange-farbene Kulturtasche mit Stiefmütterchen in die Hand. Als Hygiene-Klo-Beutel hatte diese Tasche auf jeden Fall ausgereicht. Aus dem Inhalt mache ich kein großes Geheimnis: Desinfektionsmittel, feuchtes Klopapier und Papiertoilettensitze (nur für Lia). Ich hatte in den letzten 20 Jahren schon genug Gelegenheiten gehabt, um meine Techniken zur Nutzung öffentlicher Toiletten zu perfektionieren.

Lia machte sich auf den Weg zur Bordtoilette.

Fokus, Emma. Ich drückte auf den Play-Button meines Hörbuches, um der Stimme von Dirk Bach zu lauschen. *Fokus, Emma. Du bist in der Stadt der träumenden Bücher. Fokus.*

»... meine Mama ist bald Arzt, und mein Papa arbeitet bei TK-Maxx. Das ist ganz nah bei uns, weil wir in der Albertstraße wohnen ...«, kamen die Worte ins Abteil geflogen, während die Glastür sich wieder schloss.

»Musste die nicht aufs Klo?!«, murmelte ich und streckte meinen Kopf in den Gang.

Lia stand vor der Klotür. Ein junger Mann mit blondem Kurzhaarschnitt stand ihr gegenüber. Ich sah, wie sein Mund sich bewegte, hörte aber nur die laute, leicht heisere Stimmer meiner Nichte: »... die geht bei mir in den Kindergarten ...«

Alles klar, ich muss doch aufstehen. Das war es wohl mit Fokus und Dirk Bach. Einige der wenigen Fahrgäste schauten zu mir hoch. *Ja, ja, ich weiß, ihr wollt eure Ruhe am frühen Morgen haben. Da seid ihr nicht die Einzigen. Ich will sie nämlich auch haben.*

»Musst du nicht aufs Klos, Lia?«

Der Mann hob abwehrend die Arme in die Luft. »Ich ...«, setzte er an, doch Lia kam ihm zuvor.

»Wir haben nur geredet.«

»Sie können ruhig wieder auf ihren Platz gehen«, fügte er hastig hinzu.

Mein Bauchgefühl sagte mir, dass die Lage unter Kontrolle und der Mitreisende harmlos war. Trotzdem blieb ich unmittelbar vor der Bordtoilette stehen und wartete auf Lia, die es endlich auf das verdammte Klo geschafft hatte. »Sorry, nichts gegen Sie, aber das ist die Tochter meiner Schwester, und da bin ich etwas sehr vorsichtig. Außerdem muss sie auch endlich mal lernen, nicht jedem Fremden ihre Lebensgeschichte zu erzählen.«

»Ich habe sie nicht danach gefragt«, verteidigte er sich, dabei war meine Aussage gar nicht als Angriff gemeint gewesen.

Ich verzog amüsiert mein Gesicht. »Ich weiß. Das macht sie immer von ganz allein. Sie sind nicht der Einzige, der ihren Familienstammbaum, ihre Adresse und die Geschichte ihres Lebens kennt.«

Die Unsicherheit wich aus seinem kantigen Gesicht, stattdessen setzte er ein herzerwärmendes Lachen auf, und sein ansteckendes Lachen war mit Sicherheit im ganzen Zug zu hören. »Ich finde es gut, was du machst – ich darf dich doch duzen, oder?«

Ich nickte. »Nur zu.«

»Die meisten Eltern quetschen sich mit ihren Kindern auf die Toilette.« Lässig lehnte er sich mit seinem Rücken ans Fenster.

Ich schmunzelte. »Na ja, also mit sechs Jahren sollte sie es schon auch allein schaffen.«

»Ach, dass sie sechs ist, hat sie mir nicht erzählt.« Jetzt lachten wir beide.

»Das Klatschbasen-Gen liegt wohl in der Familie«, sagte ich grinsend. Früher hatte ich ständig den Leuten im Zug erzählt, dass wir unseren Kater im Regen an einer Bushaltstelle direkt am Wuppertaler Friedhof gefunden hatten, dass wir von Bremerhaven nach Wuppertal gezogen waren und wir auch unheimlich gerne lasen. Die *Gänsehaut*-Reihen sowie die *Drei Fragezeichen* suchtete ich wie Sherlock Holmes seine Opiumpfeife.

Lia war mit ihrem TipToy beschäftigt, schielte hin und wieder aus dem Fenster und fuhr mit dem Finger die Regenrinnsale entlang, während ich meine Kopfhörer über meine Löffel zog, um meine Playlist zu pflegen, die ich kaum mit den Charts fülle.

Dicke graue Wolken ließen nicht zu, dass wir den Sonnenaufgang bewundern konnten, dafür durften wir mehr oder weniger etwas anderes bewundern. In Hagen hatte sich nämlich eine junge Frau mit einem Handy zwischen Ohr und Schulter völlig außer Atem zu uns gequetscht – besser gesagt: gegenüber von Lia hin. Ich begrüßte sie mit einem kurzen »Moin« und schaute wieder auf mein Handy.

Je schneller der Zug fuhr, desto lauter wurde der Mix aus schnellem Reden und gekünstelter Lache ihrerseits. Vertieft in meine Musik, wurde ich irgendwann aus meiner Playlist gerissen, als mir auffiel, dass Lias Hand sich nicht mehr über ihr Buch bewegte. Ich sah kurz zu ihr herüber und musste in ein erstarrtes Gesicht schauen. Ihr Mund und ihre Augen waren weit geöffnet. Sie schaute wirklich schräg aus der Wäsche. Fehlte nur noch, dass ein Sabberfaden aus ihrem Mundwinkel lief. Ich stupste sie mit meinem Ellenbogen an. Nichts. »Lia?«

»Ja?«

»Was ist?«

Sie schüttelte den Kopf und konzentrierte sich wieder auf ihre Arbeit, nur um fünf Sekunden später die linke Seite meiner Kopfhörer zur Seite zu schieben.

»Guck mal, die Frau«, flüsterte Lia mir laut ins Ohr.

Ich hob meinen Blick. Die Frau – sie musste ungefähr in meinem Alter sein – presste immer noch ihr Smartphone mit der Schulter an ihren Kopf, hatte einen Spiegel in ihrem Schoß liegen und Wimperntusche in der einen Hand und versuchte sich irgendwie zurechtzumachen. Die Bürste ditschte immer wieder an ihre Wange oder ihr Augenlid. Leider war der orangefarbene Lippenstift über ihre Oberlippe geschmiert.

Jetzt starrte auch ich die Frau an. Wahrscheinlich sah mein Gesichtsausdruck genauso dämlich aus wie der von Lia. Mein linkes Ohr war frei, und aus der rechten Seite meines Kopfhörers nahm ich noch vage Alligatoahs Stimme war. Ich muss sagen, es war das passendste Lied, das mir durch den Gehörgang hätte strömen können. Eigentlich ist Schönsein so einfach, aber viele Menschen, insbesondere junge Mädels und Frauen, machen es sich schwer, wirklich schön zu sein, weil sie so viel Aufwand betreiben. Wenig Aufwand ist manchmal mehr. Auch bei dieser Frau. Mit dem verschmierten Lippenstift und den verklumpten Wimpern hatte sie in der Tat nur das Gegenteil vom Schönsein erreicht.

Kurz nachdem wir aus Münster rausgefahren waren, musste Lia wieder auf die Toilette. Bevor sie aus meiner Sicht verschwand, griff ich nach ihrer Hand.

»Du hältst die anderen Leute hier nicht auf und lässt sie bitte auf die Toilette gehen, verstanden?« Sprechen und Zuhören macht in der Kindesentwicklung viel aus. Es verbessert ihre Bindung zu Erwachsenen und ermutigt sie, auch selbst zuzuhören. Es hilft ihnen, Beziehungen und Selbstwertgefühl aufzubauen.

»Ja«, antwortete Lia abwesend, den Blick auf die sich öffnende Glastür gerichtet.

Ich sah in ihren Augen, dass sie schon ihr nächstes Opfer gefunden hatte. »Du stellst dich hinter den beiden Frauen an und erzählst denen bitte nicht deine Lebensgeschichte oder wo du wohnst. Am besten hältst du ab der Glastür den Mund, okay?«

»Okay. Ich hab das verstanden!«

Was fand Lia an diesen versifften Bordklos nur so anziehend? Das war kein neues Phänomen. Das hatte sie schon immer gemacht. Ihre Mutter musste eine Zeit lang von Wuppertal nach Düsseldorf zur Uni pendeln, weshalb Lia ein paar Jahre in den Kindergarten auf dem Campus ging. Sobald meine Schwester mit ihr in den RE eingestiegen war, musste Lia auf die Toilette. Und ich muss euch ja nicht sagen, wie ekelhaft die Bordtoiletten im Nahverkehr sind.

Erstaunlicherweise hielt Lia unsere Mitreisenden diesmal nicht auf. Sie hielt sogar den Mund, bis sie wieder das Abteil betrat. Aber dann fiel einer älteren Dame die Wasserflasche vom Tisch. Lia lief der rollenden Flasche hinterher und gab sie lächelnd der Frau.

»Das ist ganz lieb von dir.«

»Ich heiße Lia, und wie heißt du?«

Nicht schon wieder.

Sie ließ der Frau keine Gelegenheit zu antworten. »Meine Tante und ich fahren zum Polplanet. Der ist ganz oben auf meiner Weltkarte. Wir fahren mit dem Zug dorthin«, fasste Lia in nur drei Hauptsätzen die komplette Reisestory zusammen.

Schon das zweite Mal mussten wir uns von fremden Menschen anhören, wie Eltern ihrem kleinen Kind eine tagelange Zugreise zumuten konnten und wieso man ein Kind solchen Strapazen aussetzte, schließlich gab es doch Flugzeuge und Freizeitparks für Kinder und so weiter und so fort. Ich bin ehrlich, mir kamen tatsächlich auch immer wieder Zweifel hoch, ob diese Zugreiseaktion in die Arktis nicht doch falsch war. Nicht nur einmal kam mir dieser Gedanke. Im Endeffekt wusste Lia nicht, worauf sie sich einließ. Die Idee, an einen Ort zu fahren, wo meterhoch Schnee liegt und Schneestürme in bestimmten Monaten gang und gäbe sind, begeistert jedes Kind, vor allem in der heutigen Zeit. Wenn ich über meine Kindheit nachdenke, hatten wir jedes Jahr viel und fast den ganzen Winter durch Schnee. Wir waren den ganzen Tag draußen, bauten fast zwei Meter hohe Schneemänner und bedeckten die gestreuten Gehwege wieder mit Schnee. Aufgrund des rapiden Klimawandels wissen die Kinder heutzutage gar nicht, was Winter wirklich ist und wie viel Spaß man draußen im Winter haben kann. Ein paar Tage fällt Schnee, und dann taut er auch schnell wieder weg. Sie sehen Schnee und einen richtigen Winter in Kinderserien und Büchern und sehnen sich irgendwie danach, auch die Erfahrung mit Schnee zu machen. Zum Glück wird heute noch über die Weihnachtszeit *Weihnachtsmann & Co. KG* abgespielt. Wohl eine der nervigsten Zeichentrickserien überhaupt, insbesondere das Intro. Aber jeder, der mit *Weihnachtsmann & Co. KG* aufgewachsen ist, kennt den Refrain, weil er nervig, aber auch irgendwie wieder cool ist. Eisig kalte Weihnachten, sehr viel Schnee und Rentiere.

»Menschenskind, das ischt aber eine seeehr gefährlische Reise, die du mit deiner Tante machscht«, stellte die Frau mittleren Alters hinter ihrer runden Lesebrille fest.

In diesem Moment wurde ich auf einmal richtig sauer. Ich kann noch nicht einmal sagen, ob ich mich über mich selbst geärgert habe oder über die Aussage der Frau, weil ihre Worte meinen Puls schneller schlagen ließen und ich in der Tat auch etwas Angst bekam, dass ich Lia verlieren könnte oder sie sich eine lebensbedrohliche Krankheit einfängt und tausend andere Sachen. Aber was ist schon Angst? Haben Eltern nicht jeden Tag Angst, dass ihren Kindern etwas passieren könnte? Wahrscheinlich ist das größte Vergehen eines Menschen, sich von seiner Angst besiegen zu lassen, aus Angst nichts zu machen und nicht über diesen Schatten der Angst springen zu können. Ich habe so viele Menschen kennenlernen dürfen. Je nachdem, in welcher Region ich war, sind die Menschen unterschiedlich mit ihren Ängsten umgegangen, und das konnte ich auch an ihren Kindern wiederentdecken. Tief sitzende und nicht überwundene Ängste werden automatisch – ich denke auch unbewusst – in die Erziehung der Kinder eingebaut. Es ist eine Angst da, die nicht wirklich begründet werden kann, denn seien wir mal ehrlich, überall kann uns etwas passieren.

Ich beobachtete die beiden. Dirk Bach las weiter das Buch vor, von dem ich gar nichts mehr mitbekam, dabei liebe ich die Bücher von Walter Moers, die von Dirk Bach vorgelesen worden sind. Schade, dass er so früh gestorben ist. Dieses Mal hielt ich mich zurück. Wenn die Frau zu viel von Lia hatte oder auch umgekehrt, sollten sie sich das einfach gegenseitig sagen. Ich würde mich da nicht einmischen, obwohl ich drauf und dran war. Wahrscheinlich wird es meiner Nichte unangenehm sein, abgewiesen zu werden, aber jeder muss seine eigenen Erfahrungen sammeln und daraus gegebenenfalls auch lernen.

Auch ich hatte diese Erfahrung machen müssen. Ganz hart sogar. Mit 19 Jahren war ich immer noch auf dem Trip, meine Schlüssel im Schlüsselkasten hängen zu lassen. Nicht weil es ein schönes Gesamtbild ergeben hätte, sondern weil ich ständig meine Schlüssel vergaß und keine Lust hatte, die paar Treppen wieder hochzulaufen. Meine Schwester war zu dieser Zeit mit Lia schwanger. Meine Mutter war mit meiner Oma im Urlaub. Nur mein Vater und mein kleiner Bruder waren zu Hause, während ich in Bremerhaven und Cuxhaven herumgurkte. 2012 war ich noch mit Bargeld unterwegs, und wie der Wind der rauen Nordsee nun mal ist, wehte er mir meine Scheine aus der Hand, als ich nach Kleingeld für ein Fischbrötchen suchte, weshalb ich meine Reise drei Wochen früher abbrechen musste. Am Bahnhof in Bremerhaven musste ich keine zwei Minuten warten, bis ich jemanden traf, der sein Wochenendticket nicht mehr gebrauchen konnte.

»Kannste haben«, nuschelte der Typ mit seinem dunkelroten Rucksack und Tiroler Akzent. »Ich bleib hier eine Weile.«

»Aber dein Name steht doch auf dem Ticket.«

Er fing an zu grinsen. »Nein, ich wurde nicht kontrolliert.«

Yeah! Genial! Direkt 40 Euro gespart, dachte ich in diesem Augenblick, und in meinen Kopf regnete es Konfetti.

Weltenbummler sind in der Regel sehr hilfsbereit, da die meisten auch hin und wieder Hilfe benötigen. Obwohl wir uns nicht kennen, achten wir darauf, Gleichgesinnte zu unterstützen. Genau wie der Tiroler Backpacker vor mir schreibe ich nie meinen Namen auf das Wochenendticket, wenn ich vom Schaffner nicht aufgefordert werde. Mit 40 Euro bin ich in Kasachstan eine ganze Woche lang ausgekommen. Und mit

»auskommen« meine ich inklusive Übernachtungen im Hostel und Verpflegung. Mal nebenbei – ich habe gegessen wie ein Kaiser.

Um die Story nicht in die Länge zu ziehen: Ich war mit der Hilfe des Mannes in Wuppertal angekommen. Zu dumm von mir, dass ich meinen Bruder vorher nicht angerufen und Bescheid gegeben hatte, dass ich früher zurückkomme. Kurz vor der Haustür rief ich meinen Bruder an, der mir super gut gelaunt erzählte, dass er gerade mit Papa auf dem Weg nach Lille – einer Stadt im Norden Frankreichs – sei.

»Nicht dein Ernst, oder?!«

»Wo ist das Problem?«, tönte es vom anderen Ende der Leitung.

»Wo das Problem ist? Ja, das kann ich dir sagen – ich habe …«

Düt. Düt. Düt. Das Gespräch war weg. Na toll! Meine Mutter war in Bayern. Mein Vater und mein Bruder hatten sich zu einer spontanen Europatour aufgemacht, und ich hockte auf den Treppen einer verschlossenen Haustür.

Ich hatte die glorreiche Idee, mit meinem Bibliotheksausweis meine Wohnungstür zu öffnen. Aber bei meinem Glück hatten die beiden die Tür abgeschlossen. Um die ganze Sache auf den Punkt zu bringen: Ich musste bei meinem Nachbarn klingeln und an einem Samstagabend den Schlüsseldienst anrufen. Mit einer satten Summe von 384,32 Euro stand ich vor einer Tür mit einem aufgebrochenem Schloss, das nun durch ein 100 Euro teures Schloss vom Schlüsseldienst ausgetauscht werden musste. Und ihr werdet es kaum glauben, ich habe diesen

Schlüsseldienst von meinem ersten Gehalt zahlen müssen. Aber meine Oma sagt immer wieder, dass das erste Gehalt auf den Kopf gehauen werden muss. Und das habe ich definitiv getan. Unglücklicherweise wurde dann auch noch 14 Tage später die Wohnungstür vom Vermieter ausgetauscht. Also fast 500 Euro aus dem Fenster geschmissen. Am liebsten hätte ich mir die Tür ins Zimmer gestellt.

Seitdem laufe ich immer die paar Stufen hoch, wenn meine Schlüssel noch im Kasten hängen. Ehrlich gesagt, passiert das nur noch äußerst selten. Ich musste auch schon während der Entscheidung der deutschen Fußballnationalmannschaft fürs Achtelfinale sechs Stunden vor meiner Wohnungstür hocken, weil ich nach dem falschen Schlüssel gegriffen hatte, als ich den Müll runterbringen wollte. Der Nachbar mit meinem Zweitschlüssel war arbeiten. Mein Pech. Deutschland flog auch noch in der Vorrunde aus der WM.

Mit hängenden Schultern war Lia wieder neben mir aufgetaucht und wollte zurück auf ihren Sitzplatz. Die Lippen fest aufeinandergepresst, schnaubte sie tief durch die Nase. »Kinder dürfen gar nicht zum Polplanet, weil die zu klein sind«, sagte sie mürrisch und kaum verständlich.

»Wer hat das gesagt?«

»Die Frau.« Lia zeigte mit dem Finger auf eine Dame drei Sitzreihen vor uns, die eine streng nach hinten gerichtete Hochsteckfrisur trug und hochkonzentriert und mit aufgeblasenen Nüstern in die *Bild*-Zeitung vertieft war.

»An jedem Ort der Welt gibt es Kinder.«

»Auch am Polplanet?«, hakte Lia neugierig nach, während eine kurze Haarlocke an ihrer Stirn auf und ab sprang.

»Ja, auch am *Nordpol*«, korrigierte ich sie. »Und außerdem fahren wir in die Arktis. Das ist das Gebiet um den Nordpol herum.«

Sie überlegte. Wieder hörte ich förmlich die Zahnräder in ihrem Kopf arbeiten und ineinandergreifen, während sie aus dem Fenster die vorbeirasenden Kühe und Felder anschaute.

»Aber wieso sagt die Frau das dann?«, hakte sie ein paar Augenblicke später nach.

Wahrscheinlich weil sie die *Bild*-Zeitung liest, dachte ich. »Vielleicht ist sie noch nie dort gewesen. Das kann viele Gründe haben. Ich weiß es nicht«, antwortete ich.

»Lange Zugfahren ist nicht gesund für Kinder, hat die auch gesagt.«

»Da hat sie schon etwas recht. Aber auf Reisen ist nie alles gut. Du wirst sehen, dass wir Momente haben werden, in denen es uns nicht so gut geht, und dann wieder Momente, wo wir viel Spaß haben werden.«

So läuft ja nicht nur das Reisen ab, sondern das ganze Leben. Höhen, Tiefen und Konstanten machen unser Dasein hier auf der Erde aus. Wir begegnen Menschen, die zuvorkommend und höflich sind. Dann wiederum stoßen wir auf Menschen, die ignorant und unhöflich zu uns sind. Wer weiß, vielleicht gehören wir ab und an auch zu diesen Menschen. Vielleicht sind wir ständig so und merken es noch nicht einmal. Ich denke, dass wir uns öfters mal die Frage stellen sollten, wieso ein Teil der Menschheit negative Emotionen beziehungsweise dunkle Charakterzüge zeigt. Wer weiß, vielleicht hat die Dame hinter der *Bild*-Zeitung einen schlechten Tag gehabt. Oder möglicherweise hat sie schlechte Erfahrungen sammeln müssen, die ihr auf einer Reise oder im alltäglichen

Leben passiert waren, weshalb sie auf Lias Vorfreude auf unser Reiseabenteuer – in Lias Worten – »gemein« reagiert hatte.

Wir sollten einen Menschen nicht nach unserer ersten Begegnung beurteilen. Was mir, ehrlich gesagt, nicht immer leicht fällt, Freunde. Schließlich habe auch ich direkt die Dame als gehässig und vorurteilsbeladen dargestellt, weil sie die *Bild*-Zeitung las, die ich als Revolverblatt betrachte. Der Mensch ist kein Gemälde und keine Skulptur in einem Kunstmuseum, das schon nach dem ersten Treffen beurteilt werden kann, vielmehr sollte man hinter die Fassade schauen, bevor man ein Urteil fällt. Jeder Mensch ist ein Buch mit vielen Seiten, aber meistens sehen wir nur das Cover und sind dann bedient. Dabei habe ich schon sehr oft Bücher gefunden, die mich von außen überhaupt nicht angesprochen haben, aber deren erster Satz mich in den Bann gezogen hat. Wir sollten aus jeder Begegnung das Beste herausholen. Auch Lia und ich.

Mit dem Zug aufs Schiff

Angst: Darüber hatte ich euch vorhin so richtig schön großkotzig erzählt, als hätte ich selbst keine Angst. Allerdings muss ich gestehen, dass ich Lia immer die Hand quetsche, sobald sich eine Menschenmenge vor mir ausbreitet. Vor allem dann, wenn wir an einem Ort sind, den Lia noch nie gesehen hat. Aufregung und pure Überwältigung sind große Ablenkungen, die einen tatsächlich voneinander trennen können.

»Aua! Du tust mir weh!«, sagte Lia mit verzogenem Gesicht. »Kannst du meine Hand nicht so drücken?!«

»Oh, sorry«, entschuldigte ich mich.

Kurz darauf meckerte sie mich wieder an. »Du tust mir schon wieder weh! Ich kann meine Finger nicht bewegen.«

»Schau mal, wie voll der Bahnhof ist. Sobald die Menschen weg sind, lass ich dich wieder los.« Wir waren gerade in Hamburg aus dem ICE ausgestiegen.

»Meine Hand tut immer noch weh.«

Ich blieb stehen, als mir einfiel, dass ich mir so eine Art Gürtel besorgt hatte, der an beiden Enden Schnallen hatte. Ein paar Jugendliche stöhnten genervt auf, weil ich mit Lia mitten im Weg stand und die Leute um uns herumgehen mussten. Ich befestigte das eine Ende an Lias Handgelenk und das andere Ende an mein Handgelenk. Breit grinsend schaute ich sie an.

Sie grinste zurück.

»Besser?«

Lia atmete hörbar aus. »Viel besser, jetzt kann ich wieder alleine gehen und werde nicht am Arm gezogen. Meine Finger tun aber immer noch weh.«

Wer schon einmal den Hauptbahnhof in Hamburg gesehen hat, weiß, wie chaotisch der Bahnhof an einem Werktag um 11 Uhr vormittags sein kann. Aber wir sprechen hier auch vom meist frequentierten Bahnhof Deutschlands. Hier tummelten sich vor 2020 täglich mehr als eine halbe Million Reisende, also war meine Angst, Lia zu verlieren, gut begründet. Den Berliner Hauptbahnhof finde ich dagegen wesentlich angenehmer – der erinnert mich nämlich auch an das Zaubereiministerium von Harry Potter mit seinen vielen Rolltreppen und Etagen. Ein Teil des Bahnhofes ist unterirdisch gelegen und wird zum größten Teil mit Neonleuchtröhren beleuchtet, während das Zaubereiministerium komplett unterirdisch gelegen und von magischem Licht verzaubert ist. Allerdings kann der Hauptbahnhof in Berlin nicht das Wetter bestimmen, wie es die Zauberer und Hexen in London können.

Nachdem wir uns durch das Kuddelmuddel gekämpft und über die Treppen den Empfangsbereich erreicht hatten, der wie eine Brücke über den Gleisen liegt, deckten wir uns mit Kinderschokolade, Tee, viel Wasser und natürlich jeder Menge Lakritze ein. Lia kaufte sich noch Lippenpflegestifte und Haargummis. Und das wollte sie unbedingt von ihrem Reisegeld bezahlen, was gar nicht so leicht war, weil sie ihr Portemonnaie ganz unten in ihrem Rucksack versteckt hatte und ich mich erst mal durch die Spielsachen, Bücher und das Bastelzeug durchwühlen musste. Mein kleiner Rucksack, den ich mir vor den Bauch geschnallt hatte, war mir auch noch im Weg.

»Du kannst mir das Geld doch gleich zurückgeben. Ich zahle es erst mal von meinem Geld«, sagte ich, weil die Schlange hinter uns immer länger wurde.

»Lipgloss-Oma hat mir aber Taschengeld gegeben«, rechtfertigte sie sich. Kurz zur Erklärung: Meine Nichten nennen meine Oma – sprich: ihre Uroma – Lipgloss-Oma, weil sie den beiden Mädels immer Lipgloss schenkt.

Die Kassiererin tippelte mit ihren dünnen langen Fingern auf den Kassendeckel, während ich endlich Lias Geldbeutel ergatterte und ihn Lia in die Hände drückte. Natürlich kann ich es nachvollziehen, wenn Lia ihren Kram selbst zahlen möchte – war schließlich bei mir und Millionen Kindern früher nicht anders, bis das Umdenken kam: Wenn ich mit meinem Geld mein Zeug bezahle, habe ich ja am Ende weniger Geld, also scheint die Großzügigkeit von anderen doch ganz nett zu sein.

»Welchen Zug müssen wir jetzt nehmen?«, fragte Lia und passte sich meinen schnellen Schritten an.

»Wir müssen auf Gleis 4«, antwortete ich, da langsam die Zeit davonflog.

»Fahren wir jetzt aus Deutschland raus?«

»Noch nicht. Du wirst schon hören, wenn wir nicht mehr in Deutschland sind.«

Was soll ich euch sagen – Lia hörte es tatsächlich. Als in Puttgarden, also kurz bevor unser Zug auf die Fähre fuhr, die Lautsprecherdurchsage auf Deutsch und anschließend auf Dänisch das Abteil durchflutete, fing sie laut an zu lachen.

»Der redet ja lustig. Wie ein Baby«, rief sie.

Eine ältere Dame mit einer Brille auf der Nasenspitze murmelte etwas Unverständliches und schüttelte den Kopf.

»Lia, das ist Dänisch«, klärte ich sie auf. Ich drückte mich tiefer in den bequemen Sitz – ich meine – Sessel. Es hat schon etwas Nettes, in der ersten Klasse zu reisen. Die Sitze in diesem Zug waren tatsächlich wie Sessel.

»Deeenisch hört sich komisch an.«

»Dääänisch und nicht Deeenisch«, verbesserte ich sie.

Der Viererplatz bot viel Beinfreiheit. Auch der Tisch war breit und lang genug, sodass Lia den kompletten Inhalt ihres Rucksacks ausbreiten konnte und unsere UNO-Partie auch noch irgendwie Platz fand. Lia drückte sich ebenfalls in ihren Sitz – ich meine Sessel –, aber nicht um es sich bequem zu machen, sondern um mir in die Karten zu luschern.

»Heeey! Das ist unfair!«

»Ich will doch nur gucken, was du noch legen kannst.«

»Das ist trotzdem Schummeln«, erwiderte ich. »Du setzt dich nach da.« Mit dem Finger zeigte ich auf die freien Plätze gegenüber.

Widerwillig setzte Lia sich um. Trotzdem schaffte sie es, weiter zu schummeln, indem sie manchmal zwei Karten legte.

»Okay, Lia, das Schummeln muss ich dir mal austreiben.« Ich packte ihre Sachen bis auf die UNO-Karten wieder in den Rucksack, rückte von der Rückenlehne ab, richtete meinen

Oberkörper auf und setzte mich gerade an Tisch. Immer wenn Lia versuchte, die Partien zu sabotieren, mischte ich von nun an die Karten neu und teilte neu aus.

»Ich hatte doch nur noch zwei Karten! Das ist gemein«, schimpfte sie und verschränkte beleidigt ihre Arme vor der Brust.

»Nein, du hast versucht, unter die Karte zu schauen. Das ist gemein.«

Ich weiß gar nicht mehr, wie viele Anläufe wir brauchten, bis das Schummeln nachließ. Jede Partie, die wir anfingen, dauerte keine Minute. Also spielten wir gefühlt 30 Partien in nur 20 Minuten.

»Wieso fährt der Zug nicht weiter?«

»Kann sein, dass der umgekoppelt wird.«

Fehlalarm! Dänische Zollbeamte gingen durch den Zug und suchten sehnsüchtig nach Dingen, die es zu verzollen galt. Einem Paar im Abteil wurde eine ganze Tüte voll Zigarettenstangen abgenommen, weil sie die Zollgebühren dafür nicht zahlen wollten. Und dann kamen die drei Männer, zwei davon in Uniform und einer, wahrscheinlich der Chef der kleinen Gruppe, in dunkler Jacke und schwarzer Jeans, bei uns an.

»Hallo, die Damen«, begrüßte der Chef uns mit starkem dänischen Akzent.

»Hallo«, sagte Lia, fast schon zu laut.

Ich reichte ihm unsere Pässe.

Anschließend fragte er, welche Taschen uns gehörten und ob wir Sachen dabeihätten, die es zu verzollen galt. »Geld, Schmuck oder Kameras?«

Bevor ich antworten konnte, kam Lia mir schon zuvor. »Wir haben zwei ganz große Kameras; eine Kamera, die fliegen kann, und die hier«, erzählte sie begeistert und legte ihre Hand auf die Sofortbildkamera.

In dem Augenblick verfluchte ich mich selbst, weil ich mit meiner Elektronik nur einen Tag vorher bei meiner Schwester und ihrer Freundin angegeben hatte.

»Bei dieser Kamera kommen die Fotos direkt raus«, fügte sie noch hinzu, weiterhin mit der Hand auf der türkisfarbenen Insta Pix, die ich extra für diese Reise gekauft hatte, damit Lia ihr Reisetagebuch mit vielen Bildern füllen konnte.

Die beiden Uniformierten grinsten sich gegenseitig an.

»Meine Kameras benötige ich für meine Arbeit. Also keine Neuware.«

Der Chef nickte. Ich zeigte ihm meinen kleineren Rucksack.

»Sie haben zwei Spiegelreflex«, kommentierte er.

Ich nickte und zeigte ihm die.

»Okay. Vielen Dank und gute Weiterfahrt«, sagte der schlaksige Beamte.

»Wir fahren zum Pol...«, setzte Lia an, runzelte ihre Stirn und schaute mich dann an. »Nicht Polplanet. Wie hieß das andere noch mal?«

»Wir reisen in die Arktis«, half ich ihr schnell mit einem aufgesetzten Grinsen.

»Ohh, da ist es doll kalt, und du kannst mit viel Schnee spielen«, erwiderte der Mann und zog ab.

Ich grinste noch so lange, bis die drei außer Reichweite waren. »Wow! Lia, wirklich jetzt? Musstest du denen erzählen, was alles in meinem Rucksack ist?«

Verdutzt starrte sie mich an.

»Der Mann hat aber gefragt«, verteidigte sie sich.

»Ja, aber er hat mich gefragt.«

»Du hast nichts zu ihm gesagt.«

»Weil du mir überhaupt nicht die Gelegenheit dazu gegeben hast.« Als würde ich dem von meiner Elektronik erzählen, dachte ich in dem Moment.

»Du hast aber Kameras dabei. Auch die, die fliegt.« Mit der fliegenden Kamera war meine Drohne gemeint.

»Lia, das nächste Mal hältst du den Mund, und ich kläre das. Okay?«

Sie zuckte nur mit den Schultern. »Ja, okay.«

Noch bevor wir die Sache ausdiskutiert hatten, fuhr der Zug auch schon weiter. Allerdings steuerte er direkt auf eine Fähre zu. Ich wusste, dass wir ein kleines Stück mit der Fähre zurücklegen mussten, aber ich hatte gedacht, dass wir aus dem Zug aussteigen, um auf die Fähre zu kommen. Das war nicht der Fall! Der Zug fuhr in den Bauch der weißen Fähre.

Lia sah mich mit ihren großen schwarzen Augen fragend an.

»Wir fahren gerade auf ein Schiff ...«

Sanfte Ostseeluft umhüllte uns. Kreischende Möwen segelten langsam auf die Reling und die Rettungsboote. Ich nahm einen tiefen Atemzug und füllte meine Lungen mit dem kühlen Februarwind. Von der Nordsee war ich natürlich wesentlich rauere Luft gewöhnt als von der Baltischen See. Die Faszination stand Lia immer noch ins Gesicht geschrieben. Entweder weil sie noch nie auf einer Fähre war oder weil der Zug ein paar Etagen unter uns parkte.

Ich fand es einfach cool, auf einer Fähre zu sein, die Platz für einen Zug hatte. Okay, ich war schon einige Male auf einer großen Autofähre gewesen, wenn wir mit dem Auto nach Algerien und von Italien oder Frankreich übers Mittelmeer fuhren. Aber ein Zug im Bauch eines Schiffes? Ich fand's genial.

Mit meiner Oma war ich einmal von Helsinki nach St. Petersburg mit einer Fähre gefahren. Nach einem kurzen Plausch mit dem Co-Kapitän hatte ich erfahren, dass diese russische Fähre ein ehemaliger Eisbrecher war. Die Fahrten auf dem Binnengewässer lassen sich einfacher gestalten, falls die Ostsee mal wieder zufriert. Das ist keine Seltenheit, da der Salzgehalt in diesem Gewässer sehr niedrig ist. Der finnische Co-Kapitän und seine lehrreichen Worte hatten mich total fasziniert, sodass ich nach dem Russlandtrip Bücher und das Internet durchforstete, um dem Geheimnis der Ostsee auf den Grund zu gehen. Glücklicherweise bot ein Dozent später ein Seminar an, in dem es um die baltischen Staaten im Dreißigjährigen Krieg ging. Und wieder hatte ich die Bestätigung bekommen, dass reisen bildet.

In mir stieg das Bedürfnis auf, Lia alles Interessante zu erzählen, was ich über die Ostsee wusste. »Kannst du dir vorstellen, dass das ganze Wasser hier zufrieren kann, also dass überall Eis ist und das Wasser sich nicht mehr bewegen kann?«, versuchte ich ihr einen Teil meines Wissens aufzudrängen.

Die Hände in den Taschen, schaute sie mich an. »Überall Eis?«

Ich nickte. »Dieses Meer kann es viel leichter, als all die anderen Meere, die wir auf der Welt haben.«

»Aber nur wenn es ganz kalt ist.«

»Genau. Aber dieses Wasser friert viel schneller zu, weil in dem Wasser ganz wenig Salz enthalten ist. Das verstehst du noch nicht, aber in ein paar Jahren wirst du es verstehen. Behalte einfach in deinem Kopf, dass die Ostsee weniger Salz hat und deshalb schneller zufriert.«

Skeptisch betrachtete meine Nichte eine Pommes, an der rotbräunlicher Tomatenketchup heruntertropfte. Falls diese dünne Flüssigkeit überhaupt Ketchup war – zumindest war es so ausgeschildert gewesen. »Ich mag den Ketchup nicht«, flüsterte Lia.

Ich weiß gar nicht, wie viele Ketchupsorten ich schon auf

meinen Reisen probiert habe – was ich aber weiß: Heinz ist und bleibt der beste Ketchup. »Ich auch nicht«, erwiderte ich grinsend. »Die Pommes sind aber gut.« Und das waren sie wirklich – nicht zu dünn, nicht zu dick und nicht letschig, sondern angenehm knusprig und frisch. So wie Pommes eben sein müssen.

Nicht nur unser Essen war gut, sondern das ganze Ambiente: direkt am Fenster der Fähre sitzen, dem Wasser beim Wellenschlagen zusehen und knusprig-frittierte Kartoffelstreifen mampfen. Mittagessen mit Varieté.

Nach ungefähr zwei Stunden – wir waren eine Weile auf dem Wasser stehen geblieben – fuhren wir mit lautem Quietschen und Gepolter wieder mit dem Zug aus der Fähre raus. Nur um zehn Minuten später wieder zu stoppen, da dieses Mal die Polizei durch die Waggons lief. Bei uns angekommen, begrüßten sie zuerst Lia und dann mich. Lia antwortete nicht, stattdessen presste sie die Lippen aufeinander. Ich zückte unsere Papiere aus meiner Tasche.

»Reisen Sie allein mit dem Kind?«, fragte mich einer der Beamten.

»Ja, das ist meine Nichte.« Nur so nebenbei: Lia trägt den Nachnamen meines Schwagers und nicht den von meiner Schwester und mir.

»Haben Sie ein Schriftstück, das das bestätigt?«

Ja, hatte ich dabei. Aber seit wann musste ich so etwas in der EU und gleichzeitig einem Schengen-Staat vorzeigen? »Wieso?«

»Sonst dürfen wir Sie nicht weiterlassen oder müssen bei den Eltern des Kindes anrufen.«

»Okay.« Ich suchte nach der Vollmacht meiner Schwester und ihres Mannes. Währenddessen wandte sich der andere Polizist an Lia.

»Machst du mit deiner Tante Urlaub?«

Sie schwieg. Ihre Lippen wurden schon weiß.

Ist das jetzt wirklich dein Ernst? »Lia, dir wurde eine Frage gestellt«, sagte ich und gab die zerknautschte Vollmacht dem stämmig uniformierten Mann.

»Du hast gesagt, ich darf nicht reden«, platzte es aus Lia heraus.

Ich verdrehte die Augen. »Sorry, wir hatten vorhin eine kleine Auseinandersetzung, weil sie der Meinung ist, immer für mich zu reden, wenn ich angesprochen werde«, erklärte ich den Polizisten.

Mein Gegenüber fing an zu lächeln. »Ich habe auch kleine Kinder, die ununterbrochen sabbeln.« Mit einem kurzen An-ruf checkte er die ID-Nummer meiner Schwester und ihres Mannes ab. Alles im grünen Bereich.

»Na, was sagt denn deine Muddi zu eurem Abenteuer?«, wurde Lia von dem schmächtigeren Uniformierten gefragt.

»Meine Mama find das gut. Mein Papa hat uns viel Ta-schengeld mitgegeben.«

Bevor die beiden weiterzogen, wollte ich noch wissen, wie-so die Kontrollen so scharf waren. Ich kannte diese Art von Check-up von früher, wenn mein Vater mit uns Kindern al-lein nach Algerien geflogen war. Auch wenn mein Schwager mit den Mädels nach Algerien fliegt, erlebt er Ähnliches. Und sogar meine Mutter hatte, bis wir 19 Jahre alt und damit in Algerien volljährig waren, immer eine Vollmacht von meinem Vater gebraucht, wenn sie allein mit uns aus Algerien ausrei-sen wollte. Es war auch keine Seltenheit, dass ich Familien ge-sehen habe, denen die Ausreise aus Deutschland verweigert wurde. Mein Schwager hatte einmal in Frankfurt schwitzen müssen, als er mit Lia nach Algier fliegen wollte und die Bun-despolizei bei meiner Schwester anrief, aber sie das Telefon nicht hörte. Erst beim dritten Mal wurde sie dann doch aus dem Schlaf gerissen. »Frau Bessi, ein viertes Mal hätten wir nicht angerufen«, hatte damals der Beamte gesagt.

»Sicherheit geht vor«, antwortete der Polizist und schenkte mir noch ein kurzes Kopfnicken.

Auch das machte mich wieder neugierig. Also zückte ich mein Tablet und googelte nach Statistiken von Kindesentführungen in Deutschland. Jährlich werden mehr als 250.000 Kinder in Europa entführt. Knapp 30 Prozent der Entführungen werden von den Eltern oder der nahen Verwandtschaft verübt. Wow! Leider wurden gerade mal 35 Prozent der vermisst gemeldeten Kinder von der Polizei auch wieder gefunden. Ja, das Reisen deckt ab und zu auch die Schattenseite der Menschheit auf.

»Der war nett«, kommentierte Lia.

»Fand ich auch.«

Kopenhagen–Stockholm

Muddis indisches Elbenbrot und der durstige Sultan

Wie ich euch bereits erzählt habe, hat meine Mutter immer die große Sorge, dass ich unterwegs verhungere, weil sie vermutlich denkt, dass ich wochenlang keinem einzigen Geschäft begegnen werde. Meine Mutter ist auch der Typ Frau, der fast immer Brot selbst backt. Und so war es auch mit unserem Proviant. Ich kann euch nicht sagen, welche Zutaten sie genau verwendet hatte, aber Linsen und Kurkuma waren auf jeden Fall enthalten.

Lia konnte ich für dieses Brot mit dick Butter und Salami nicht begeistern. Irgendwie erinnerte mich dieses Vollkorn-Curry-Linsen-Teig-Gemisch an Lamberts Brot, also das Elbenbrot aus der *Herr der Ringe*. Achtung Spoiler! Bis zum Ende der Reise hielt das Brot, da ein kleines Stück mich richtig satt machte und auch das Zeug zwischen den Scheiben immer noch genießbar war.

Während ich über die kulinarische Küche der Elben und Zwerge nachdachte, füllte sich plötzlich kurz vor Kopenhagen der Zug mit Familien und vielen Kindern und Jugendlichen. Und wen wundert's? Schließlich ist Dänemark auch das Urlaubsparadies für Kinder.

Ich war schon mehrere Male in Dänemark gewesen. An jeder Ecke wurden die Mini-Globetrotter und die dänischen Sprösslinge herzlich empfangen. Wie in den anderen skandinavischen Ländern ist es auch in Dänemark absolut selbstverständlich, dass Kaufhäuser und Restaurants spezielle Angebote für die Kids in petto haben. Sogar staatliche Einrichtungen sind mit Spielplätzen und Spielecken ausgestattet, um den Kindern nicht die Möglichkeit zu geben, sich zu langweilen. Kindergärten bieten für jedes Kind einen Platz an. Zum Vergleich: Meine Schwester hatte fast zwei Jahre auf einen KiTa-Platz in Wuppertal gewartet, weshalb Lia erst zur Tagesmutter musste und anschließend in Düsseldorf in die Uni-Tagesstätte. Da war von stressfreiem Arbeiten und Studieren nicht mehr die Rede, und das Studium zog sich automatisch in die Länge. Allerdings hat auch die Wissensvermittlung einen sehr hohen Stellenwert in der dänischen Gesellschaft, was ziemlich cool ist, da eine Menge an Themenparks mit den unterschiedlichsten Fachgebieten für Kinder zur Verfügung gestellt werden, um die Kleinen mit Spaß an wissenschaftliche Themen heranzuführen.

Der Kopenhagener Hauptbahnhof zählt zu den saubersten Bahnhöfen, und das kann ich nur bestätigen. Im Allgemeinen ist Kopenhagen sehr rein. Wenn mal man bedenkt, dass im 16. und 17. Jahrhundert die hygienischen Verhältnisse bis zur Fertigstellung der Kanalisation eine Katastrophe waren, weshalb ein Großteil der Kopenhagener Bevölkerung noch im 18. Jahrhundert einer großen Pestwelle zum Opfer fiel. Nachdem sich die Bevölkerung etwas erholt hatte, zerstörte dann ein Großbrand die Altstadt Kopenhagens, weswegen viele Schriften und historische Überbleibsel zerstört wurden. Aber auch davon konnte sich die Hauptstadt erholen. Der Handel wuchs stetig an, die meisten Schlösser wurden zu dieser Zeit errichtet, bis endlich Mitte des 19. Jahrhunderts die Schienen gebaut wurden, auf denen Lia und ich in den Norden tuckerten. Im Gegensatz zum nördlichen Teil Schwedens wurde der Süden nach Dänemark zügig mit Schienen ausgebaut, um einen besseren Handel betreiben zu können. Heute ist es jedem möglich, auf Schienen den nördlichsten Teil Europas zu bereisen. Möchte irgendjemand die Welt entdecken, dann geht es am besten mit dem Zug oder zu Fuß.

Ich habe mit fünfzehn Jahren das erste Mal das Reisetagebuch des arabischen Weltenbummlers Ibn Battuta gelesen: *Reisen ans Ende der Welt* (dabei war ich selbst schon an einigen Enden der Welt gewesen). Seine detaillierten Erzählungen haben mich immer sehr gereizt, weil man Details nur beschreiben kann, wenn man sie hautnah miterlebt hat. Bis ich die mittelalterlichen Reisen des Benjamin von Tudela entdeckte, hatte ich Ibn Battuta bestimmt zehnmal gelesen und immer wieder neue Details entdeckt. Das letzte Mal habe ich seine Geschichten 2018 gelesen, als ich für zwei Monate Kreta erkundete, wo ich das Buch schließlich an jemand anderes weitergab.

»Die Karawane zieht weiter der Sultan hat Durscht, der Sultan der Sultan der Sultan der hat Durscht ...«, sang Lia mit bunten Kopfhörern auf den Ohren und malte bei voller Konzentration Herze in ihr Reisejournal. »... Tomate, Tomate, Tomate, Tomaaateee ...«

Kurze Denkpause. Dann ging es weiter.

»Die Karawane zieht weiter der Sultan hat Durscht, der Sultan der Sultan der Sultan der hat Durscht ... Tomate, Tomate, Tomate, Tomaaateee ...«

Ich sag euch, das hat sie seit knapp einer Stunde auf und ab gesungen. Anfangs war ihr Singsang überhaupt nicht störend. Ganz im Gegenteil – Kreativität, Spielen und Toben müssen wir den Kindern lassen, weil diese Instrumente wichtig für ihre Entwicklung sind. Aber wenn die ganze Zeit im Schallplattenmodus nur diese Zeilen gesungen werden und anschließend noch Tomate kommt, fängt es in der Tat an zu nerven.

»Lia!« Ich stieß meinen Fuß leicht gegen ihr Schienbein. »Was hörst du da?«

Sie sah zu mir auf. »Bibi und Tina.«

Okay ... »Also, wenn du *Bibi und Tina* hörst, dann kannst du doch aufhören zu singen«, ging ich sachte das Thema an.

Lia legte den Stift zur Seite und nahm die Kopfhörer ab. »Das haben wir gestern die ganze Zeit gehört«, erwiderte sie in einem Ton, als hätte ich das wissen müssen. Einen Tag vor unserer Abfahrt hatte sie noch riesengroß im Kindergarten Karneval gefeiert. War zwar einige Male verschoben worden, aber in der KiTa war die Post abgegangen, als wir sie am Nachmittag abgeholt hatten. Musik dröhnte aus den Boxen, und drumherum hüpften und tanzten die Kinder. So gut wie alle waren verkleidet gekommen. Für die beiden, die es nicht waren, empfand ich schon fast Mitleid. Sie wurden automatisch zu Außenseitern. 50 Prozent der Mädels sahen mit ihren weißen Perücken und blauen Kleidern aus wie Elsa aus Disneys *Frozen*. Und Lia stand als glitzender Drache zwischen lauter Robin Hoods, Superschurken, Helden und den vielen kleinen Prinzessinnen.

»Ja, okay, kann sein. Kannst du dann bitte auch mehr vom Text singen?«

Sie schüttelte den Kopf. »Ich weiß nicht, wie es weitergeht.« Dann hatte sie auch schon ihre Kopfhörer wieder auf, und der Sultan hatte weiterhin Durst. »... Tomate, Tomate, Tomate, Tomaaateee ...«

Ich konnte mich nicht daran erinnern, dass der Sultan Tomaten gegessen hat. Aber wenn ich ehrlich bin, kannte ich auch nur die Zeilen, die Lia sang ... Na ja, bis auf die Tomaten.

Gegenüber von mir saß eine sympathische alte Dame, die in einen Joy-Fielding-Thriller vertieft war. Sie war in Saksköbing auf der kleinen dänischen Insel Lolland zu uns in den Zug gestiegen. Ihre natürlich fast schon wasserstoffblonden Haare hielt sie offen. Die bunte Brille auf der Nase ließ sie noch sympathischer erscheinen. Ich mochte das leichte Make-up an ihr und ihre großen hellblauen Augen. Immer wenn sie kurz zu mir aufsah, lächelte ich sie an, und sie erwiderte es. Vielleicht war sie sechzig oder siebzig. Ich konnte sie nicht wirklich einschätzen. Ihre Haut sah sehr gepflegt aus, allerdings war ihr Hals vom Alter gezeichnet.

»... Tomate, Tomate, Tomate, Tomateee ...«, lief weiterhin durchs Abteil.

Die sympathische Mitreisende grinste hinter ihrer Brille. Ich sah es ihr an, sie versuchte sich auf die Story zu konzentrieren. Kann ich verstehen, denn einige Bücher von Joy Fielding sind richtig ... geil!

»... Tomate ...«

Stopp! Nie im Leben singen die Jecken »Tomate, Tomate, Tomate«. Larry Page und Sergey Brin sei Dank, konnte ich dieses Lied googlen. Natürlich wurde ich direkt fündig.

Nicht wahr, oder?! Meine Lippen fest aufeinandergepresst, versuchte ich mein Lachen zu unterdrücken. Ein Grunzen entwich mir. Laut Google singen die Karawanenträger: »*Dummer ne, dummer ne, dummer ne Klore!*« Was so viel bedeutet wie: Gib mir einen, tu mir einen, tu mir einen Klaren! Mir kamen die Tränen. Ich konnte mein Lachen einfach nicht mehr zurückhalten und vergrub mein Gesicht in meine Hände.

Da überlegt man sich doch dreimal, ob man die Mini-Sängerin, die das Hörspiel *Bibi und Tina* hört, aber den durstigen Sultan besingt, auf ihren Fehler hinweisen soll. Ich mache es später, überlegte ich. Oder morgen. Oder gar nicht.

Mir gefiel Lolland. Tatsächlich gehört diese dänische Insel zu den ärmsten Gebieten Dänemarks. Die langen Strände, die dichte Natur mit ihren Wäldern und den üppigen Fischereihäfen, die mit denen in Bremerhaven kaum zu vergleichen sind, lassen die Insel etwas einsam wirken. Wie gerne hätte ich in dem Örtchen Maribo einen Halt eingelegt, um der alten Klosterkirche direkt am Seeufer einen Besuch abzustatten. Wären die Tage wärmer gewesen, wäre ich mit Lia einfach ausgestiegen, da hier der größte Safaripark Nordeuropas liegt. Das Sonnenlicht wurde von den vielen Seen und Fjorden auf Lolland reflektiert, dadurch wirkte die Insel viel heller. In der Regel sind es die kleinen Orte, die ein Land schön machen, und nicht Großstädte und Millionenmetropolen.

»Willst du auch?«, hörte ich Lia brabbeln. Ihre Kopfhörer lagen nun auf dem Tisch. Sie hielt der Dame ein Tüte Katjes unter die Nase.

Die Frau lächelte wieder, und kleine Grübchen bohrten sich in ihre schmalen Wangen. »Aber gerne. Ich liebe Lakritz«, antwortete sie mit einem schwedischen Akzent, bediente sich großzügig und legte sie auf dem Tisch ab. Ein Stück schob sie sich genüsslich in den Mund. Ihr Blick fiel wieder auf ihr Buch.

»Wo fährst du hin?«

»Sie, Lia.«

Lia runzelte die Stirn.

»Das heißt ›wo fahren Sie hin‹«, verbesserte ich meine Nichte.

Lia nickte. »Wo fahren Sie hin?«

Die Frau schaute wieder mit einem Lächeln von ihrem Buch auf. »Ich fahre nach Hause.«

»Wo ist dein Zuhause?«

»Wo ist Ihr Zuhause?«, verbesserte ich Lia schon wieder.

»In Schweden sagen wir meistens du. Sie darf ruhig zu mir du sagen.« Die ruhige und sanfte Stimme war wir eine Melodie in meinen Ohren. Sie hätte den ganzen Tag weiterreden können. »Ich wohne in Göteborg. Aber ich habe zehn Jahre mit meinen Mann in Flensburg gelebt«, erzählte die Frau.

Lia stellte noch weitere Fragen, bis ihr Wissensdurst gestillt war. Ich bediente mich an der Lakritze und lauschte meiner Playlist.

Kommen wir jetzt zu meinem ganz persönlichen Highlight der ganzen Reise. Auf diesen Moment hatte ich schon ganz aufgeregt und nervös hingefiebert: die Überquerung des Öresund. Diese Meerenge zwischen Schweden und Sjælland (Seeland), also Dänemark, ist die einzige Verbindung, die die Ostsee mit dem Kattegat und somit zu den offenen Weltmeeren hat. Mehr als 400 Jahre erhob Dänemark für die Durchfahrt den sogenannten Sundzoll – ein nicht enden wollendes Streitthema zwischen den Dänen, Schonen und den deutschen Hansestädten. Als Militärhistorikerin ist das schon eine coole Sache, mit dem Zug über die 16 Kilometer lange Öresundbrücke zu fahren, die Mitteleuropa mit Skandinavien verbindet.

»Lia!«, sagte ich fast schon zu laut. »Lia!«

Sie hörte mich nicht, weil sie wieder ihre Kopfhörer an den Ohren kleben hatte. Deshalb stieß ich sie wieder mit dem Fuß an.

»Nimm mal bitte deine Kopfhörer ab. Ich muss dir unbedingt etwas zeigen. Du wirst es jetzt nicht verstehen, aber wenn du älter bist, wird es dir wieder einfallen.«

Der Himmel war klar. Kein Regen. Ganz im Gegenteil, die Sonne zeigte sich mal wieder von ihrer schönsten Seite. Ich versuchte Lia klarzumachen, dass die Ostsee nur diese schmale Meerenge hat, die in die Welt hinausführt. In der frühen Neuzeit war dieses Stück Wasser lebensnotwendig gewesen. Ich sah Lia an, dass sie mich verstehen wollte, aber es kam noch nicht richtig an.

Auch der Bau dieser Brücke war atemberaubend, also für mich zumindest: wie sich ihre Silhouette das Wasser entlangschlängelte und welche Macht und Schönheit die gigantischen Pfeiler im Wasser ausstrahlten. Irgendwie passte die Architektur des Bauwerks zur Historizität des Öresunds. Eine mächtige Brücke für eine mächtige Meerenge.

Die 60-jährige Pippi Langstrumpf

Egal wie kurz oder lang meine Packliste ist, ich vergesse immer eine Sache. Dieses Mal hatte ich unsere Haarbürsten vergessen. Also machten wir uns auf einem der größten schwedischen Bahnhöfe auf die Suche nach einer Drogerie. Eigentlich fallen gekämmte oder ungekämmte Haare bei uns beiden nicht auf. Lia und ich haben alles in allem das Glück, krauses Haar zu haben. Bei dem Gedanken bekam ich schon wieder schlechte Laune. Glätteisen und Föhn sei Dank für schöne glatte Haare. Irgendwie gab es mehr Snacks in der Drogerie als Hygiene- und Pflegeprodukte, weswegen wir nur eine kleine schwarze Bürste ergatterten.

Auch Lia begutachtete die Puppenbürste skeptisch. »Die ist aber klein.«

»Na ja, besser als keine, oder?«

Sie nickte.

Mit unseren angeketteten Handgelenken marschierten wir durch die Menschenmenge. Familien mit Kindern und Mütter mit Kinderwägen machten den Großteil der Reisenden aus, bis auf eine Gruppe Jugendlicher, die Lia von hinten umschubste, woraufhin ihr Trinkpäckchen auf den Boden fiel. Lia selbst konnte ich noch am Rucksack auffangen.

»HEY!«, schrie ich den Jugendlichen hinterher.

Einer der Jungs drehte sich im Laufen zu uns um und rief: »Sorry!«

»Tut dir etwas weh?«, fragte ich Lia, während ich ihr Trinkpäckchen aufhob und den Strohhalm mit einem Feuchttuch saubermachte.

»Nein, ich habe mich erschrocken«, gab sie zurück und rieb sich den Arm.

Ich glaubte ihr nicht wirklich. Wahrscheinlich hatte sie Angst, dass ich mit ihr wieder zurückfahren würde, wenn sie eine Verletzung hatte. Aber in Schweden gibt es doch auch Ärzte. Da wäre ich im Notfall mit ihr hingegangen. Ich habe eine sehr gute Reisekrankenversicherung, die im Notfall direkt alle Kosten übernehmen würde. Für viele Reisen, insbesondere in die USA, kann ich solche Versicherungen mit einem *real-time*-Service empfehlen. In Philadelphia bin ich einmal auf einer Kellertreppe aus Holz ausgerutscht und direkt auf meinen Rücken geknallt. Mit nur einem Anruf ist die Versicherung direkt für die Kosten aufgekommen.

Ich kniete mich mit meinen schweren Rucksäcken hin, um mit Lia auf Augenhöhe zu sein. »Wenn du Schmerzen hast, musst du mir das sagen, Lia. Wir haben Geld, und ich kann dir in der Apotheke eine Salbe für deinen Arm holen, okay?« Ich sah ihr immer noch den Schock an und wie ihre Augen sich mit Tränen füllten, sie aber nicht weinte.

»Mir tut mein Arm weh«, flüsterte sie schließlich.

»Doll?«

»Nein, nur ein bisschen.«

In der Bahnhofspassage war zum Glück eine kleine Apotheke, in der ich Voltaren und eine kinderfreundlichere Salbe kaufte.

Am Gleis angekommen, strahlte Lia übers ganze Gesicht, weil sie sich auf den nächsten Zug nach Stockholm freute. Eine siebenstündige Zugfahrt stand uns noch bevor, deshalb lief ich mit ihr das Gleis auf und ab.

Meine Gedanken waren die ganze Zeit bei den Kids, die Lia umgelaufen hatten. Vermutlich waren sie vor irgendetwas oder irgendwem abgehauen. So etwas Ähnliches hatte ich mal in Valley Forge erlebt, dem National Historical Park, knapp 30 Kilometer von Philadelphia entfernt, als ich vor einem Trupp aus Polizisten und Rangers abgehauen war, und das nur, weil ein amerikanischer Bekannter unbedingt mit mir über Religion reden musste – und das in Amerika. Oder sagen wir es mal so: Wir hatten eine Meinungsverschiedenheit, und nach dieser Auseinandersetzung hatte ich einfach keine Lust mehr, mit meinem Bekannten zurückzufahren. Also machte ich mich zu Fuß auf den Rückweg –

direkt auf der Straße, ohne Bürgersteig. Amerikaner legen nicht sehr viel Wert auf Bürgersteige, da man ja mit dem Auto fahren kann beziehungsweise soll. In den Suburbs von Philly wurde ich mindestens zweimal gefragt, ob man mich nicht mitnehmen soll. Na ja, andere Länder, andere Sitten. Nach einer Stunde Fußweg machte ich es mir auf einer Bank gemütlich und begann zu telefonieren ...

... bis drei Streifenwagen anhielten und sieben Cops ausstiegen.

»Emma?«, rief der Gruppenanführer.

Ich blieb still. »Ich rufe gleich zurück«, flüsterte ich ins Handy und legte auf.

»Are you Emma?«

»Nope.« Ich schüttelte den Kopf und war gerade dabei aufzustehen.

»Show me your ID!«

»No!« Ich war schon dabei, einen Schritt nach hinten zu machen. Als ich die ganze Bewaffnung der Männer sah, nahm ich meine Beine in die Hand und lief nur noch in den Wald rein und weg. Und die hinterher.

Während sich meine Runs zu Zügen und Terminen in dem Moment mal wieder auszahlten, rief auch noch meine Freundin an. Außer Atem erzählte ich ihr, dass Cops hinter mir her waren und ich später anrufen würde. Wenn nicht, dann sitze ich im Knast.

Um es kurz zu halten – der Trupp passte mich ab. Nach einer hitzigen Diskussion, weil in der ganzen Gegend nach mir gesucht wurde aufgrund des Anrufs meines Bekannten, der dachte, ich wolle mich umbringen, ließen die Leute mich zwei Stunden später endlich ziehen.

»Wieso hätte ich mich denn umbringen sollen? Ich hatte einfach keine Lust auf sein Gelaber und seine Anwesenheit«, hatte ich in einem leicht oder vielleicht auch stark zickigen Ton gesagt. Manchmal empfinden wir Mädels unseren Ton ganz passabel. Auch wenn wir motzen und herumzicken, kriegen wir das oft gar nicht mit.

»*Ma'am*, Sie hätten nicht vor uns abhauen sollen«, sagte der Chef der Gruppe.

»Entschuldigen Sie, wie würden Sie denn reagieren, wenn ein ganzer Trupp schwer bewaffneter Polizisten auf sie zukommen würde?!«

Er fing an zu lachen. »Das nächste Mal werde ich dich wohl mitnehmen müssen.«

Idiot.

Als der silberfarbene Schnellzug der Statens Järnvägar, abgekürzt auch SJ, in den Bahnhof von Malmö einfuhr, stand Lia schon ganz ungeduldig am Gleis und sprang von einem Bein auf das andere.

»Fahren wir gleich mit diesem Zug? Fahren wir?«, sprudelten die Worte aus ihr heraus, dabei hüpften ihre roten Locken auf und ab.

Ich nickte. »Genau das ist er.«

»Der sieht ganz anders aus wie die ersten beiden Züge.« Die Türen öffneten sich. Lia wollte gerade reinspringen, als sie gegen einen dunkelblau uniformierten Mann stieß.

»*Be careful*«, sagte der Schaffner mit einem Grinsen auf dem Gesicht und wuschelte durch Lias Haar.

Sie sah mich nur erschrocken an, fing dann aber auch an zu grinsen. »Ups!« Anschließend stürzte Lia in den Zug und riss mich hinterher.

»Wir sind doch aneinander gekettet!«, rief ich ihr hinterher, was sie gar nicht mehr mitbekam. Beinahe hätte ich mich mit meinem Gepäck auf die Treppen des Zuges gelegt.

Graue Sitze, helle Tische und im ganzen Zug dunkler Teppich mit Flecken: Wir hätten in die erste Klasse gekonnt, aber wir blieben in der zweiten Klasse und setzten uns wieder auf einen Viererplatz.

In Lund stieß ein Zweiergespann zu uns und nahm gegenüber von uns Platz. Sowohl die grau melierten krausen Haare, die zu zwei Zöpfen gebunden waren, als auch die knallbunte Latzhose sowie die gepunktete Strickjacke stachen uns direkt ins Auge.

»Emma, die Frau sieht aus wie Pippi Langstrumpf«, staunte Lia und wandte einfach nicht den Blick von der Dame ab.

Die jüngere Frau neben ihr war rabenschwarz gekleidet. Dem Make-up nach gehörte sie der Metal-Szene an. Skandinavischer Metal, insbesondere Blackgaze, ist cool. Ich bin ein großer Fan der dänischen Band *Myrkur,* von der es nicht einen Song gibt, den ich nicht mag.

Pippi Langstrumpf haben die beiden natürlich verstanden. Die Schweden kennen die Geschichten der schwedischen Autorin Astrid Lindgren doch am besten. Die beiden Frauen waren in ein Gespräch vertieft. Einige Satzfetzen verstand ich, schließlich ist das Schwedische mit dem Deutschen verwandt, und beide gehören der germanischen Sprachfamilie an.

Ich war gerade dabei, meine Kopfhörer aufzusetzen, als Lia ihren Rucksack durchwühlte und eine angebrochene Katjes-Tüte rausfischte. »Willst du was abhaben?« Lia hielt den Arm gestreckt.

Pippi Langstrumpf und die Lady in Black schauten meine Nichte kurz an. Auch wenn sie ihre Worte wohl nicht verstanden, zeigten Gestik und Mimik, worauf Lia hinauswollte. Die beiden bedienten sich großzügig und strahlten Lia an. »*Tack tack*«, antwortete Pippi Langstrumpf, was so viel wie ›vielen Dank‹ bedeutet.

»*Thank you*«, fügte die Lady in Black schnell hinzu.

Wir unterhielten uns ein paar Minuten. Ich war ehrlich und erzählte der Älteren, dass Lia von dem Outfit fasziniert war. Die bunte Frau wollte uns tatsächlich weismachen, ihr Outfit sei kein Kostüm und sie gehe immer so bunt und extravagant raus.

Lia sah – nein – glotzte sie förmlich an. Bis der Schaffner kam, der seine Baskenmütze passend zur Uniform gegen einen kunterbunten Hut ausgetauscht hatte. Die Kinder im Zug starrten ihn an, während einige anfingen zu lachen. Jedes Kind sprach er an. Einige Kleinkinder drehten sich schüchtern weg. Andere Kids wiederum gingen auf die Scherze des Kontrolleurs ein.

Spaßige und – auf eine nette Art und Weise – verrückte Kontrolleure lassen sich überall auf der Welt finden. In Schottland war ich einmal auf einen kleinen jungen Mann mit hellblauen Kulleraugen und einem runden Gesicht, das von rötlich blondem Haar umrahmt war, gestoßen. Es war irgendwie amüsant, wie er die ganze Zeit die Tram auf und ab lief und ständig »*Ticketcheck! Ticketcheck!*« rief. Mit jedem Fahrgast hatte er ein Gesprächsthema gefunden, sobald er nach der Fahrkarte schaute, bis er auf zwei Frauen stieß, die über Harry Potter quatschten. Ich persönlich mag nur die ersten beiden *Harry-Potter*-Filme und die ersten drei Teile der Buchreihe. Aber dafür bin ich ein großer Fan der *Fantastischen Tierwesen*. Die beiden Harry-Potter-Frauen redeten zwar akzentfrei Englisch.

Allerdings erkannte ich an der Sprechart, dass es Deutsche waren. Es waren gewisse Merkmale, wie die zu starke Intonation in den Sätzen, es wurden mehr Wörter zum Sprechen verwendet als eigentlich notwendig und so weiter. Warum die beiden Deutschen miteinander Englisch sprachen, kann ich zwar nicht sagen, aber sie waren wahre Harry-Potter-Fans, und wie sich herausstellte, wollten sie eine Harry-Potter-Tour machen. Klang sehr spannend und aufregend. Ich würde auch gerne mal durchs Auenland in Neuseeland wandern. Als ich mich umdrehte, um die Gesichter zu den Stimmen zu sehen, traf mich der Schlag. Alle beide waren in Harry-Potter-Outfits gekleidet. Das heißt in Zauberumhang, Schal, Zauberstäbe und alles, was dazugehört. Die eine in Gryffindor und die andere in Slytherin. Es hätte mich nicht so umgehauen, wenn hinter mir zwei Teenager gesessen wären. Aber da saßen zwei Frauen mittleren Alters. Meine Lippen formten langsam und deutlich »Okay«, während ich mich mit großen Augen wieder umdrehte. *Alles klar ... So etwas gibt es auch.* Nur so nebenbei erwähnt – eine Freundin von mir hat mir vor Kurzem ganz begeistert erzählt, dass sie sich ein Harry-Potter-Tattoo stechen lassen wollte. Nein, nicht die Narbe auf der Stirn. Der Gedanke, sie mit der Harry-Potter-Narbe zu sehen, hatte solche Lachanfälle in mir ausgelöst, dass ich mir auf die Wangen beißen musste und mit leisem Grunzen und zuckendem Bauch ein lautes Losprusten unterdrückte. Ich bin eine *Herr-der-Ringe*-Verehrerin. Insbesondere von Legolas. Wie würde ich wohl als Elbin aussehen? Ich kann in der Tat auch ausgezeichnet mit Bogen und Pfeil umgehen. Zwar nur mit dem Recurve, dem Sportbogen, aber ich wäre schließlich eine Elbin des 21. Jahrhunderts, also wäre das auch in Ordnung.

»Emma, der Hut! Der Hut!«, rief Lia völlig aus dem Häuschen und zog mich aus meinen Erinnerungen zurück.

Ich hielt dem Schaffner unsere Interrail-Pässe entgegen.

»Die erste Klasse ist weiter vorne«, sagte er auf Englisch.

»Alles gut. Wir wollen hierbleiben«, antwortete ich.

Er entwertete unsere Pässe. »Hier macht es auch mehr Spaß!« Mit einem breiten Grinsen zog der Kontrolleur weiter. Seine aufgeschlossene Art und seine gute Laune waren einfach ansteckend. Eins konnten wir alle hier im Zug sehen: Der Kontrolleur hatte viel Spaß an seinem Job.

Lia packte sofort ihr Buch, ihre Kamera und ihre Bastelsachen aus. Sie hatte schließlich Stoff für ihr Buch. Nach zehn Minuten ging auch das Singen wieder los. Na ja, zumindest hatte der durstige Sultan seine Ruhe, stattdessen nahm Torfrock auf Rollschuhen seinen Platz ein. Welches Kind, das nicht aus dem hohen Norden Deutschlands kommt, kannte schon Torfrock?! Aber dann fiel mir ein, dass bei meiner Schwester alles möglich ist.

Die teuerste Taxifahrt meines Lebens

Zwischen den Städten fuhren wir ausschließlich an Weiden und grünen Landschaften vorbei. Frischer Kaffee breitete seinen Duft in unserem Abteil aus. Das gelbe Licht sowie die in Decken eingekuschelten Mitfahrenden machten aus dem Waggon ein gemütliches Wohnzimmer auf Rädern. Ab Mjölby fing es auch noch an, dicke Flocken zu schneien, sodass die vorbeiziehenden Bilderbuchansichten weißer wurden. Der Schnee machte die Atmosphäre hier im Zug noch muggeliger.

Lia hatte es sich nach drei Stunden Fahrt mit Puschen und einem Ratewortspiel auf dem Tablet bequem gemacht. Davor hatten wir im Bordrestaurant noch ein Käsebrötchen und Salat gekauft. Doch das Käsebrötchen sollte sich bald als fataler Fehler herausstellen.

Nach einer weiteren Stunde legte Lia das Tablet zur Seite und postierte sich seitlich in den Sitz. Das schien mir merkwürdig.

»Alles klar bei dir, Lia?«

»Mir geht's nicht so gut«, murmelte sie. Ihr Gesicht war noch bleicher als sonst.

Bei mir klingelten direkt die Alarmglocken: Mist! Wir brauchen ein Klo!! »Komm, Lia!«

Ich griff nach ihrer Hand und half ihr aus der Ecke zu kommen. Zu dumm, dass die Toilette in unserem Abteil seit zwanzig Minuten dauerbesetzt war.

»Ich glaube, ich muss kotzen.«

»Übergeben«, korrigierte ich sie und suchte gleichzeitig nach ... nach was genau suchte ich denn eigentlich? Ich suchte ... Bingo!

Ich rannte mit ihr raus aus dem Abteil und rein in die Durchgangsschleuse. »Nicht auf den Teppich spucken!« Ich führte sie zur einer der schweren Zugtüren, weil die Treppen mit Aluminium ausgelegt waren und ich deshalb das Erbrochene leichter wegwischen konnte als vom Teppich. Genau in dem Augenblick ging's los. Ich musste mich wegdrehen und auf Abstand gehen, sonst hätte ich bei der Party mitgemacht. Nach dieser Session fing Lia an zu weinen. Wahrscheinlich weil ihr das unangenehm war.

»Lia, du brauchst nicht weinen. Das kann passieren. Das ist jedem schon passiert. Auch Abenteurern passiert so etwas«, erklärte ich ihr. Ich zog ihr die Puschen und ihren Pulli aus, weil die ein paar Spritzer abbekommen hatten. Anschließend verfrachtete ich Lia wieder auf ihren Platz, gab ihr eine Vomex und ihre Strickjacke.

Tja, jetzt kam der richtige Spaß auf mich zu ... Ich fragte die Putzkraft nach Tüten, Feudel, Raumspray und Putzmittel. Er wollte das Desaster selbst sauber machen, aber das war mir unangenehm. Ich sagte ihm, dass alles in Ordnung sei. Der Durchgang roch nach verschimmeltem Käse und gegorener Milch. Allerdings war dieser Zug so konzipiert, dass sich die Tür zur Schleuse erst dann öffnete, wenn die Tür vom Abteil wieder geschlossen war. So mussten wir die nächsten Stunden nicht den Gestank ertragen.

Solche Sachen gehören zum Reiseleben dazu. Eigentlich machen sie auch einen Teil des Abenteuers aus. Wie geht man mit solchen Malheuren um? Verliert man die Motivation, die Reise fortzusetzen, oder zieht man gerade deshalb weiter, weil man durch die Strapazen hindurchmusste? Es war keine Seltenheit, dass mir ein Abenteuer erst, nachdem ich es erlebt hatte, Spaß machte und mich faszinierte. Im Nachhinein kommt schon Stolz auf, was einem in der Ferne doch alles gelungen ist.

Innerlich schimpfte ich mit mir, weil meine Schwester mir noch gesagt hatte, dass ich Lia im Laufe der Zugfahrt eine Vomex geben sollte. Mein Bruder war genauso drauf. Als ich mit ihm vor ein paar Jahren nach Brüssel gefahren war, um meinen Vater am Flughafen abzusetzen, hatte ich meinen Bruder die ganze Zeit mit Ingwerlutschtabletten abgefüllt und ihm verboten, sich Kaffee mit Milch zu kaufen. Und ich sag's euch, es hat wirklich geklappt.

Als ich endlich fertig mit Putzen war, kam bei meinem Glück der Herr nach einer halben Stunde aus dem Klo. Toll! Aber jeder hat mal eine längere Sitzung.

In Norrköping musste der Zug aufgrund der Wetterbedingungen einen längeren Aufenthalt einlegen, weshalb ich Lia anzog und mit ihr am Gleis auf und ab spazierte. Nicht nur sie hatte kühle Luft zum Auffrischen gebraucht, sondern auch ich, weil dieser ... Geruch in meiner Nase feststeckte und einfach nicht gehen wollte.

Möglicherweise fragt ihr euch jetzt, ob mein Gewissen an mir nagte, weil ich Lia eine so lange Zugreise zugemutet hatte. Natürlich fühlte ich mich etwas schuldig oder schlecht. Aber nicht weil ich ihrem Wunsch nachgekommen war, mit dem Zug in den Norden zu fahren. Mich ärgerte es, dass ich einen der wichtigsten Punkte, die meine Schwester mir genannt hatte, vergessen hatte. Käsebrötchen, sensibler Magen, Tablet, seit zwölf Stunden im Zug ... Ich hätte daran denken sollen.

Lia gähnte in kurzen Abständen. Ich besorgte ihr noch einen Kamillentee, bevor wir wieder in den Zug einstiegen. Nur kurze Zeit später schlief sie ein. Diese Tabletten gegen Übelkeit hatten in diesem Fall einen kleinen netten Nebeneffekt: Lia konnte sich etwas ausruhen.

Falls ihr denken solltet, dass jetzt Ruhe eingekehrt war, muss ich euch enttäuschen: Das war definitiv nicht der Fall. Miss Langstrumpf und ihr Anhang in Schwarz waren immer noch an Bord und unterhielten sich einen Ticken zu laut, aber es war überhaupt nicht störend. Ganz im Gegenteil, so war es nicht mehr so ruhig im Zug, da die meisten Kinder ausgestiegen oder eingeschlafen waren.

In Norrköping war eine weitere Dame, wahrscheinlich um die siebzig, eingestiegen, die ihren Platz direkt schräg gegenüber von uns eingenommen hatte. Kurz nachdem der Zug aus dem Bahnhof gefahren war, fing die Dame an herumzuschreien. Auf Englisch beleidigte sie die anderen beiden, nach dem Motto: sie seien rücksichtslos, und man könne nicht in Ruhe lesen und sich entspannen. Lia wurde durch diesen Lärm nicht wach, allerdings viele andere Kinder. Pippi und Blacky wussten erst nicht, was sie sagen sollten, bis Langstrumpf die Dame dann mit einer ruhigen und dennoch strengen Stimme zurechtstutzte. Es hätte mich nicht gewundert, wenn die Frau in den bunten Klamotten Grundschullehrerin gewesen wäre.

Danach wurde auf einmal ich verbal angegriffen. Plötzlich war ich diejenige, die so laut Musik hören würde und ihren Kopfhörer leiser stellen sollte, dabei durchflutete Dirk Bachs angenehme Vorlesestimme meine Ohren. An diesem Abend hatte ich einfach keinen Nerv mehr für irgendeine Auseinandersetzung.

»Wissen Sie«, sprach ich die Dame mit ihrer perfekt sitzenden und toupierten Frisur ebenfalls auf Englisch an, »die einzige Person, die laut ist und die Reisenden stört, sind Sie. Sie kreischen grundlos herum. Anstatt in normaler Lautstärke zu fragen, ob man nicht etwas leiser reden könnte, beleidigen Sie alle und wecken die ganzen Kinder hier. Wenn Sie keinen Wortlaut hören wollen, dann fahren Sie mit dem Taxi.«

Ihr Gesicht lief noch röter an, als es schon war, die Augen fielen ihr fast schon aus dem Kopf. Sie wollte gerade nachlegen, aber dazu gab ich ihr nicht mehr die Gelegenheit. Ich setzte meine Kopfhörer auf und schaltete auf meine Playlist zurück. *Dirk Bach würde mir diese Hexe nicht zerstören.*

Spät am Abend war es dann auch wesentlich leiser im Zug. Viele der Reisenden hatten noch einen langen Weg vor sich. Ich war auch etwas müde, aber nicht so müde, dass ich nicht froh war, gleich in Stockholm zu sein. Lia brauchte auf jeden Fall eine Pause ... und eine Dusche.

Künstliches Licht durchflutete den Stockholmer Hauptbahnhof, den größten Bahnhof in Schweden. Mit der müden Lia konnte ich ihn heute nicht besichtigen. Eigentlich wollte ich auch nur den Spucknapf oder, wie die Schweden sagen, *spott-kopp* sehen: eine große runde Öffnung im Boden der Bahnhofspassage zu dem im Untergeschoss liegenden Verbindungskorridor der U-Bahnen. Die geniale Idee hinter diesem Ring war einfach nur, mehr Licht und Aussicht im unteren Gang zu schaffen.

In schnellen Schritten suchte ich den Ausgang des Bahnhofs. Laut Google war das Hotel nur knapp einen Kilometer vom Bahnhof – oder zwei Busstationen – entfernt.

»Ist das Stockholm?«, fragte Lia mit kratziger Stimme.

»Ja, ist es. Morgen sehen wir mehr, ist ja schon dunkel hier.«

»Was werden wir morgen machen?«

»Das werden morgen früh besprechen«, antwortete ich eher halbherzig, weil ich nach einem Taxi Ausschau hielt.

Wir hatten 21:15 Uhr. Und waren in der Hauptstadt Schwedens, da sollte doch schon ein Taxi am Bahnhofsvorplatz stehen. Während ich mit meinen Augen die Straßen absuchte, spürte ich, wie neben mir etwas zu Boden fiel.

Lia war im Stehen eingeschlafen.

»O mein Gott, Lia!«, rief ich und ging direkt in die Hocke.

»AUA!« sagte sie etwas nasal. Ihre Stimme wurde vom Boden gedämmt. Sie war mit dem Gesicht auf den Boden gekracht, und der Rucksack klebte noch an ihrem Rücken.

»Was hast du gemacht?« Ich zog sie wieder hoch und drückte sie an meine Seite, sodass sie nicht wieder umkippen konnte.

»Ich bin eingeschlafen«, antwortete sie gähnend.

»Tut dir dein Gesicht weh?« Ich sag's euch: Lia ist richtig auf ihr Gesicht geflogen, weil sie nach vorne gefallen ist und sich mit den Händen nicht abgestützt hatte.

Meine Nichte schüttelte den Kopf und hob unsere Nacken-kissen halbherzig in die Luft. »Ich bin auf die Kissen gefallen.«
Ich nickte, schaute mir aber noch mal ihr Gesicht an. Kennt ihr den Disney-Film *Oben*? Wer den kennt, der kennt auch den kleinen Pfadfinder, der für sein letztes Abzeichen einem älteren Menschen helfen muss. Irgendwie musste ich an den denken, wie er mit seinem schweren Rucksack aufs Gesicht gefallen und liegen geblieben war.

Es dauerte vielleicht fünf Minuten, bis wir fündig wurden. Der Fahrer sprach gebrochenes Englisch, und ich glaube, dass er auch nicht wirklich Schwedisch konnte, deshalb versuchte ich ihm mit Google Maps und einfachen Worten zu zeigen, wo wir hinwollten. Wie auch der Taxifahrer in Wuppertal muster-te er uns mit einem skeptischen und fast schon abwertenden Blick. Lia verfrachtete ich nach hinten. Die schlief auch sofort wieder ein. Ich saß vorne und diktierte dem Fahrer den Weg.
Nach vielleicht zwei Minuten oder weniger als zwei Mi-nuten waren wir auch schon direkt am Ziel. Ich habe in mei-nem Leben, vor allem in den letzten paar Jahren, gefühlt 500 Taxifahrten unternommen. Ein Drittel davon zählen zu den skurrilen Taxitouren. Aber das, was jetzt kam, haute mich echt aus den Puschen.
»*30 Euro!*«, brummte er hinter seinem Schal.
»Was?«, fragte ich jetzt genervt, weil der Typ mir aufgrund seines aggressiven Tons irgendwie nicht passte.
»*Ride costs 30 Euro*«, brummte er.
So langsam dämmerte es mir. Woher wusste der, dass ich aus einem Euro-Land komme? Hat man uns das angese-hen? Zudem hatte ich kein einziges Wort mit Lia gewechselt. »*30 Euros?*«, hakte ich nach. *Will der mich vergackeiern oder was?!*

Er nickte.

»*Never!*«, rief ich und tippte mir an die Stirn. »Wir sind fünf Meter mit deinem Auto gerollt, und dafür soll ich 30 Euro bezahlen?«

Ich suchte das Armaturenbrett nach einem Taxameter ab. Natürlich hatte er keines. Ich war auf einen dieser Abzocker reingefallen.

Tja, wieder einmal wurde ich belehrt, nicht so leichtsinnig und arrogant durch die Welt zu laufen, weil ich der Meinung war, alles schon erlebt zu haben bei meinen 1.001 Abenteuern. Ich schnappte mir Lia und unsere Taschen und warf ihm sechs Fünf-Euro-Scheine hin. »*Screw you!*«, quetschte ich durch meine aufeinandergepressten Zähne.

Ohne Lia hätte ich das nicht bezahlt. Ich war von normalen Taxipreisen und einem registrierten Taxifahrer ausgegangen, aber da hatte ich nicht aufgepasst oder besser gesagt, ich war davon ausgegangen, zu wissen, dass ich in einem registrierten Taxi saß.

Tja, keiner weiß alles, aber alle wissen es besser!

Stockholm

Von ausgetrockneten Abenteurern und einem ganz besonderen Jungen

Home sweet home. Jeder kennt dieses englische Sprichwort, und die meisten Völker leben auch danach. Die Samen hingegen sind das diametrale Gegenteil des *Home sweet home.* Sie behaupten, es sei besser, auf einer Reise zu sein, als an einem Ort festzusitzen. Und genau damit bestätigen die indigenen Einwohner Nordskandinaviens und des westlichen Nordens Russlands meine Meinung: Wir Menschen müssen uns bewegen, weil es zu uns gehört.

Oder um es auf den Punkt zu bringen: Menschen hassen Langeweile. Jeder kennt dieses Gefühl, unterwegs sein zu wollen. Dem sollten wir auch nachgehen. Ihr müsst es nur wagen. Wenn ihr allein Angst davor habt, der Wanderlust nachzugehen, dann nehmt einen Freund oder Bekannten mit, damit ihr euch gegenseitig stützen könnt. Viele scheuen sich vor den

Preisen, die Reisebüros anbieten, oder den teuren Luxushotels. Die teuersten Reisen sind die in irgendwelchen Urlaubsresorts. Am Pool oder am Strand liegen kann ein richtiger Geldfresser werden. Aber sind solche Reisen wirklich Abenteuer, kann man einen Strandurlaub oder einen Urlaub in einer Ferienanlage wirklich Reisen nennen? Eine Reise, die im Grunde genommen ein komplett Fremder zusammengestellt hat? Reisen ist Entdecken. Zum Entdecken müssen wir uns Fortbewegen. Sich eigenständig einen Trip zusammenstellen, hier und da noch im Ungewissen bleiben, sich alles selbst zusammenbasteln ist Aufbrechen in Abenteuer.

Die Frage jetzt mal an euch! Kann eine Reise mit 1.000 Absicherungen wirklich abenteuerlustig sein? Macht es nicht viel mehr Spaß, wenn kein Reiseveranstalter zur Verfügung steht, der sich um alles kümmert, falls eine Zimmerreservierung plötzlich vom Hotel storniert wurde und man sich überlegen muss: Verdammt! Was mache ich jetzt? Einheimische nach Hilfe fragen, mit Fremden in Kontakt treten? Ein Land erkunden, ohne die Werte und Normen des eigenen Heimatlandes beanspruchen zu wollen? Länder bereisen, die nicht von hundert Millionen Touristen jedes Jahr aufgesucht werden? Falls ihr Party haben wollt, die kriegt ihr auch in einer heruntergekommenen Karaokebar in den hintersten Ecke Kasachstans – und glaubt mir, das macht sau viel Spaß. Reisen anzutreten, in denen tatsächlich der Weg das Ziel ist. Nach solchen Erlebnissen werdet ihr staunen, was ihr durchgestanden habt. Solche Reisen sind supergünstig und mit viel Abenteuerlust verbunden. Ihr könnt die Welt durchforsten, um den evolutionär nomadischen Drang in euch zu befriedigen.

Deshalb erzähle ich euch von den Samen. Die einzigen Ureinwohner, die die Europäische Union anzubieten hat, sind in der Tat die Samen, die sich auf vier unterschiedliche

Gebiete verteilen. Die Samen haben eine ziemlich komplexe Beziehung zu den dominierenden Völkern Skandinaviens. Tatsächlich sind die Samensiedlungen in Schweden und Norwegen genauso alt wie die ersten Skandinavier in diesen Königreichen, während die Samen in Fennoskandinavien, also der nordeuropäischen Halbinsel, seit mehr als 3.500 Jahren beheimatet sind. Die meisten Skandinavier lebten nämlich im Süden Skandinaviens, bevor sie nach und nach die norwegischen Küsten kolonisierten und anschließend auf die finno-ugrischen Völker stießen.

Schon bei den Grenzziehungen nahmen die Skandinavier immer weniger Rücksicht, da sich ihre Territorien auf die Weidegebiete der samischen Rentiere ausbreiteten. Obwohl der Lebensraum der Samen immer weiter schrumpfte, führten viele von ihnen bis Mitte des 20. Jahrhunderts ein Nomadenleben und zogen mir ihren Herden umher. Leider wurden sowohl der nomadische Lebensstil, ihre Traditionen als auch ihre Sprachen von den großen skandinavischen Regierungen, den Bildungseinrichtungen und dem Großteil der Gesellschaft oft verächtlich gemacht: Sie seien rückständig und müssten zivilisiert werden. Während Schweden und Norwegen noch im 18. und 19. Jahrhundert auf eine aggressive Assimilation setzten, wurde es im 20. und 21. Jahrhundert weniger gewalttätig den Samen gegenüber. Dennoch wird der Lebensstil einiger sehr traditioneller Samen von den skandinavischen Mehrheitsgesellschaften bis heute kritisch beäugt.

Die meisten von uns sind in einer modernen Gesellschaft aufgewachsen, und wir kennen auch die Bequemlichkeiten, die uns geboten werden in Häusern und Wohnungen, die ohne ein Lagerfeuer beheizt werden, vernünftig isolierte Fenster anstatt kleiner Löcher haben und coole Elektronik und Technologie, die uns das Leben so einfach macht. Unsere

Reise hatte ich schnell im Internet zusammengestellt. Wir mussten weder auf Pferden noch auf Eseln in den Norden Reisen. Wir waren bequem in Zügen, Taxis und Bussen gesessen. Natürlich verstehen wir nicht, wieso es heutzutage noch Völker gibt, die von der Natur leben und auf alles verzichten, was mit Digitalisierung und Technologie zu tun hat. Doch wir sollten ihnen ihre Traditionen lassen und nicht alles immer infrage stellen. Heutzutage lebt mehr als die Hälfte der Samen von modernen Berufen und geht einem – für uns – ganz normalen Alltag nach. Die Rentierwirtschaft wird trotzdem von einigen der Samen noch fortgeführt.

Wenn sogar der durchschnittliche Skandinavier ohne samische Wurzeln sehr wenig über die indigene samische Kultur und Politik weiß, ist es keine große Überraschung, dass die meisten Menschen außerhalb der nordischen Länder noch nie von der samischen Bevölkerung beziehungsweise von Sápmi, dem Gebiet der Samen, gehört haben.

Und wo wir schon über die Moderne und Digitalisierung reden: In Schweden zahlt man so gut wie nichts in bar. Jede Kleinigkeit wurde technologisiert und digitalisiert. Vor allem die Hauptstadt ist perfekt ohne Bargeld organisiert. Aber das wussten Lia und ich nicht. Also könnt ihr euch vorstellen, dass wir beide in so einige Fettnäpfchen getreten sind.

Lia brauchte ein Bett. Duschen würde ich sie am nächsten Tag, dachte ich auf dem Weg ins Hotel. Von wegen! Lia war total begeistert von der modernen und familienfreundlichen Inneneinrichtung des Hotels. Die Farbenvielfalt passte zu jedem einzelnen Teil in der Lobby. Bunte Lampenschirme, pinke und orangefarbene Sitzmöbel sowie entlang des Korridors eine Fotogalerie, die das gesamte 20. Jahrhundert widerspiegelte, waren richtige Eyecatcher. Kostenloser WLAN-Zugang, ein Gastcomputer mit Druckerzugang – und auch in diesem Hotel war ausgeschildert, dass keine Bargeldzahlung akzeptiert wird. An die moderne Rezeption schloss sich eine Hotelbar an.

»Die Flaschen sehen voll cool aus, Emma«, sagte Lia und kam aus dem Staunen nicht mehr raus. »Können wir gleich eine kaufen?« Sie stand ein paar Schritte von dem weißen Tresen mit dem roten Lichtstreifen entfernt, um mehr von der Bar sehen zu können.

»In den Flaschen ist Alkohol drinnen«, erklärte ich ihr und setzte meinen kleinen vorderen Rucksack ab. Schwupps, merkte ich auch schon, wie nun die Last auf meinem Rücken meine Balance beeinträchtigte. »Lia, kannst du mal gegen meinen Rucksack drücken?«, fragte ich lachend.

»Oh, ja! Ich helfe dir, da sind ja auch meine Sachen drin.« Anstatt mit den Händen zu drücken, stellte sie sich als Stütze mit ihrem Rücken gegen meinen Rucksack. So konnte ich zumindest die Schnallen an meinem Brustkorb und meiner Hüfte zumachen. »So?«, rief sie und pustete hörbar aus. »Ist das so gut?«

»Jo, alles bestens. Ich stehe gerade.« Ich hatte mich Lias lautem Ton angepasst.

»Wenn ich größer bin, werde ich so einen großen Rucksack haben wie du, oder?« Ihre großen dunklen Augen schauten mich erwartungsvoll an.

»Klaro! Sonst siehst du doch aus wie ein Ninja Turtle.«

Lia lachte. »Ein Turtle?«

»Ein Ninja Turtle. Kennst du nicht die Serie mit den Karate-Schildkröten?«

Wieder blickte sie mich so erwartungsvoll an.

Ich holte mein Handy aus der Jackentasche und googelte die Ninja Turtles. »Hier, das sind die Ninja Turtles. Der Panzer hängt denen direkt unterm Kopf und klebt über ihrem Hintern.«

Ich musste lachen bei der Vorstellung, eine eins achtzig große Lia vor mir zu haben, die immer noch den Kinderwanderrucksack trägt. Lia ist für ihr Alter sehr groß, kleine Mutter und riesengroßer Vater. Selbst als Baby hatte sie ständig alle Kinder überragt. Wenn wir mit Lia auf dem Spielplatz waren, fanden wir alle Kinder zu klein, weil wir sie immer mit Lia verglichen. Leider hatten wir auch oft das Problem, dass andere Eltern und Großeltern über Lia herzogen nach dem Motto: ›Die ist schon fünf Jahre und redet immer noch verwaschen.‹ Dabei sah man ihr aufgrund der groben Motorik und auch am Gesicht an, dass sie gerade erst drei Jahre alt war. Auch im Bus gab es hin und wieder Ärger, wenn der Busfahrer gemeint hat, Lia müsse ein Ticket ziehen, weil sie schon über sechs sei, dabei war sie erst vier. Die patzigen Aussagen des Busfahrers fand ich immer am schlimmsten, oder wenn die mich gefragt haben, wie alt Lia denn sei, dann habe ich immer auf Lia gezeigt und den Gegenüber aufgefordert, sie selbst zu fragen. Und wenn ein Kind vier Finger zeigt und sagt: »So viel Jahre bin ich«, dann ist es logisch und glasklar, dass es sich hier um ein kleineres Kind handelt.

»*Hej*«, begrüßte uns die Rezeptionistin auf Schwedisch.

»*Hej*«, sagten Lia und ich wie aus einem Mund.

Die Studentin klärte mit uns die Formalitäten ab. Lia versuchte sie auch ins Gespräch einzubinden, aber die verstand leider nicht sehr viel, deshalb half ich ihr auf die Sprünge. Interessanterweise sagte Lia die kurzen Sätze nach, die ich vorgesprochen hatte. Die brünette Rezeptionistin zeigte viel Geduld und behielt immer ein hübsches Lächeln auf dem Gesicht. Sie erzählte uns von den verschiedenen Zimmertypen des Hotels. Für sehr preisbewusste Menschen gab es den sogenannten und komfortablen Quick Sleep Room, ein fensterloses Zimmer, mit einem großen Etagenbett und mit High-Tech-Kram ausgestattet. Außerdem achteten sie sehr auf die Umwelt, was in den verschiedensten Bereichen des Hotels zu sehen und integriert war – von den Lebensmitteln über Bettwäsche und Müllentsorgung bis zu den Heizungen.

Ich fragte meine Nichte, ob es sie stören würde, in einem Zimmer zu schlafen, das kein Fenster hatte. Sie war damit einverstanden, weil sie nur draußen oder in der Lobby sein würde, waren ihre Worte. Für zwei Nächte würde es auf jeden Fall ausreichen, bestätigte auch die Frau hinter den weißen Tresen.

Zum Schluss bekam nicht nur ich eine Karte für die Zimmer- und die Badezimmertür, sondern auch Lia. Ihr könnt euch mit Sicherheit vorstellen, dass ich meine Karte so gut wie gar nicht benutzen musste. Bis ich Lia endlich im Bett hatte, verging noch einmal eine ganze Stunde.

Über die Betten konnte ich mich nicht beschweren. Die Bettwäsche roch nach Desinfektionsmittel, und die Matratze war extrem bequem. Dennoch gab es ein paar Komplikationen in der Nacht. Irgendwann wurde ich wach, weil etwas Warmes mein Gesicht herunterlief. Erst wischte ich es mit meinem Handrücken weg, aber es wurde immer mehr anstatt weniger. *Lia hatte doch nichts ins Bett gepieschert?!*

Nein, hatte sie tatsächlich nicht. Schließlich roch ich Eisen. Da erst wurde mir klar – aus meiner Nase floss in Strömen Blut. Mit einem Taschentuch hielt ich meine Nase zu, suchte mein Handy, um die Taschenlampe einzuschalten. *WOW!* Mein Kopfkissen war nicht mehr schneeweiß, sondern tiefrot. Meine Matratze? Ein Blutbad. Meine Decke? Ein Desaster!

Ich griff nach meiner Karte und flitzte ins Badezimmer. Nach 20 Minuten hatte ich endlich meine Nase unter Kontrolle. Anschließend hängte ich mich unter den Wasserhahn und trank wie ein Kamel.

Zurück im Zimmer entdeckte ich erst, dass die Heizung auf Hochtouren ballerte. Ich schnappte mir Handtücher, machte sie klitschenass und legte sie auf die Heizung, weil es keinen Regler gab, mit dem ich die Heizung hätte runterdrehen können. Dann checkte ich Lia ab. Ihre Lippen waren so ausgetrocknet, dass sich schon Risse gebildet hatten und an einigen Stellen bluteten. Lia hatte zwar einen anstrengenden Vortag gehabt, aber ich musste sie wecken. Sie musste trinken.

»Ich habe Durst. Ganz viel Durst«, sagte sie, die ganze Zeit gähnend. Und Durst hatte sie wirklich, denn sie trank einen halben Liter weg.

Mein Blutbad im Bett deckte ich mit zwei Handtüchern ab. Alles andere musste ich am nächsten Morgen mit der Rezeptionistin klären.

Erstaunlicherweise fühlte ich mich am nächsten Morgen überhaupt nicht gerädert von der desaströsen Nacht. Verschlafen öffnete ich meine Augen.

»Guten Morgen!« *Autsch! Meine Ohren.* Lia stand unmittelbar vor mir, grinste mich wie ein Honigkuchenpferd an. »Ich habe gewartet, bist du wach geworden bist.«

»Wie lange hast du mich denn angestarrt?«

Wer mit Kindern zu tun hat oder auch selbst an seine Kindheit zurückdenkt, kennt solche Situationen. Meine Schwester und ich haben unserer Mutter immer mit zwei Fingern ein Auge aufgerissen, wenn sie unserer Meinung nach zu lange geschlafen hatte. »Deine Augen bewegen sich, Mama. Du schläfst gar nicht mehr.« Meine Nichten stehen immer vor meinem Bett und starren mich an. Manchmal höre ich sie auch noch flüstern. »Lia, sie hat gestern gesagt, sie gibt uns Geld, damit wir Brötchen kaufen können«, sind dann die Gesprächsfetzen, die ich so mitbekomme. Wenn dann auch noch mein Mund zuckt, weil ich mir das Lachen verkneife, geht das Gerede erst richtig los: »Du schläfst nicht mehr, Emma! Wir wissen das.«

»Ich habe gerade mit der Karte die Klotür aufgemacht«, antwortete Lia, dabei hielt sie die Karte stolz in der Luft.

Ich weiß gar nicht mehr, wann ich selbst das erste Mal so eine Keycard in einem Hotel benutzen durfte, aber ich muss euch gestehen, Freunde, dass ich diese Karten überhaupt nicht mag. Das liegt wohl daran, dass ich die sensiblen Karten ständig so verstaue, dass sie mit meinem Handy in Kontakt kommen, und ich sie somit deaktiviere. Mir gibt ein normaler altmodischer Schlüssel, den ich in einen Schlüsselloch stecken muss, mehr Sicherheit.

Wir machten uns frisch, um kurz danach in die Lounge zu gehen. Wir hatten nämlich mordsmäßigen Hunger. Das Büfett war kontinental, und Lia hatte eine riesige Auswahl an Essen. Natürlich durfte ich nicht ihren Teller fertig machen. Sie wollte genauso wie ich und die anderen ihren eigenen Teller befüllen. Unbedingt wollte Lia am Fenster sitzen, aber es gab keinen einzigen freien Tisch.

»Und jetzt?«, fragte sie enttäuscht.

»Na ja, du könntest fragen, ob wir uns auf die zwei Stühle setzen dürfen.« Mit meinem Kinn deutete ich auf einen Tisch, an dem nur ein Mann saß.

»Dürfen wir uns da hinsetzen?«

»Wenn die zwei Plätze frei sind, wieso nicht?!«

»Muss ich fragen? Der kann doch gar kein Deutsch, oder doch?«

Ich zuckte mit den Schultern. »Du willst am Fenster sitzen. Mir ist es egal, wo ich sitze.«

Lia schnaubte kurz, während ihr Blick auf der Fensterseite haftete. »Was muss ich denn fragen?«

Ich grinste sie an. »*Are these seats taken?*«, sprach ich ihr langsam vor.

Sie nickte.

Was kann ich euch jetzt erzählen? Lia ging tatsächlich zu dem Mann – ich natürlich mit. Seinen Blick wandte er von der Zeitung ab. Wir schauten ihn an und er uns.

»Lia, dein Part.«

Sie holte nochmals tief Luft mit ihrem Teller und dem Brotkörbchen in den Händen. »Aaa sies seats takin?«, fragte meine Nichte in einem Atemzug. Ihre Nervosität stand ihr auf der Stirn geschrieben.

»*Yes, of course, young lady!*«, antwortete der Herr und setzte lächelnd seine Lesebrille ab. Er verschränkte seine Finger ineinander und wartete, bis wir unsere Plätze eingenommen hatten, bis er uns tiefer in ein Gespräch verwickelte.

Ich erzählte ihm, woher wir kamen und was wir vorhatten. Er war etwas älter, vielleicht war er selbst schon Opa. Seine hellblauen wässrigen Augen musterten uns neugierig.

»So weit seid ihr schon mit dem Zug gefahren?«, fragte er auf Englisch, den Blick auf Lia gerichtet.

Ich übersetzte.

»Wir wollen noch weiter! Morgen fahren wir doch mit dem Schlafzug«, erzählte sie, und obwohl der alte Herr sie nicht verstand, nickte er zustimmend und freute sich mit ihr. Lia quatschte und sabbelte, bis ihr auffiel, dass wir noch nichts zu trinken hatten.

Ich ging nach einigen Minuten auch intensiver in das Gespräch. Ich erzählte ihm, dass ich Lia etwas über die einzigen Ureinwohner der Europäischen Union beibringen wollte.

»Die Samen«, sagte er mit einem ernsten Gesichtsausdruck.

Ich nickte.

»Unsere junge Generation ist unzureichend über dieses Volk aufgeklärt. Samische Aktivisten und natürlich auch die samische Bevölkerung versuchen ihre Traditionen zu wahren, aber es ist nicht leicht, wenn Skandinavien sich weiter ausbauen möchte, aber im Norden nicht wirklich eine Möglichkeit besteht, das umzusetzen.«

»Was genau meinen Sie?«, fragte ich interessiert und setzte mich aufrecht hin.

»Windkrafträder zum Beispiel. Wir könnten mit Windkrafträdern im Norden viel natürliche Energie schöpfen.«

»Na ja, solche Windkrafträder zerstören Lebensräume, vor allem die der Vögel.«

»Es ist schwer, die Umwelt zu schützen, wenn wir Strom aus Kohlekraftwerken und Atomkraftwerken beziehen. Du musst dir die Frage stellen, was auf die Dauer mehr Schaden anrichtet. Zerstören wir jetzt Lebensräume von Vögeln oder unseren Lebensraum und den unserer Wälder und der Tiere, die in diesen Wäldern leben«, erklärte der Mann sachlich.

Wir wechselten noch ein paar Sätze, über die ich auf jeden Fall nachdenken wollte und musste, wenn ich meinen Nichten, meinem Patenkind und meinen Nachhilfeschülern wichtige Dinge beibringen wollte.

Lia stand ganz woanders und beobachtete eine junge Frau vor ihr, die sich gerade ein Getränk holte. Ich hatte euch ja gesagt, das Hotel war Hightech pur, bis auf die Heizung bei uns Zimmer, aber das hatte ich nach dem Frühstück schnell geklärt. Anstatt Flaschen und Getränkespender gab es einen einzigen Wasserhahn aus mattem Edelstahl. Neben diesem Wasserhahn war ein iPad installiert, auf dem mehrere Icons zu sehen waren, und um das Kaltgetränk seiner Wahl zu bekommen, musste man auf eine dieser Verknüpfungen drücken. Uhh, da muss ich auch gleich ran, ging es mir durch den Kopf. Ich liebe solch ein Spielkram.

Als Lia an der Reihe war, nahm sie sich eines der Gläser, schaute sich das iPad an, dann warf sie einen kurzen Blick über ihre Schulter zur Schlange hinter ihr. Schlussendlich stellte sie das Glas unter den Wasserhahn und tippte auf die Orange.

Breit grinsend kam sie mit ihrem halb vollen Glas auf mich zu. »Ich zeig dir gleich, wie du dir Wasser oder Saft holen kannst. Hast du das gesehen? Das ist echt voll cooool!«

»Ne, das musst du mir zeigen!« Natürlich hatte ich es gesehen, und ich wusste auch schon, wie es funktionierte. Schließlich hatte ich meine Nichte heimlich beobachtet, um zu schauen, ob sie das Ding rockt ohne mich oder nicht. Nachdem sie mir ausführlich erklärt hatte, wie unsere hochmoderne Digitalisierung funktioniert, trank ich das Glas leer, das sie mir fertig gemacht hatte, und probierte es danach selbst aus. Anschließend zückte ich mein Handy und machte diese Prozedur noch mal von Neuem, um es für die Ewigkeit festzuhalten.

Zurück an unserem Tisch war der nette Mann schon weg. Mit einem netten Gruß auf einer Serviette: »*Nice to have met you! Enjoy your adventure!*«

Lia lernt Englisch

Lia und ich packten unsere Kameras und unseren Proviant ein und marschierten nach einer hitzigen Diskussion bezüglich ihrer pinken Schlupfmütze aus dem Hotel. Hätte die Mütze Gefühle gehabt, wäre sie auf jeden Fall in schwere Depressionen gefallen. Lia hatte gefühlt tausend Synonyme für hässlich parat gehabt. Außerdem gehöre diese »voll ekelhafte Babymütze« gar nicht ihr, sondern ihrer Schwester. Denn die

»voll ekelhafte Babymütze« hatte Tibby ihr ganz vertraulich ausgeliehen.

»Lia, ich liebe diese schöne Mütze. Aber ich gebe sie dir, sonst ist dir kalt im Polplanet.« Mit ernstem Gesicht und deutlich gesprochenen Worten überreichte Tibby ihrer Schwester die pinke Schlupfmütze. Ohne eine Mütze hätte Lia nicht mitgedurft – tja, und ihre eigene Mütze hatte sie verschlampt. Lia hatte nur »danke« gegrummelt, während ihre Schwester die Schlupfmütze streichelte und liebevoll bewunderte. Ihr müsst wissen, dass Lias kleine Schwester diese Schlupfmütze im KiK für zwei Euro entdeckt hatte und unbedingt haben wollte. Meine Schwester hatte noch versucht ihr diese schräge Mütze auszureden, aber was Tibby gefällt, gefällt ihr einfach, und das lässt sie sich auch nicht schlechtreden.

Am Ende einigten Lia und ich uns darauf, dass sie oben in der Arktis diese Mütze tragen würde und hier in Stockholm eine meiner Mützen tragen durfte. Ehrlich gesagt, konnte ich ihre Abneigung verstehen. Eine quietschpinke Schlupfmütze beißt sich einfach mit roten Haaren. Ich mache mich nicht über meine Nichte lustig, aber sie sah einfach ... zum Totlachen komisch aus (sorry, Lia!). Sogar meine Schwester, also Lias Mutter, hatte über die Farbkombi gelacht, wie unter der Mütze die paar Locken an der Stirn herausgeluschert haben. Allerdings müsst ihr auch mich verstehen, ich hatte panische Angst – und ich bin ehrlich, Freunde – dass Lia mir erfriert. Aber dazu komme ich noch.

Als wir das Hotel verlassen hatten, fiel mir plötzlich ein, dass ich meine Speicherkarte in Berlin liegenlassen hatte. Eine neue Speicherkarte mit 512 Gigabyte, die auch nicht gerade billig war. »Mist!«, fluchte ich und blieb stehen. »Ohne Speicherkarte können wir keine Fotos mit der großen Kamera machen.«

Lia schaute sich ihre Sofortbildkamera an. »Ist in meiner Kamera eine Karte drin? Wir können uns dann abwechseln«, schlug sie vor.

»Ne, in deiner ist keine. Deine Fotos werden direkt ausgedruckt und können nicht abgespeichert werden.« Ich überlegte eine Weile. »Na ja, ich denke, hier in Stockholm wird es auch einen Media Markt geben.«

»Den Media Markt in Wuppertal?!«, rief Lia entsetzt.

»Ne, der ist doch in Wuppertal. Aber das ist doch eine Kette, die bestimmt eine Filiale hier hat.«

Mit ein paar Klicks auf meinem Handy wurde ich auch schon fündig: Stockholm allein hat drei Media-Markt-Filialen. Wir mussten zwar ans andere Ende der Stadt, also zum Stockholmer Archipel fahren, aber das war auch in Ordnung. Schließlich waren Lia und ich Weltenbummler und mussten uns alles ansehen.

Am Geldautomaten hob ich einhundert schwedische Kronen ab, um Bus- und Zugtickets am Fahrkartenautomaten zu kaufen. Als Lia und ich endlich in einen Bus eingestiegen waren, der uns zum Media Markt brachte, fragte ich nach zwei Fahrkarten. Der Busfahrer klärte mich schließlich auf, dass ich die Tickets an einer Ticketstelle kaufen müsse, weil in Schweden so gut wie gar nichts mit Bargeld bezahlt werde. Aber er war so freundlich und ließ uns einfach durch. Ich sagte ihm noch schnell, wo wir beide hinwollten.

»Ich sag euch Bescheid, wenn ihr aussteigen müsst.«

Mit der Stirn an die Scheibe des Busses gepresst, schaute Lia sich den Saltsjön an – eine Bucht der Ostsee, die von den Stockholmer Inselgruppen bis in die Innenstadt der schwedischen Hauptstadt reicht. »Boah, sind das viele Schiffe auf dem Fluss«, staunte Lia, und das Fenster beschlug sich mit ihrem Atem.

»Das ist kein Fluss, sondern eine Bucht.«

»Aber das Wasser sieht aus wie ein Fluss.« Nach einer halben Minute fragte sie schließlich, was eine Bucht sei.

»Eine Bucht ist ein Stück von einem Gewässer, das von drei Seiten umschlossen ist. Entweder durch Klippen oder Flachland. Es gibt für deinen Fluss nur einen Ausgang, und das ist in Richtung offenes Gewässer. Die meisten Schiffe, die du jetzt siehst, treten mit Sicherheit eine größere Reise an«, erklärte ich.

»Zum Polplanet?«, hakte Lia nach und schaute weiterhin aus dem Fenster.

»Immer noch Nordpol – aber ja, wäre möglich. Es gibt nur einen Weg von hier aus zum Nordpol für diese Schiffe«, sagte ich in Anspielung auf den Öresund.

»Die müssen dann nach oben fahren.«

»Gute Schlussfolgerung, aber die Schiffe müssen erst nach unten fahren, um ... Kannst du dich noch an die lange Brücke von gestern erinnern?«

»Die mit dem Krieg von vor vielen zehn Jahren?«

Ich nickte. »Ja, genau die. Die Schiffe, die von hier aus zum Nordpol fahren, müssen unter dieser Brücke hindurch. Es gibt keinen anderen Weg aus der Ostsee raus, nur durch den Öresund.« Wer hätte schon gedacht, dass eine zwanzigminütige Busfahrt so informativ werden konnte? Außerdem war es interessant, worüber Kinder nachdenken, wenn sie etwas Neues sehen.

Am Nacka Forum, einem Einkaufszentrum im östlichen Teil von Stockholm, ließ uns der Busfahrer aussteigen mit dem Hinweis, dass dort ein Media Markt sei. Kurz hinter dem großen Eingang des Einkaufszentrums stand eine große Spielfläche für Kinder mit interessanten Denkspielen. Kinder in Lias Alter amüsierten sich und spielten gemeinsam, während Lia schüchtern danebenstand.

»Du kannst mit den Kindern spielen, und ich gehe schnell die Speicherkarte kaufen«, schlug ich ihr vor.

Stille.

Ich schaute sie an. Ihr Gesicht war knallrot. »Lia?«

»Ich schäme mich«, kam es kleinlaut und kaum hörbar über ihre Lippen.

Ich riss meine Augen weit auf und dachte nur: *Wat?* Die verteilt meine Lakritze an fremde Erwachsene, hält Leute davon ab, auf die Toilette zu gehen, verpfeift meine Elektronik bei der Zollbehörde und blamiert mich vor der Polizei. Und jetzt behauptet sie allen Ernstes, dass sie sich vor den spielenden Kindern in ihrem Alter schämt?! »Warte mal – du schämst dich?!«

»Na, die können doch kein Deutsch«, flüsterte sie, den Blick auf den Spielplatz gerichtet.

»Jedes Kind versteht sich, wenn's ums Spielen geht. Um einen Ball hin und her zu schießen müsst ihr nicht unbedingt gleichsprachig sein. Weißt du, die Lipgloss-Oma geht so viel auf Reisen, und sie kommt immer mit den Leuten dort aus. Höflichkeit und Spaß versteht jeder.«

Ich wollte noch etwas hinzufügen, da kam auch schon ein Junge, der zwei oder drei Jahre älter als Lia war, und sprach uns auf Schwedisch an. Ich sagte ihm auf Englisch, dass wir nicht aus Schweden kommen. Zu meinem Erstaunen wiederholte er seine Worte in Englisch: Er und seine Freunde brauchten noch jemanden für ein Spiel, in dem Wasserblasen in langen Säulen hochgepumpt werden. Bei ihrem Wettpumpen war noch eine Säule frei.

Ich denke, dass die drei nicht wirklich einen weiteren Spieler brauchten. Die Jungs wollten höchstwahrscheinlich nur Lia einbeziehen, weil die verdutzt daneben stand und sich nicht traute zu fragen, ob sie mitmachen dürfe.

»Bleibst du hier?«, fragte sie mich mit einem flehenden Unterton.

Der Junge hatte zu einem Dutt gebundene hellbraune Haare und die wahrscheinlich hellsten blauen Augen, die ich je in meinem Leben gesehen hatte. Er grinste meine Nichte an und wollte sie gerade an die Hand nehmen, da fragte er mich noch schnell, wie sie heiße.

»Das kannst du sie selbst fragen. Das versteht sie«, antwortete ich mit einem Lächeln im Gesicht und lehnte mich an eine der weißen Trägersäulen.

Lia entzog sich fast schon schnippisch seiner Hand.

Er schaute sie weiterhin grinsend an. »*I'm Askil*«, stellte er sich vor.

Doch ich sah an Lias Zögern, dass sie überhaupt nicht bei der Sache war.

Sorry Leute, aber ich musste auch lachen, weil Lia sonst immer wie ein Bulldozer auf Erwachsene zugeht, die sie überhaupt nicht kennt, aber bei einem Neun- oder Zehnjährigen fühlte sie sich eingeschüchtert.

Es dauerte einige Minuten, bis Lia sich in der Gruppe eingefunden hatte, aber danach hatte sie eine Menge Spaß dabei, große Luftblasen herzustellen. Natürlich waren die anderen drei schneller als Lia, aber der eine, der Lia zum Spielen eingeladen hatte, ließ ihr einen Vorsprung. Ich sah sogar, wie Lia ihren Mund bewegte und Askil ihr freudestrahlend zunickte.

»*Very good!!!*«, hörte ich ihn rufen.

Die anderen beiden redeten auch sehr laut, einen Mix aus Schwedisch und Englisch.

Mir persönlich machte es viel Spaß, den vieren beim Spielen und ihren Interaktionen zuzusehen. Erst hatte ich gedacht: Komm Emma, schleich dich schnell in den Media Markt, weil ich sie beim Spielen nicht unterbrechen wollte. Aber ich wollte Lias Vertrauen nicht missbrauchen, also blieb ich.

Außerdem mochte ich die Art des Jungen, der Lia um einen Kopf überragte. Er hatte etwas Ausdrucksstarkes an sich. Ich konnte nicht genau erläutern, was, aber er stach aus der Menge heraus. Er inspirierte mich. Und ob ihr es glauben wollt oder nicht, er inspirierte mich zu einem kompletten Roman; deshalb bin ich froh, auf diesen Jungen gestoßen zu sein.

Nach zwanzig Minuten kamen die beiden zurück, und ich plauschte auch noch ein wenig mit Askil. Er erzählte, dass er im April zehn Jahre alt wird – also hatte ich ganz richtig gelegen. Ich wollte von ihm wissen, wieso schwedische Kinder so gut Englisch können. Seine Antwort war, dass in Schweden Hollywoodfilme und so weiter nicht synchronisiert, sondern nur mit schwedischen Untertiteln versehen werden. Das fand ich super. Ich mag keine synchronisierten Filme und Serien, weil die Sketche und Redewendungen oft nicht richtig rüberkommen.

»Wie lange bleibt ihr in Schweden und wann kommt ihr wieder?«, fragte Askil noch, bevor wir uns verabschiedeten.

Ich erzählte ihm, was wir vorhatten und dass unser Schwedenbesuch nicht der letzte sein würde. Als ich spaßeshalber »Wir sind Abenteurer« hinzufügte, riss er seine großen Augen noch weiter auf, zog den Reißverschluss seiner Jacke runter, zeigte auf seinen dunklen Pulli mit einem Camper drauf und rief laut: »*Me, too!*«

Wenige Minuten später waren wir mithilfe eines Mitarbeiters des Elektronikmarkts wieder stolze Besitzer einer Speicherkarte mit einem halben Terabyte. Lia und ich mussten jetzt nur noch einen Kiosk oder Fahrkartenschalter suchen. Nachdem wir eine Weile herumgeirrt waren, verriet uns eine

Frau, dass es eine App gab, mit der wir unsere Tickets ganz locker kaufen konnten. Ja, logisch, wieso war ich nicht selbst darauf gekommen?!

Ich war schon einmal in Stockholm gewesen, aber die Sache mit den Fahrtickets hatte ich bei meinem ersten Stockholm-Trip überhaupt nicht mitbekommen. Wieder so ein Beweis, dass man einen Ort noch lange nicht kennt, nur weil man einmal dortgewesen ist. Ich hatte die schwedische Hauptstadt damals nicht wirklich besichtigen können, weil ich beruflich dort war, um einen Bericht über die Muslime und Moscheen in Schweden zu erarbeiten. Zu meiner Schande muss ich gestehen, dass ich ein Taxi hatte, das mich die ganze Zeit herumkutschierte. Ja, Freunde: *Shame on me!*

Außerdem muss ich euch noch gestehen, dass ich nicht der Typ für Städterundtrips bin. Ich möchte lieber alles auf eigene Faust entdecken. Bevor ihr mich der Vorurteile bezichtigt, ich hatte schon mit meiner Oma Städtetrips mitgemacht mit Reisegruppe, Reiseleiterin und allem, was dazugehört, unter anderem nach Helsinki und St. Petersburg. Ich war mit meinen 23 Jahren die Jüngste an Bord. Die Zweitjüngste war genau 30 Jahre älter als ich. Sprich: ich war mit einer Seniorengruppe unterwegs. Selbst meiner Oma gingen einige unserer Mitreisenden richtig auf die Nerven. Zumal es keine Seltenheit war, dass über mich hergezogen wurde, weil ich meinen großen Rucksack im Schlepptau hatte und keinen Koffer zum Hinterherziehen. Aber mehr als die Hälfte der Reisenden war nett und lustig. Einmal hatte ein Gespann aus drei siebzigjährigen Freundinnen sein Zimmer auf der Fähre nicht mehr wiedergefunden und mich lachend um Hilfe gebeten. Natürlich musste ich auch suchen. Das war gar nicht so einfach. Aber die Mädels fanden die Situation lustig und steckten mich mit ihrer Laune an. Das eine Mal musste ich die Beleuchtung von

Smartphones heller stellen. Das andere Mal musste ich beim Self-Check-in am Flughafen in Helsinki helfen. Das war eine Katastrophe. Ihr müsst verstehen, das war eine Seniorengruppe, die am Flughafen auf Digitalisierung gestoßen war. Wir bildeten kleine Gruppen, und ich zeigte jeder Gruppe, wie das Einchecken funktionierte. Die Reisenden, die älter als 70 und 80 waren, wurden zum Glück von ihrer jeweiligen Reisegruppenleitung unterstützt. Eigentlich sollte man darüber nicht lachen, aber ich musste schon schmunzeln, als ich die entsetzten und panischen Blicke der Ladys und Gents vor den Bildschirmen der Check-in-Automaten sah.

Okay, genug über Städtetrips mit Senioren. Kommen wir zurück auf den kleinen Städteausflug mit einem Mini-Abenteurer und seinem Anhang. Den Trip durch eine ganze besondere Stadt, nämlich die Hauptstadt des Königreichs Schweden, des Lands der Wikinger mit Tausenden kleinen Inseln und Seen, Gletscherbergen und Wäldern, soweit das Auge sehen kann. Jeder Ort auf der Welt ist einzigartig, aber Stockholm wurde auf vierzehn Inseln gebaut, weshalb die Stadt über 50 Brücken in petto hat. Ich wollte Lia unbedingt die Stockholmer Altstadt, *Gamla stan,* präsentieren, weil ich ein Faible für mittelalterliche Altstädte habe. Wie ihr euch vorstellen könnt, bestand Stockholm viele Jahrhunderte lang nur aus *Gamla stan.* Leider wollte das Wetter nicht mehr mitspielen. Dunkle Wolken versteckten die Sonne und den strahlend blauen Himmel. Die Möwen setzten sich ab. Kleine Schneeflocken fielen sanft vom Himmel.

»Es schneit, Emma! Es schneit!«, rief Lia voller Vorfreude auf die Schneemassen, die sie noch zu sehen bekommen würde.

Die Flocken wurden dichter. Egal, ich würde mit Lia trotzdem die Stadt erkunden. Schließlich waren wir dick eingepackt.

Wir schlängelten uns durch die Menschenmenge, suchten unsere Buslinie, um uns auf den Weg ins Mittelalter zu machen. In der Altstadt allein stehen ungefähr 30 Profanbauten aus dem Mittelalter wie das Stockholmer Schloss, das Kanzlerhaus, das königliche Postamt und weitere historische Gebäude, die heute natürlich zu den geschützten Baudenkmälern Schwedens gehören.

»Wohnt da wirklich eine Prinzessin in diesem Schloss?«, war Lias erste Frage.

Ich nickte, obwohl ich mir nicht sicher war, ob wirklich ein Teil der schwedischen Königsfamilie dort residierte. Ich konnte es mir nicht vorstellen. Aus Büchern wusste ich, dass die ältesten Gebäude Stockholms zuerst aus Holz gebaut worden waren, erst im Spätmittelalter nutzte man Ziegelsteine. Als Schweden oder eher Stockholm zur Großmacht wurde, verpasste man den Häusern eine ganz neue Fassade mit Giebeln und verzierten Portalen. Ich wollte mir die Kellergewölbe und die Fresken aus dem 16. Jahrhundert ansehen, aber Lia interessierte sich nur für das Schloss.

Kann ich verstehen, Fresken hätten mich als Sechsjährige auch nicht interessiert. Dafür schlug ich Lia die wahrscheinlich größte beziehungsweise längste Kunstaustellung der Welt vor, nämlich die wirklich coolen Metrostationen in Stockholm, in denen sich Künstler frei entfalten konnten. Wir besorgten uns für 36 Schwedische Kronen Fahrkarten und fuhren zu T-Centralen, dem Knotenpunkt der Metro, wo alle U-Bahnlinien aufeinandertreffen, weshalb diese besondere Station blau angemalt ist. Schöne und einfache Blumen- und Blattornamente zieren die Wölbungen von T-Centralen.

»Das sieht so schön aus. Wieso hat Wuppertal keine Blumen an der Schwebebahn?«, fragte Lia mit dem Kopf im Nacken.

»Wir können doch nicht dasselbe haben. Wäre doch langweilig, wenn wir alle dieselben Ideen und denselben Geschmack hätten.«

Mich interessierte mehr, dass der Künstler die Farbe Blau aus psychologischen Gründen ausgewählt hatte. Blau soll nämlich entspannend wirken. Und da die wichtigste Metrostation täglich von mehr als 245.000 Menschen besucht wird, ist etwas Entspannung bei diesem Kuddelmuddel dann doch angenehm.

Wir stiegen natürlich nicht an jeder Metrostation aus. Nur an denen, wo ich Lia etwas erzählen konnte und wo sie selbst aussteigen wollte. An Kungsträdgården, was so viel wie der Garten des Königs bedeutet, zeigte Lia auf die bunten Gewölbe. »Die Stationen sehen aus wie bunte Höhlen.«

Um Lia etwas zu ärgern, erzählte ich ihr, dass hier an den Wänden gelbe Drei-Millimeter-Spinnen lebten, die es nur in dieser Metrostation gab und sonst nirgendwo in Nordeuropa. »Vielleicht siehst du ja eine«, fügte ich hinzu.

»Ihh! Du bist ekelhaft!«, rief sie und sah sich um. Ihre Schritte wurden langsamer, und ihr Kopf schaute die ganze Zeit nach links und rechts, um ja keiner Spinne zu begegnen. »Wieso gibt es nur hier die Spinne?«, hakte Lia vorsichtig nach.

»Wahrscheinlich wurde sie aus anderen Teilen Europas eingeführt, als man diese Station gebaut hat.«

Mein persönlicher Favorit unter den Stockholmer Metrostationen war aber Rissne, weil die Wände mit historischen Informationen verziert worden waren, allerdings nur auf Schwedisch. Lia hatte ein Faible für die Metrostation Tensta mit ihren tausend Farben und den liebevoll gemalten Mammuts, Pinguinen, Fischen und Hasen. Zum Glück konnte ich Lia erzählen, wieso diese Station so farbenfroh ausgestattet war.

»Was steht da auf den Schildern?«, fragte sie und zeigte auf die Wand.

»Da steht Brüderlichkeit.«

»Und auf den anderen Schildern?«

»Steht immer noch Brüderlichkeit, aber in anderen Sprachen.«

»Was heißt Brüderlichkeit?«, fragte Lia weiter.

Aufgrund der vielen Länder, aus denen die Einwohner in diesem Stadtteil Stockholms kamen, wollten die Künstler mit ihrer Arbeit jeden Menschen, der diese Station betrat, willkommen heißen. »Brüderlichkeit bedeutet, dass alle Menschen auf der Welt gleich sind und dieselben Rechte haben. Das heißt, dass alle Menschen gleich gut behandelt werden müssen.«

Wenn ich Lia etwas zu erklären versuche, was eigentlich ihren Horizont übersteigt, frage ich mich, ob sie das alles überhaupt versteht. Doch jedes Mal, wenn ich auf eine ihrer Fragen antwortete, nickte sie und murmelte ein »Ja« hinterher. Vielleicht war es die Absicht des Künstlers gewesen, die bunte Metrostation so farben- und facettenreich wie möglich zu gestalten, damit auch die Kleinen unter uns die Begriffe Brüderlichkeit und Frieden verstehen. Ihrem Blick und ihrer Körperhaltung nach zu urteilen, war Lia von der Metrostation einfach nur begeistert. Damals dachte ich mir nichts dabei. Heute kann ich sagen, dass Lia eine fette künstlerische Ader und die Metrohaltestelle großen Eindruck bei ihr hinterlassen hat. Wenn Lia malt, arbeitet sie mit vielen Farben und denkt sich bei jedem Detail etwas. Sie schreibt jetzt schon in Schreibschrift, und ihre Handschrift ist tausendmal schöner als meine Sauklaue. Es ist selten, dass man so eine gleichmäßige schöne Handschrift bei Kindern – und auch Erwachsenen – sieht. Wir lernen, indem wir unsere Sinne in Anspruch nehmen, insbesondere Kinder. Häufig passiert das ganz nebenbei und ohne dass wir es merken. Reisen durchkreuzt die festen Strukturen des eigentlichen Alltages. Ich denke, dass Kinder damit viel besser umgehen können als wir Erwachsenen, weil sie auch in anderen Ländern schnell die Unterschiede zu ihrem eigentlichen Heimathafen erkennen und diese Veränderungen wesentlich lockerer in ihre neue Tagesstruktur einspeisen können. Ich denke, dass die kindliche Neugierde dadurch wächst und vor allem die Kreativität stark zunimmt. Kinder sind in all ihren Facetten Künstler. Sie sehen Dinge, die wir Erwachsenen nicht mehr sehen.

Eine Zeitreise in die Vergangenheit

Auch in der Nacht schneite es weiter dicke Flocken, und die Temperatur sank noch mal um sieben Grad. Am nächsten Morgen schauten wir von unserem Frühstückstisch auf ein weißes Stockholm. Der letzte Tag in der Hauptstadt fing sehr stressig an, weil Lia und ich am Abend zuvor noch lange über dieses und jenes geschnackt hatten, weswegen wir erst um 9 Uhr aus dem Hotel liefen, auf der Straße schnell Zimtschnecken kauften, um in zehn Minuten die Metro zu erreichen. Mit der blauen Linie und anschließend der grauen Linie machten wir uns auf den Weg zur Insel Djurgården zum ersten Freilichtmuseum der Welt, das 1891 eröffnet worden war, um uns in 500 Jahre schwedische Geschichte und Kultur versetzen zu lassen.

Skansen war weltweit auch das einzige Freilichtmuseum mit nordischen Wildtieren, Haustieren und einem Riesenaquarium mit exotischen Wassertieren, Vögeln, Reptilien und ganz vielen Insekten. Und das im Winter, bei minus zehn Grad. Lia fuhr total auf die Holzhäuser auf Stelzen ab. Sie rannte unter den kleinen Gebäuden durch und rutschte einmal so richtig schön aus. Freunde, Lias Stunt sah zum Totlachen aus. Ich hielt mir sogar den Bauch vor Lachen. Auch Lia lachte sich kaputt, weil sie einen grandiosen Bauchklatscher gemacht hatte und mit dem Gesicht richtig schön in den unberührten Schnee gefallen war. Das musste man einfach gesehen haben.

Rentiere machten einen Großteil der Tiere in Skansen aus, weil die Samen neben ihrem Ackerbau und dem Fischfang viele Jahrhunderte von Rentieren gelebt hatten. Interessanterweise hatten sie die Rentiere nicht lange gejagt, da den Samen schnell aufgefallen war, dass es schlauer war, Herden zu bilden und Rentiere zu züchten.

»Sind das die Tiere von *Weihnachtsmann und Co. KG?*«, rief Lia und rannte zu den frei laufenden Rentieren hin.

Und Schwupps hatte ich wieder das Intro im Kopf. »Diese Viecher heißen Rentiere.«

»Wir müssen ein Foto machen.« Lia zückte ihre Kamera.

Plötzlich fiel mir ein, dass ich zwei Kameras mit mir herumschleppte und seit gestern keine Fotos gemacht hatte. Mist, wie ärgerlich! Aber wir gehen ja auch nicht auf Abenteuer, um zu posieren und Bilder zu knipsen, sondern wir wollen etwas entdecken. Diese Entdeckungen wollen wir fühlen, sehen und schmecken, damit sie in Erinnerungen bleiben. Obwohl es natürlich nicht meine Angelegenheit ist, finde ich es schade, wenn ich sehe, wie vor allem Menschen aus meiner Generation irgendwo hinfahren, nur um in perfekter Pose Bilder zu knipsen. Ich hatte mir zu meinem Geburtstag eine Irlandreise mit einem Abstecher zu den sagenumwobenen Cliffs of

Moher geschenkt. Alle anderen, die auf diesem Trip dabeiwaren, blieben nur am touristischen Aussichtspunkt stehen, um Fotos zu machen. Voller Stolz kann ich sagen, dass ich die Klippen von der anderen Seite gesehen habe. War ein langer Weg und kaum Menschen, aber das war es wert gewesen. In Stockholm schneite es unterdessen immer noch, und ich bangte um meine Elektronik.

Lia drückte mir ihre Fotos in die Hand. »Kannst du die einpacken, ohne zu knicken?«

Ich nickte und steckte sie in mein Portemonnaie.

Aufgrund des Wetters waren viele Attraktionen in Skansen ausgefallen, insbesondere die Darbietung des Lebens der alten Samen. Aber uns störte das überhaupt nicht, da trotz des starken Schneefalls viele Besucher ihren Spaß im Freilichtmuseum hatten, und Lia lief wie die anderen Kinder die aufgeschüppten Schneeberge hoch und runter.

Ich kam mit einem allein erziehenden Vater ins Gespräch, als Lia gegen ihn gerannt, wie ein Gummi abgeprallt und auf ihren Hintern gefallen war. Ich fürchte, ihr haltet mich für die schlechteste Tante der Welt, weil ich mich immer wieder auf Kosten meiner Nichte amüsiere. Aber wärt ihr dabeigewesen, hättet ihr euch auch schrottgelacht. Und wer weiß – wahrscheinlich wird es irgendwann zu mir zurückkommen, wenn ich mal alt bin und komisches Zeug rede. Glaubt mir, ich weiß wovon ich rede, weil ich nach dem Abi in einem Seniorenheim gearbeitet habe. Es war keine Seltenheit, dass ich als »blöde Kuh« bezeichnet wurde, weil ich aus Versehen einige Heimbewohner aus ihrem Nickerchen geweckt hatte. Doch zurück zu Lia, die verdutzt im Schnee saß. Der Mann – nein, er war ein Riese – drehte sich um und ging in die Hocke, um sich nach Lias Wohlbefinden zu erkundigen. Die verstand kein einziges Wort, sondern schaute halb über die Schulter des Mannes, der einen schwarzen Parka an hatte und eine Wildleder-Uschanka auf dem Kopf trug, zu mir rüber. Der Hüne packte Lias Hand und zog sie wieder auf die Beine. Dann entdeckte er mich. Ich klärte ihn auf, dass wir kein Schwedisch sprechen. Und wie es bei fast allen Schweden bisher war, sprach er einfach auf Englisch weiter.

Als Lia sich von ihrem Schock erholt hatte, flüsterte sie mir laut zu, ohne den Blick von dem Mann abzuwenden: »Der hat mich hochgezogen. Darf der das?«

»Und du hast nicht aufgepasst und seinen Hintern gerammt. Das ist Belästigung, und er wollte dir nur helfen«, zischte ich ihr zu und schaute ebenfalls den Hünen an, der mit Sicherheit dachte: ›Herr im Himmel! Was sind das denn für merkwürdige Geschöpfe?!‹

Er lächelte uns beide an.

Ich lächelte nur mit dem Mund zurück. Peinlich berührt. Nach weiteren peinlichen Sekunden fiel endlich die *wall of shame*. Mein erst aufgesetztes Lächeln wurde immer ehrlicher.

Vor uns stand Tjelvar. Wie bei allen Begegnungen, die Lia und ich machten, fragte uns auch Tjelvar, woher wir kamen. Besser gesagt, wollte er seine Vermutung, dass wir aus Deutschland waren, bestätigt bekommen. Ich mag die vielen unterschiedlichen Gesprächsthemen fremder Menschen. Insbesondere die Interessen meiner Begegnungen auf Reisen. Tjelvar erzählte mir von seinem Dasein als allein erziehender Vater. *Na ja, wenn er schon mit dem Thema anfängt, darf ich ihn auch mit Fragen bombardieren.* Also quetschte ich den netten Hünen über die Kinderbetreuung in Schweden aus.

»In Schweden wird auf die berufstätige Mutter Rücksicht genommen. Gleichberechtigung zwischen Frau und Mann ist ein wichtiger Punkt in unserer Gesellschaft und der schwedischen Familienpolitik«, erzählte er mit dem Blick auf seinen Sohn gerichtet. »Deshalb bekommen Familien, die eine Betreuung anfragen, maximal nach zwei oder drei Monaten einen Platz.« Natürlich wollte der aus Island stammende Vater wissen, wie die Elternpolitik in Deutschland sei.

»Na ja, etwas komplizierter. Außerdem ist es von Stadt zu Stadt unterschiedlich.«

In den letzten Jahren hatte ich mich mehr mit der Theorie des Feminismus beschäftigt und mit der Frage, wie er von einigen umgesetzt wird. Und ich muss euch sagen, für viele Männer weltweit empfand ich Mitleid. Nämlich für die, die sich Frauen gegenüber anständig verhalten. Allein erziehende Väter oder allgemein Väter, die sich um ihre Kinder kümmern, werden nämlich nicht wirklich unterstützt. Oft sind es Kleinigkeiten, die den Alltag der Väter beeinträchtigen. Während meines Studiums habe ich mehrmals Vätern dabei zugesehen, wie sie ihre Kinder draußen in der Kälte wickeln mussten, weil der Wickelraum auf meinem Campus in der Frauentoilette war und vermutlich auch noch ist. Ich bin kein Gegner des Feminismus. Ganz im Gegenteil. Aber wenn das männliche Geschlecht zweitrangig ist und nicht auf dem Level der Frau stehen darf, kann auch hier von keiner Gleichberechtigung gesprochen werden. Oder?!

Ich beobachtete Lia, während ich Tjelvar meine Gedanken näherbrachte. Lia und ein anderes Mädel lagen auf der Spitze des Berges und zogen mit vereinten Kräften einen Jungen, der auf seinem Schlitten Schneebälle transportierte, nach oben. Oben angekommen zeigte er den Ladys, wie Weitwerfen funktionierte.

»Frauen wurden viele Jahrtausende vom Mann in den Schatten gestellt. Ich kann verstehen, warum es Feministen gibt, die sich für die Gleichberechtigung engagieren«, sagte Tjelvar und schaute mich an.

»Na ja, ich fühle mich gleichberechtigt. Ich darf dieselben Arbeiten ausführen wie die Männer. Ich darf ohne einen männlichen Vormund leben und entscheiden. Für mich ist das Gleichberechtigung.«

Er zog einen Mundwinkel zu einem kleinen halbherzigen Lächeln nach oben.

Außerdem hatte die Menschheitsgeschichte bis zur Sesshaftigkeit mit einem Matriarchat begonnen, zumindest wenn wir auf die Geschichte der persischen Mythologie zurücksehen – aber das behielt ich für mich. »In Deutschland muss es mehr Gleichberechtigung geben für Väter, die allein erziehend sind oder sich die Erziehung mit der Mutter des Kindes teilen.«

Wir standen bestimmt eine ganze Stunde in unseren dicken Outfits in der Kälte und sahen den Kindern dabei zu, wie sie spielten und sich gegenseitig halfen. »… *Snögubbe looks angry … We have to make him smile*«, hörte ich die Gesprächsfetzen eines Mädels in lilafarbener Schlupfmütze. Die Kinder redeten ein Kauderwelsch aus Schwedisch, Deutsch und Englisch. Hauptsache sie verstanden sich – und das taten sie auf alle Fälle: Die Jungs zeigten den Mädels, wie ein robuster Schneemann gebaut wird, und umgekehrt gaben die Mädels dem *Snögubbe* das nette Aussehen und ein Lächeln mit Stöcken, Blättern, Steinen, Schal und Hut.

Ich machte Tjelvar noch das Kompliment, dass sein Sohn mit neun Jahren gut Englisch sprechen konnte. Skandinavier und ihre Regierungen legen großen Wert auf eine gute schulische Ausbildung. Fremdsprachen zu lernen bedeutet viel Vorarbeit und Interaktion mit den Schülern.

Tjelvar lobte die Pädagogen und Arbeiter, die sich auch nach der Schule und in der Freizeit mit den Kindern und Jugendlichen beschäftigten. »Theorie ist das eine und Praxis das andere, Emma.«

Stimmt, dachte ich, in allen Lebenslagen. Reden können wir über alles, aber unser Gerede umzusetzen ist noch einmal ein ganz anderer Weg.

Im Stadtzentrum hatte Lia etwas Neues für sich entdeckt. Eine öffentliche Toilette, die sich nur mit kontaktloser Kartenzahlung öffnen ließ. Und weil meine Nichte aufm Lokus unbedingt ihre Privatsphäre haben wollte, musste ich draußen warten und noch mal fünf Kronen opfern. Natürlich wollte Lia für mich die Tür mit meiner Maestro-Karte öffnen.

Umgerechnet 50 Cent für einen Toilettengang ging ja noch. Ich habe auf einer Raststätte nach Tschechien einmal 4,50 Euro bezahlt, als meine Schwester, meine Großeltern und ich mit dem Auto unterwegs waren und meine Oma irgendwann gefragt hatte, ob einer Kleingeld besitzt, und ich, ohne zu überlegen, meine Finanzen offengelegt hatte. Für drei Leute je 1,50 Euro ... Ich habe dazugelernt, und seitdem schweige ich, wenn jemand an einer Autobahnraststätte fragt, ob ich Kleingeld habe.

»Emma, machst du von der Toilette Fotos, wo wir eine Karte ranhalten müssen?«, fragte Lia und strich immer wieder über das gelbe Kartenlesegerät.

»Nicht irgendeine Karte, Lia, sondern meine Bankkarte müssen wir dagegen halten«, korrigierte ich sie, um ihr bewusst zu machen, dass mein Geld flöten geht, wenn wir meine Karte benutzen, um die schwere Tür einer öffentlichen Toilette zu öffnen.

Am Vortag hatte Lia mich nicht daran erinnert Bilder zu knipsen, aber heute sollte ich ein öffentliches Klosett fotografieren. *Na toll!*

»Die ist so cool, Emma. Ich wünschte, wir hätten so eine Toilette zu Hause«, sagte sie begeistert und starrte verliebt das dunkelgrüne Häuschen an.

Es ist immer wieder interessant, wofür Kinder sich begeistern können. Das nächste Mal klappere ich einfach Deutschlands Raststätten mit ihr ab. Wird mit Sicherheit das beste Abenteuer ihres Lebens.

»Wieso schaust du das Loch an?« Lia zog ungeduldig an meinem Arm.

»Ich schau mir nicht das Loch an, sondern das Geländer.«

Wir waren zurück in T-Centralen beziehungsweise dem Stockholmer Hauptbahnhof, der das reinste Labyrinth ist. Die Menschenmassen schlängelten sich an uns vorbei, während ich ein Kunstwerk aus Messing und Gusseisen bewunderte: Das schöne Geländer sowie der dazugehörige ›Spucknapf‹, der mehr Licht in die untere Etage der Metro bringen sollte, waren ein Geschenk der Stockholmer Eisbahngesellschaft zum hundertjährigen Bestehen der Statens Järnvagar gewesen, der schwedischen Staatsbahn. Es zeigt die vier Himmelsrichtungen einer Weltkarte, die durch gusseiserne Figuren dargestellt werden.

Lia riss nicht mehr an meinem Arm, sondern ließ sich jetzt auch Zeit für die Bilder des Rings. Sie fuhr mit den Fingern die Formen eines Eskimos entlang, der mit einem Puffin auf dem Kopf unter den Polarlichtern sitzt. Direkt daneben flankiert ihn ein Eskimomädchen mit einer kleinen Robbe zwischen dem treibenden Eis. Wusstet ihr, dass Eskimo überhaupt kein abwertender Begriff ist?! Er hat nichts mit dem Verzehr von rohem Fleisch zu tun, sondern ist ein allgemeiner Oberbegriff für Inuits und Yupiks. Der Begriff wird lediglich von einigen Algonkin-Stämmen abgelehnt, da auch die Kolonialisten das Wort benutzt haben. Ich habe mal gelesen, dass sich die indigenen Stämme selbst einfach mit dem Begriff ›Mensch‹ in ihrer jeweiligen Sprache bezeichnen. Mir gefällt diese Idee.

Wieso müssen wir uns in Nationen und ›Rassen‹ aufteilen? Wir sind Mensch wie jeder andere Mensch. So sollten wir uns sehen. Wir sind nichts Schlechteres oder Besseres als irgendeine andere Kultur oder Nation oder was es sonst noch gibt. Wir sollten wie die Eskimos sein: einfach Mensch.

»Guck mal, die Schuhe sind aus Blätter«, sagte Lia. Die kleinen Stiefel wären mir auf dem Bild gar nicht aufgefallen. Weiter im Westen des Geländers war ein gottähnlicher Alligator abgebildet und ein Inder oder Pakistaner. »Hier sind Frauen, die tanzen«, rief Lia, die in die andere Richtung gelaufen war. Neben Lias tanzenden Frauen war ein Medizinmann zu bewundern, umgeben von Totempfählen. Im Osten ruhte ein Phönix auf einem Hindu-Tempel, der von Tänzern und einem Teufel oder Dämon umgeben war. Weiter rechts schlich ein Tiger anmutig über das Geländer. Lia strich ein paarmal über den Tiger. Anschließend beobachtete sie die Stockholmer, die entspannt von und zur Metro unter uns liefen.

Wäre ich noch ein freches zehnjähriges Mädchen, hätte ich wie andere Kinder übers Geländer runtergespuckt. Aber aus diesem Alter ist man ja raus. *Vielleicht ja auch nicht.* Ich war gerade dabei, anzusetzen, als ich merkte, dass meine sechs Jahre alte Nichte mich ansah. Okay, ich ließ es sein. Entweder Lia würde es mir nachmachen, oder sie würde mir die Tat wochenlang unter die Nase reiben: ›Weißt du noch, wie du in das Loch gespuckt hast?! Das darf man nicht machen.‹ Sie hat ja auch recht. Trotzdem bin ich mir sicher, dass jeder von euch vor einem Kind etwas getan hat, was Kinder eigentlich nicht sehen sollten, wie bei Rot über die Straße gehen, eine Pfandflasche wegschmeißen, jemanden beleidigen. Oder eben von irgendwo runterspucken, weil man es platschen hören wollte.

Ach, noch eine kleine Anekdote zu unserem Spucknapf hier: In den 1960er Jahren war der Ring im Stockholmer Bahnhof gleichzusetzen mit dem Bahnhof Zoo in Berlin. *Bögringen,* wie man den Treffpunkt damals nannte, war eine Anlaufstelle für Homosexuelle. In Schweden war Homosexualität bereits 1944 entkriminalisiert worden. Wenn man nur die Geschichte in Deutschland und den USA im Blick hat, könnte man meinen, dass alles, was mit der Legalisierung der Homosexualität zu tun hat, erst in den 1960er Jahren oder sogar noch später stattgefunden hat. Aber die Skandinavier waren damit wie so oft früher dran. Ich muss auch ehrlich sein, Freunde, dass ich mir nie sehr viele Gedanken über dieses Thema gemacht habe. Meine Devise war immer, dass jeder so leben soll, wie er es gern möchte, solange er es freiwillig tut. In der Schwebebahn in Wuppertal war ich einmal auf einen wirklich schönen Mann mit dichtem dunkelblondem Haar, einem markanten Unterkiefer und großen glasigen Augen getroffen. Ich kann mich nicht mehr an seine Augenfarbe erinnern, doch um seine Augen herum schien alles gerötet. Er schniefte. Ich hörte mir das vielleicht zwei Minuten an, bis ich in meine Jackentasche griff, um ihm ein Päckchen Taschentücher unter die Nase zu halten. Mit aufeinandergepressten Lippen lächelte ich ihn an. »Danke«, antwortete er leise. »Vielleicht willst du darüber reden. Manchmal ist es leichter, mit Fremden zu reden«, bot ich ihm an. »Mein Verlobter hat mich verlassen.« Stille. »Normalerweise sagt man ja, dass es einem leidtut. Aber damit ist dir wohl auch nicht geholfen.« Er lächelte ein ganz klein wenig. »Was sagst du denn stattdessen?« »Schade. Ich hätte dich gerne nach einem Date gefragt«, offenbarte ich dem Schönling meine Alternative zu Das-tut-mir-aber-leid. Ich weiß noch, dass ich damals die Luft anhielt, weil ich nicht wusste, ob das angebracht war und wie er darauf reagieren würde. Sein Lächeln wurde größer. Also machte ich weiter und setzte ein Kompliment obendrauf. »Du siehst nicht schlecht aus. Ganz im Gegenteil – du siehst wirklich gut aus.« Und dann haute er etwas raus, das mir erst einmal die Sprache verschlug: »Was glaubst du denn, warum wir schönen Männer aufeinander abfahren?!« Er sagte es aber auf eine witzige und charmante Art und Weise. Ich grinste breit und versuchte nicht laut loszuprusten. »Ja«, erwiderte ich. »Da ist wohl was dran.« Um wieder auf die Homosexualität in Schweden zurückzukommen – König Gustav V. hatte selbst mehrere Beziehungen zu Männern gehabt, was wahrscheinlich der Grund war, wieso seine Frau die meiste Zeit in Italien lebte. Ich denke, schon deshalb könnte sich Schweden als Wegbereiter des globalen Coming-outs der LGBT-Community bezeichnen. Aber eigentlich wissen wir ja alle, dass Schweden eines der liberalsten, wenn nicht sogar das liberalste Land der Welt ist. Ich denke, dass Schweden für jeden offen ist und für jeden etwas zu bieten hat. Um Stockholm komplett mit all seinen Facetten besichtigen und wahrnehmen zu können, waren zwei Tage eindeutig zu wenig. Solltet ihr mal am Stockholmer Bahnhof sein, dann schaut euch den Ring an. Es lohnt sich auf jeden Fall. Oft sind es die unscheinbaren Dinge, die uns faszinieren.

Mit unseren kalten Zimtschnecken trödelten wir wie zwei alte schnackende Waschweiber den Weg zu unserem Hotel entlang. Neben Erzählungen aus meiner Kindheit darüber, wie Lias Mutter sich die Zähne mit der Klobürste putzen wollte, gaben wir uns unseren Lästereien über die »gemeinen Frauen« in den Zügen hin, die kein Verständnis für wagemutige Abenteurer hatten.

»Ich freue mich schon auf den Schlafzug«, sagte Lia und bohrte mit ihrem Finger in dem Plunderteig herum.

Der Zug in die Arktis! Verdammt! »LIA!«, rief ich geschockt und packte ihren Arm. »Wir müssen uns beeilen, der Fährt in 45 Minuten ab.«

»WAS?! Ist der jetzt weg??« Sämtliche Emotionen waren ihr aus dem Gesicht entgleist.

Wir rannten die letzten 500 Meter zum Hotel, packten unsere Sachen, checkten aus und liefen zum Bus. Im Dunkeln durch das beleuchtete Zentrum, und dann hatten wir keine Ahnung wie wir zum Gleis kommen sollten. Wie in Berlin stand der ellenlange Zug schon dort. Das Gleis war leer, und die Schaffner waren gerade dabei, alles bereit zu machen zum Abfahren.

Ich konnte nicht so schnell laufen aufgrund unseres Gepäcks, also musste Lia zur Hilfe eilen, weil der Zug nicht jeden Tag fährt. »Lia, lauf und stell dich nur halb in die Tür. Geh auf keinen Fall ganz rein, bis ich da bin. Mach schnell!«

Meine Nichte rannte los, rief irgendwas. Aber ich verstand sie nicht mehr. Lia lief die Treppen runter, übersprang hin und wieder eine Stufe und rannte das lange Gleis entlang. Stellte sich in die erste Tür, die sie passierte, und winkte mir zu.

Ein junger Schaffner ging auf Lia zu. Sie zeigte mit dem Finger auf mich. Mit seinen Händen deutete er mir an, dass ich mich nicht abhetzen musste. Mit Lia an seiner Seite wartete er auf mich.

Als wir drei endlich im Zug waren, bedankte ich mich und zeigte dem jungen Schaffner unsere Pässe und Platzkarten. Da unser Abteil weiter vorne im Zug war und es dahin keinen Durchgang gab, mussten wir bis Arlanda warten.

»Ihr könnt euch Zeit lassen. Wir warten in Arlanda, bis ihr wieder im Zug seid.«

Zwanzig Minuten später sind wir dann auch umgestiegen. Freunde, ich sag's euch, der Zug war lang.

Sehr lang ...

O Gott!

Und wie lang dieser Zug war.

»Der ist aber lang«, fiel auch Lia auf.

»Ja, sehr lang.«

Nach einem gefühlten Marathonlauf waren wir auch endlich in Lias Schlafzug, um uns auf den Weg zum letzten Personenbahnhof Nordeuropas zu machen. Zum nördlichen Breitengrad 68° 26′.

Stockholm–Kiruna

Von dem Versuch, immer ein halbes Kind zu bleiben

Nur aufs Ziel zu sehen verdirbt die Lust am Reisen. Das hat meine Nichte früh verstanden, den höheren Mächten sei Dank! Schließlich war es ja ihre Idee gewesen, die Fahrt mit dem Zug als unser Abenteuerziel zu setzen.

Auch wenn das Reiseziel ein bestimmter Ort sein soll, an den man so schnell wie möglich hinmöchte, können die Anreisen mit dem Flugzeug sehr unterhaltsam und belehrend sein. Als ich einmal von Düsseldorf nach New York flog, lernte ich jemanden kennen, mit dem ich, glaube ich, die ganzen acht Stunden durchredete. Und dabei war ich am Anfang genervt von ihm gewesen. Die ganze Zeit hatte ich am Fenster sitzen wollen, weshalb ich es mir richtig gemütlich gemacht hatte, bis ich zu hören bekam: »Tschuldige, aber das ist mein Platz.« Ich schaute nach rechts, und da stand ein junger schlaksiger Mann mit einem blassem Grinsen im Gesicht. »Tut mir leid«, fügte er noch hinzu. »Ne, kann nicht sein. Das ist mein Platz. Ich habe am Fenster reserviert.« Irgendwann stellte sich heraus, dass es sich doch um seinen Platz handelte, und nur widerwillig und augenrollend gab ich den Sitz am Fenster frei. Zehn Minuten später kam es dann zu einem stundenlangen Gespräch. Ich glaube, wir haben die anderen Passagiere mit unserem Lachen und Gequatsche genervt. Er offenbarte mir, dass er mir hatte ansehen können, wie genervt ich war, weil ich mich zuvor bequem platziert hatte und dann jemand kam, der mir alles zerstörte. Im Nachhinein bot er mir dann doch seinen Platz an, aber da lehnte ich ab, weil mir auf einmal bewusst wurde, dass die Sitze im Gang wesentlich komfortabler sind. Erstens, ich kann meine Beine ausstrecken. Zweitens, ich kann so oft auf die Toilette gehen, wie ich möchte, ohne meinen Sitzpartner ständig zu nerven. Und wenn der dann noch schläft, will man ihn gar nicht wecken oder man versucht vorsichtig über diese Person rüberzusteigen. Sollte er in diesem Moment wach werden ... einfach grinsen und weitermachen!

Lia und ich saßen aber im Zug und nicht im Flugzeug. Seit Tagen waren wir mit einer zweitägigen Pause unterwegs, nur um Europas nördlichsten Passagierbahnhof zu erreichen und von dort aus wieder zurückzufahren. Die Endstation Europas befindet sich im nordnorwegischen Narvik. Deshalb muss ich euch etwas bezüglich der Endstation gestehen: Ich liebe Videospiele! Jetzt mal unter uns Gamern, die eventuell mal *Battle Field* gespielt haben und sich auch schon in der Schlacht von Narvik direkt am Ofotfjord wiedergefunden haben ... Wir alle wissen, dass die Wehrmacht während des Zweiten Weltkrieges ein Auge auf Norwegen geworfen hatte. Der nördliche Teil von Schweden besitzt bis heute Eisenerz, der damals für die deutsche Kriegsführung von großer Bedeutung war. In Kiruna, der nördlichsten Stadt Schwedens, wurde ein großer Teil Eisenerz abgebaut und mit dem Zug von Kiruna nach Narvik gebracht. Wieso Narvik? Das wissen unsere *Battle-Field*-Gamer am besten: Genau, weil Narvik eine eisfreie Hafenstadt direkt an der Nordsee ist und das ganze Jahr über frei zu befahren ist. Die Kleinstadt am Polarkreis liegt direkt am Golfstrom, weshalb es für eine der nördlichsten Städte weltweit im Winter ziemlich warm ist. Nur ein paar Grad unter null hat Narvik in der kalten Jahreszeit zu bieten. Natürlich bestätigen Ausnahmen die Regel.

Die Zugverbindungen beschränken sich auf maximal drei täglich, nämlich zwischen Kiruna und Narvik. Ein direktes Schienennetzwerk von Oslo nach Narvik und andere direkte Verbindungen innerhalb Norwegens existieren nicht. Mehr als 90 Prozent der Strecke mit Lias Schlafzug legten wir in Schweden zurück. Mehr als die Hälfte führte am Bottnischen Meerbusen entlang, dem nördlichen Ausläufer der Ostsee. Je höher wir in den Norden Schwedens fuhren, desto kälter wurde es. Aber davon ließen Lia und ich uns nicht abschrecken.

Hätte ich gewusst, dass meine Nichte so sehr auf diese Yum-Yum-Nudeln abfährt, hätte ich zehn Päckchen in Wuppertal gekauft und die mitgenommen. Im Bordbistro des zehn Kilometer langen Zuges griff ich ordentlich zu, weil ich so einen Hunger hatte. Was wohl darauf zurückzuführen war, dass ich vergessen hatte meine Hormonblocker einzunehmen. Mein Herz raste wie wild. Es war keine Seltenheit, dass ich in solchen Augenblicken einen Ruhepuls von 150 und höher hatte. Ihr könnt euch das so vorstellen, als würde das Herz aus dem Brustkorb springen wollen und der Kopf jeden Moment platzen. Ich habe Morbus Basedow, eine Autoimmunerkrankung, bei der sich die Schilddrüse selbst zerstört. Meine Schilddrüse ist in einer ständigen Überfunktion und soll durch die Hormonblocker auf ein normales

Maß gebracht werden. Aber wenn ich die Tabletten zwei Tage hintereinander vergesse, macht sich meine Schilddrüse erst recht bemerkbar. Nicht zuletzt auch an meiner Stimmung, die an dem Abend einige Höhen und Tiefen durchlebte.

Es war sehr verantwortungslos meiner Nichte gegenüber, meine Medikation zu vergessen. Meine Hände zitterten. Meine Beine schmerzten. Deshalb war ich froh, dass Lia und ich in dem fahrenden Restaurant zwei Stunden in Ruhe essen und entspannen konnten. Die leisen, monotonen Gespräche der anderen Mitreisenden hatten eine beruhigende Wirkung auf mich. Lia aß zwei Töpfe von diesen asiatischen Chemienudeln. Beim Nachtisch entschied sie sich freiwillig für eine kleine Obstschale, was mir auch ganz recht war. Ich hatte nicht den Nerv auf eine Diskussion, warum sie keinen Pudding oder Joghurt essen dürfe. Immerhin hatte sie sich schon ein paar Tage zuvor ordentlich übergeben, und ich wollte ihr einfach keine weitere Tablette geben, mit der ich sie wieder so ins Abseits schießen würde. Ihr erinnert euch, in Stockholm war Lia so schläfrig von der Vomex (für Kinder) geworden, dass sie sogar im Stehen eingeschlafen war. Lia passte sich der Lautstärke an, was sehr angenehm war. Ich saß über meiner heißen Pasta, mein Kopf lag auf meiner linken Hand, und mit der rechten stocherte ich in den Nudeln herum trotz meines Hungers. »Mir geht's gerade nicht so gut«, murmelte ich.

Lia ließ ihre Gabel fallen. Klirrend kam das Besteck auf dem Tisch auf. »Ist dir schlecht? Musst du spucken?«, fragte sie entgeistert. Wahrscheinlich war sie noch traumatisiert von ihrer Session auf den Weg nach Stockholm.

»Ne, mir ist nicht schlecht. Ich fühle mich nur etwas matsche im Kopf. Die letzten Tage haben wir viel erlebt. Wir sind ja Abenteurer«, erklärte ich ihr und nahm einen Happen von den Pestonudeln.

Lia nahm ihre Gabel in die Hand. »Abenteurer geht es manchmal auch nicht gut«, wiederholte der Mini-Globetrotter meine Worte.

»Das stimmt, Lia. Du hast sehr gut gelernt.« Ich versuchte sie anzulächeln. Das fiel mir tatsächlich etwas schwer, weil mir sämtliche Sachen, die vor Ewigkeiten passiert waren, durch den Kopf jagten. Deshalb versuchte ich mich auf eine Sache zu fokussieren. Die Nudeln schmeckten wirklich gut. Der Salat war etwas fade im Geschmack, aber war auch bestimmt nur importiertes Gemüse, das nachgereift worden war. Ich nahm weitere Happen. Bevor ich ansetzte zum Reden, trank ich noch einen großen Schluck von dem lauwarmen Wasser. Kaltes Wasser hatte das Bordbistro nicht zur Verfügung gestellt. »Soll ich dir mal ein Abenteuer von mir in Schottland erzählen?«, fing ich das Gespräch an.

Sie nickte heftig, stopfte sich noch eine volle Gabel mit den Reisnudeln in den Mund, bevor sie mir ihre ganze Aufmerksamkeit schenkte. »Ist Schottland in Deutschland?«

»Ne, aber noch in Europa. Auch etwas weiter im Norden.«

»Können wir auch mal nach Schottland?«

Ja, wieso nicht?! »Weißt du, ich glaube du wirst dich dort sehr wohlfühlen. In Schottland und Irland findest du die meisten Menschen mit roten Haaren.« Mein Herzrasen ließ langsam nach.

»Die haben alle rote Haare, wie ich?!« Lia konnte es kaum fassen, von einem Ort zu hören, an dem jeder vierte Paddy oder Schotte rote Haare auf dem Kopf trägt.

Vielleicht fragt ihr euch jetzt: Wieso reduziert Emma ein kleines Mädchen auf ihre Haare? So etwas mache ich nicht, weil mir egal ist, wie Menschen aussehen; solange sie Gutes machen, ist alles andere egal. Aber leider in der heutigen Zeit im Kindergarten nicht mehr. Ich war erstaunt, als ich im

Kindergarten mitbekommen habe, wie Lia ausgegrenzt wurde, weil sie ein roter Lockenkopf ist: »Entweder du bist Elsas Schwester Anna, oder du darfst nicht mit uns mitspielen!«, und das aus dem Mund eines fünf Jahre alten Mädchens. »Wieso muss ich immer Anna sein?«, hatte Lia damals gefragt. »Weil du rote Haare hast.«

Ihr könnt euch vorstellen, wie deprimierend solche Aussagen für ein Kind sind, das daraufhin die eigenen Haare »hässlich« findet. Auch die Konkurrenz mit der Kleidung ist Anlass für frühes Mobben im Kindergarten und später in der Schule geworden. Wenn ich an meine Kindergartenzeit und Grundschule zurückdenke, hatten wir alle irgendwie doch dasselbe an: geflickte Hosen, Sportanzüge und zum Fototag Kleider mit Rüschen und die Jungs Jeanshosen mit Hemden oder Comichelden-T-Shirts.

»Ja, ganz viele haben dort rote Haare. Deshalb seid ihr auch etwas Besonderes«, erklärte ich weiter und warf einen kurzen Blick über die Köpfe der Schmausenden im Zug.

»Wieso?«

»Na, es gibt nicht viele Menschen, die von Natur aus rote Haare haben. Nur ganz wenige Menschen auf der Welt haben rote Haare.«

»Wieso gibt es denn nur so wenige? Gelbe und schwarze Haare haben so viele Menschen. Alle, die ich sehe«, sagte Lia im Flüsterton und nippte anschließend an ihrem Kräutertee.

»Jeder Mensch trägt etwas in sich, das er von seinen Eltern bekommen hat, und diese wiederum haben es von ihren Eltern, und so geht es dann weiter«, versuchte ich meiner Nichte das Prinzip mit dem Erbgut zu erklären. »Und das, was jeder Mensch von seinen Eltern bekommt, ist in etwas verpackt, und das alles zusammen entscheidet, was für ein Mensch man später wird. Und in diesem Ganzen ist etwas ganz Kleines, das für rote Haare zuständig ist. Aber weil das winzige Ding so empfindlich ist und meistens von den anderen Haarfarben besiegt wird, gibt es deshalb nur ganz wenig Menschen, bei denen die roten Haare gewinnen. Das heißt, dass alle Menschen mir roten Haaren ganz viel Energie haben und stark sind. Das wirst du mal verstehen, wenn du Biologie in der Schule hast«, erklärte ich weiter und nahm ebenfalls einen Schluck von meinem Tee. »Weißt du Lia, das sind Sachen, die Kinder erst verstehen, wenn sie älter sind.«

»Tibby hat dunkle Haare. Bei ihr haben die roten Haare verloren«, schlussfolgerte Lia.

»Genau. Aber bei dir nicht.«

Sie grinste in sich hinein. Ich musste auch grinsen.

»Und was hast du in Schottland gemacht?« Lia hatte nicht vergessen, dass ich ihr eine Abenteuerstory erzählen wollte. Also, diese Abenteuersache hat sie wirklich gepackt. Jeden Tag fiel mindestens dreimal der Begriff »Abenteuer«.

»Ich war für zwei Wochen in einem Kloster.« Bevor Lia fragen konnte, was ein Kloster sei, schob ich direkt eine Erklärung hinterher. »Es gibt Abenteuer, wo man mit sich alleine sein und über sein Leben nachdenken möchte. In einem Kloster geht dies sehr gut.«

Ich persönliche favorisiere die Benediktinerklöster, weswegen ich seit ein paar Jahren oft das Pluscarden Abbey an der Grenze zu den Highlands besuche. Auch als Nicht-Christ ist man dort sehr willkommen. Diese Gastfreundschaft der Benediktiner schätze ich sehr. Das Kloster befindet sich weit auf dem Land. Wer schon in Schottland gewesen ist, weiß, dass es hier überwiegend winzige Ortschaften gibt, in denen nur ein paar Häuser stehen und weit und breit nur Wald oder einfach ödes Land. Das Kloster und die Natur um das Kloster herum sind atemberaubend. Jedenfalls bin ich eines Morgens um vier

Uhr zur Vigilmesse in die Klosterkirche gelaufen. Ende Oktober ist es um vier Uhr morgens noch stockendüster, weshalb ich eine mechanische Taschenlampe von einem der Mönche bekommen hatte. Ich weiß noch ganz genau, wie ich in den Wald leuchtete und glühende Augen auf mich gerichtet waren. Weit entfernt hörte ich auch Wölfe oder Hunde heulen. Ich kann es nicht genau sagen, da in Schottland kaum Wölfe beheimatet sind. *Wieso muss dieses Gästehaus für die Frauen so weit weg vom eigentlichen Kloster sein,* dachte ich in diesem Moment nur, während ich weiter voranschlich. Plötzlich hörte ich ein seltsames Kindergeschrei, das sich nur ein paar Sekunden später als das Bellen zweier Füchse herausstellte. Fuchsbellen gehört zu den schlimmsten Geräuschen, die ich je gehört habe. Erst war ich starr vor Schreck, weil die beiden ihre Zähne fletschten und mich angeknurrt hatten. Dann bemerkte ich ich den Grund dafür: sechs kleine Welpenöhrchen lugten aus dem Gestrüpp hervor. Einer der Füchse kam näher auf mich zu. Ich hingegen schüttelte meinen Kopf wach, ging in die Hocke und griff nach einem Stein. Gleichzeitig betete ich, dass ich die Tiere nicht mit einem Stein abwerfen musste.

Lia riss ihre Augen auf. »Haben die dich gebissen?«, hakte sie entsetzt nach.

Ich schüttelte den Kopf. »Zum Glück nicht. Ich habe den Stein in den Wald reingeworfen, um die beiden Füchse abzulenken. Das hat auch für eine kurze Zeit geklappt. Währenddessen bin ich schnell weggegangen. Einer der Füchse kam mir tatsächlich noch hinterher. Daraufhin habe ich meine Taschenlampe nach dem Fuchs geworfen.«

»Kam der noch mal?«

»Nein, er ist dann auch ein paar Schritte zurück, und ich bin den Rest des Weges zur Klosterkirche gerannt«, beendete ich meine Reiseerzählung.

Stille. Wir beide hingen wieder nippend an unsere Tassen.

»Wieso hat er das gemacht?«

»Na ja, ich denke, die beiden wollten mir nur sagen, dass ich weggehen soll, weil die drei kleine Fuchsbabys hatten oder vielleicht auch mehr.«

Diesen Vorfall erzählte ich einem der Priester, der mich nach der Messe auf meine schockierte Mimik ansprach, die ich zu Beginn der Messe gehabt hatte. Ich gestand ihm, eine der Taschenlampe kaputt gemacht zu haben. In diesem Moment fühlte ich mich wie ein Idiot. Dieses Gefühl behielt ich über mehrere Monate hinweg. Ich kann euch auch nicht sagen, wieso. Möglicherweise war das der Schock. Aber Füchse und Wölfe haben ein Anrecht auf Leben. Sie wollen nicht töten, sondern nur ihr Zuhause verteidigen.

Es war bereits dunkel. Wir gönnten uns noch einen *morotskaka* – einen schwedischen Möhrenkuchen. Während wir aus den Fenstern des fahrenden Zuges sahen, entdeckten wir ganz feine grünlich-weiße Streifen am wolkenfreien Nachthimmel.

»Schau mal, Lia. Du kannst schwach die Polarlichter sehen.«

»Sind das die Lichter vom Polplaneten?! Werden die genauso viel leuchten wie in meinen Büchern?!« Lia schreckte die anderen Fahrgäste hoch. Von Ruhe war nicht mehr die Rede.

»Pscht! Nicht so laut. Wir sind nicht alleine«, ermahnte ich sie.

»Ups! Sind das die Lichter?«

Ich nickte.

»Werden die noch stärker?«

»Ich weiß es nicht. Die beste Jahreszeit ist sowieso Oktober und November.«

Wir schauten uns den Himmel an. Ein Panorama von Zehntausenden Sternen, die wie ein feiner weißer Läufer ihrer Wege gingen, leuchtete auf uns herab.

»Das sind aber viele Sterne, Emma. Gibt es so viele Sterne nur hier?«, fragte Lia flüsternd, legte ihren Kopf in die abgestützten Arme und betrachtete mit leuchtenden Augen das Naturphänomen.

»In Wuppertal gibt es auch so viele Sterne. Aber die können wir nicht sehen, aufgrund der Lichtverschmutzung. Deshalb können wir die Milchstraße und die Sternenbilder nicht sehen.«

Lia fand gefühlt Hunderte Synonyme für schön, während sie den Nachthimmel begutachtete.

Langsam spürte ich, wie mein Herzrasen nachließ. In den letzten Tagen hatte Lia einen ganzen Rucksack voll Pluspunkte gesammelt, die dafür sprachen, sie wieder mit auf Abenteuerreise zu nehmen. Ich konnte mich zu 100 Prozent auf sie verlassen, sobald ich ihr eine Anweisung gab. Selbstständig machte sie ihren Kram, konnte sogar ohne meine Hilfe die ganzen Türen und die Elektronik im Hotel bedienen. Sie war bemüht, selbst Englisch zu sprechen und mit den anderen Menschen klarzukommen. Und ich hatte vollstes Vertrauen, dass sie nicht in den Schlafzug eingestiegen wäre, wenn ich nicht bei ihr gewesen wäre. Die einzige Sorge, die ich in der Situation am Bahnhof gehabt hatte, war, dass sie die Treppen runterfällt.

Ich hatte vor unserer Reise nicht wirklich gewusst, ob ich ihr vertrauen konnte, deshalb hatte ich ihr einfach mein Vertrauen gegeben, und sie hat damit gut gearbeitet. Und jetzt zeigte Lia sogar für mich Verständnis, während es mir nicht so gut ging!

Ich denke, Kinder können sich selbst besser einschätzen als wir Erwachsenen die Kinder. In vielen Dingen haben wir

Angst, das Kind könne sich verletzen, wenn es zum Beispiel auf einem Klettergerüst herumhangelt. Wir stehen unmittelbar neben dem Kind, obwohl es uns sagt, dass es das allein kann und man weggehen soll. Mit solchen Aktionen nehmen wir, glaube ich, Kindern ein Teil ihres Selbstvertrauens und ihrer Selbsteinschätzung. »Ich werde den Zug aufhalten und auf dich warten«, waren Lias Worte gewesen, als ich ihr gesagt hatte, dass sie die Tür vom Zug aufhalten musste. Und genau das hatte sie gemacht. Ein Bein von ihr war auf der Treppe des Zuges gestanden. Mit ihrer Hand hatte sie die Tür aufgehalten.

Es war so einfach, ihr mein Vertrauen zu schenken.

Der Gang an den Schlafabteilen war relativ schmal. Jedes Abteil hatte vor dem Eingang zwei Sitze, die runterzuklappen waren. Am Ende des Waggons war der Bereich, in dem mehrere Toilettenkabinen, Duschkabinen und auch Kabinen mit Waschbecken ohne Toiletten zur Verfügung standen.

Ich schickte Lia allein auf Erkundungstour, damit ich die Betten und unser Schlafzeug vorbereiten konnte. Als ich das Bettlaken auf Lias Couch zurechtmachte und ihre ganzen Kuscheltiere aufstellte, stieß ich mit meiner Hand gegen die Heizung.

»Autsch! Verflucht!« War das heiß. Ich hatte eine rote Stelle an meinem Handrücken. Auf der Suche nach dem Temperaturregler entdeckte ich eine dünne Eisschicht, die sich am Rand der Fensterscheibe ihren Weg entlangzog. *Wow! Kein Wunder, dass die Heizungen ballern.* Hätte ich sie nicht versehentlich berührt, wäre mir die Wärme der Heizung im Abteil überhaupt nicht aufgefallen, deshalb überlegte ich es mir anders und drehte nicht die Hitzequelle runter, sondern nahm mir Lias Kuscheltiere und weitere Kissen vom Regal, um einen kleinen Wall zu bauen, damit Lia sich die Rübe über Nacht nicht verbrennen würde. Hätte ich die Heizung runtergedreht, wäre es zu kalt im Raum geworden. Wer weiß, vielleicht wäre Lia erfroren, während ich in meinen schönsten Träumen unterwegs gewesen wäre ...

»Wir schlafen hier«, hörte ich Lia reden. »Da vorne.«

Okay ...

»Ich und meine Tante. Ich habe zwei Tanten. Eine wohnt in Nigerien.« Nein, sie meinte nicht Nigeria, sondern Algerien.

Ich huschte aus der schmalen Tür. Und da entdeckte ich sie schon, wie sie mit ihren Schlappen und ihrer dunklen Thermounterwäsche vor einem schmalen Schrank stand und Skier begutachtete.

Ein älteres Paar versuchte Lia zu erklären, worum es sich bei den langen schmalen Brettern handelte. Schade nur, dass meine Nichte kein Französisch verstand. In dicken Mikrofaserpyjamas und noch dickeren Stiefeln ging die Frau in die Hocke und zeigte Lia etwas auf ihrem Smartphone. Als der Mann mich sah, wollte er gerade Lia und seine Frau zur Seite ziehen, damit ich durchkonnte, als ich ihm verdeutlichte, dass Lia zu mir gehörte. Schließlich sah ich auch, was meiner Nichte gezeigt wurde: Bilder, auf denen die Frau Ski fährt. Ja, cool, wie einfach und locker sie Lia das Prinzip der Skier erklärte.

Wir quatschten in einem Mix aus Englisch und Französisch. Die beiden waren mit weiteren Freunden nach Kiruna unterwegs zum Skiurlaub. Die französische Gruppe war von Paris nach Stockholm geflogen und hatte von dort aus den Zug genommen.

»Wieso seid ihr nicht in die Alpen gefahren? Das wäre doch wesentlich einfacher gewesen mit dem ganzen Gepäck«, sagte ich.

»Wir, meine Frau und ich, wollten einmal im Leben mit diesem Zug fahren und in die nördlichste Stadt Schwedens reisen«, antwortete er.

»Wir lieben Schweden«, fügte seine Frau mit glitzernden Augen hinzu und stand wieder auf.

Bis dato wusste ich noch gar nicht, dass Kiruna die letzte Stadt Schwedens ist, bevor es in den Norden Norwegens geht. *Hmm,* überlegte ich. Lia und ich sollten auch einen kurzen Abstecher nach Kiruna machen. Auch wenn es nur für ein paar Stunden war. Sobald Lia schläft, würde ich eine Runde googeln. Mal schauen was Mister Google ausspucken würde.

Nachdem wir uns gewaschen und Zähne geputzt hatten, durfte Lia im Gang noch den leuchtenden Schnee anschauen, bis wir schließlich zurück ins Abteil marschierten und ich das Licht dämmte. *Briefe von Felix* trällerte durchs Abteil. Als ich die Vorhänge zuziehen wollte, hielt Lia mich davon ab.

»Ich möchte den fahrenden Himmel anschauen zum Einschlafen. Bitteee«, bettelte sie.

Na gut ... Auch das hatten wir geklärt.

»Ich schlafe jetzt in einem Zug«, jubelte Lia. »Ich kann das nicht glauben, Emma!«

Ich musste lachen. »Das ist aber so«, erwiderte ich.

Zum Glück schlief sie nach zehn Minuten auch schon ein. Ehe ich aus dem Raum ging, zog ich Lia ein kleines Stück das Bett runter, weil ich Schiss hatte, dass sie sich doch die Haare an der Heizung abfackeln würde.

In den Abteilen und auch auf den Gängen war Ruhe eingekehrt. Draußen auf dem Gang setzte ich mich in meinen mit Schafswolle gefütterten Wildlederstiefeln und einem dicken Hoodie auf einen der Klappsitze. Ein paar Meter weiter weg saß jemand vertieft in ein Buch. Neben ihm auf dem Boden stand eine große Thermosflasche. Ich schmunzelte über seine Adiletten und die tausend Socken, die Schichtweise über seine Jogginghose luscherten. *Nettes Outfit, Kumpel.*

Ich hatte das Gefühl, als würde es mit jedem Kilometer kälter werden. Im Zwischengang, wo die Waggons aneinandergekoppelt waren, war der Boden zugefroren. Ehrlich, Freunde, der Boden war mit einer Eisschicht übersät. Selbst Lia war das aufgefallen. »Der Zug friert ein«, hatte sie mir nur zugeflüstert, als würde die noch so kleinste Oktave blitzartig eine Eislawine auslösen. »Cool, oder?!«, hatte ich Lia für dieses Phänomen zu begeistern versucht. »Ich hab das noch nie gesehen«, hatte meine Nichte noch leiser gestanden. »Soll ich dir mal etwas erzählen?«, hatte ich flüsternd gefragt. »Ich habe das auch noch nie erlebt.« Sie hatte gegrinst wie ein Honigkuchenpferd. Ach, ich fand das toll, wenn sie sich über solche Augenblicke freute, die wir beide gemeinsam das allererste Mal erlebten.

Was weniger toll war, war die Internetverbindung. WLAN könnt ihr in diesem Zug vergessen. Also bediente ich mich an meinem Handy-Hotspot. Schade nur, dass der Empfang so miserabel war und nach zehn Minuten Recherche mein Netz komplett weg war. Trotzdem hatte ich in den paar Minuten einiges aufschnappen können. Kiruna ist nicht nur die nördlichste Stadt Schwedens, sondern auch die größte Stadt im gesamten Königreich, obwohl nur knapp 18.000 Einwohner in der über 20.000 Quadratkilometer großen Stadt lebten. Mehrere Bundesländer wie Rheinland-Pfalz und Sachsen würden in diese riesige Kommune reinpassen. Der Stadtkern selbst ist gerade einmal 1.600 Hektar klein. Der Großteil von Kiruna ist nicht sonderlich dicht besiedelt. Wahrscheinlich würden wir dort so einige traditionelle Samen und ihre Rentierzuchtsiedlungen zu Gesicht bekommen. Aufgrund der Erzgruben ist Kiruna die wichtigste Stadt in Nordschweden und ganz Lappland, da sie die Lebensgrundlage der nördlichen Bewohner bildet. Diese wenigen Informationen deuteten schon daraufhin, dass Kiruna mit einem paarstündigen Aufenthalt nicht abgetan sein würde. Dennoch wollte ich mit Lia eine kleine Tour dorthin machen. Ich war mir sowieso sicher: Unser letzter Aufenthalt im Norden Europas würde dies nicht sein.

»*Hej*«, hörte ich eine Stimme neben mir leise sagen.

Ich schaute von meinem Laptop hoch auf einen groß gewachsenen jungen Kerl.

»Es ist kalt. Ich habe gedacht ... vielleicht ... ehm ...«, redete er stockend auf Englisch und hielt eine dampfende Edelstahltasse in der Hand. »Ich habe gedacht, du möchtest einen heißen Kakao.« Er lächelte schief hinter seinem Schal und seinen Schichten Pullis.

Meinen Kopf musste ich den Nacken legen, weil der Mann fast so groß war, wie der isländische Tjelvar. »Äh ... Ja. Dan... danke, meine ... äh ... meinte ich«, hörte ich mich selbst stottern. Ich war einfach nur überrascht von der Geste, wie er mit der Tasse vor mir stand. »Ja, sehr gerne. Danke«, antwortete ich endlich in einem klaren Satz und schob ein sichtbares Nicken hinterher, um meine Worte noch mal zu bekräftigen.

»Tut mir leid, ich wollte dich nicht stören«, sagte er und reichte mir die Tasse.

»Hast du nicht.« Mit meiner freien Hand klappte ich den Laptop zu. »Ich habe keinen Empfang hier.«

»Ist vielleicht auch besser so.«

Ich zog eine Augenbraue hoch. *Okay ...*

»*Nej* ... Ich meinte, wegen der Aussicht. Diese lange Fahrt ist doch ein Erlebnis!«

»Stimmt. Meine Reisebegleitung«, damit spielte ich auf Lia an, »wurde auch schon von diesem Zug in den Bann gezogen. Irgendetwas muss diese Fahrt an sich haben.«

Stille. »Ehm«, setzte er wieder an. »Darf ich mich zu dir setzen?«

Ich zögerte. Er presste seine Lippen aufeinander. Ich glaube, ich hatte ihn etwas eingeschüchtert. Das wollte ich nicht. Ich nickte. »Klar, wieso nicht?!« Ich nahm meine Brille ab und stopfte sie in die Bauchtasche meines dicken Hoodies. Erst jetzt bemerkte ich, dass er noch eine weitere Tasse in der Hand hielt. Unter seiner Ethno-Wollmütze lugten blonde Haare hervor. »Schleppst du immer zwei Tassen mit dir herum, um anderen Leuten Trinken anzubieten?«, fragte ich scherzhaft.

Er lachte.

Ich nahm einen kleinen Schluck. Der Kakao war wirklich gut. Nicht zu süß. Nicht zu bitter. Er war perfekt.

Sorry, Freunde, dass ich euch mit kleinen Details nerve, aber genau diese Kleinigkeiten kommen in mir hoch, wenn ich an solche Momente auf meinen Reisen und Abenteuern zurückdenke. Einfach diese nette Geste, mir ein heißes Getränk auszugeben, ohne dass ich irgendwelche Anstalten gemacht hatte, dem Mann seinen Kakao abzuluchsen. Auch die Kälte im Zug, gegen die die Heizung die ganze Zeit ankämpfte, war ein Teil, der zu dieser Expedition dazugehörte.

»Hast du den Kakao im Zug gekauft?« Ein kleiner Becher mit einem Heißgetränk kostete schon 30 schwedische Kronen.

»*Nej,* selbst gemacht.« Bevor ich fragen konnte, wie er den gemacht hatte, redete er auch schon weiter. »Ich habe einen kleinen faltbaren Wasserkocher.«

Einen kleinen faltbaren Wasserkocher ... Die Betonung liegt auf faltbaren. *Cool! So etwas gibt es?! Will ich auch haben!*

Er lachte wieder. »Hast du keinen dabei?«, fragte er, als sei es das Normalste der Welt, einen kleinen faltbaren Wasserkocher mit sich herumzuschleppen.

»Natürlich nicht!«

Er lachte schon wieder. Dieses mal einen Ticken zu laut. »Wenn du jetzt dein entsetztes Gesicht sehen könntest. Ich

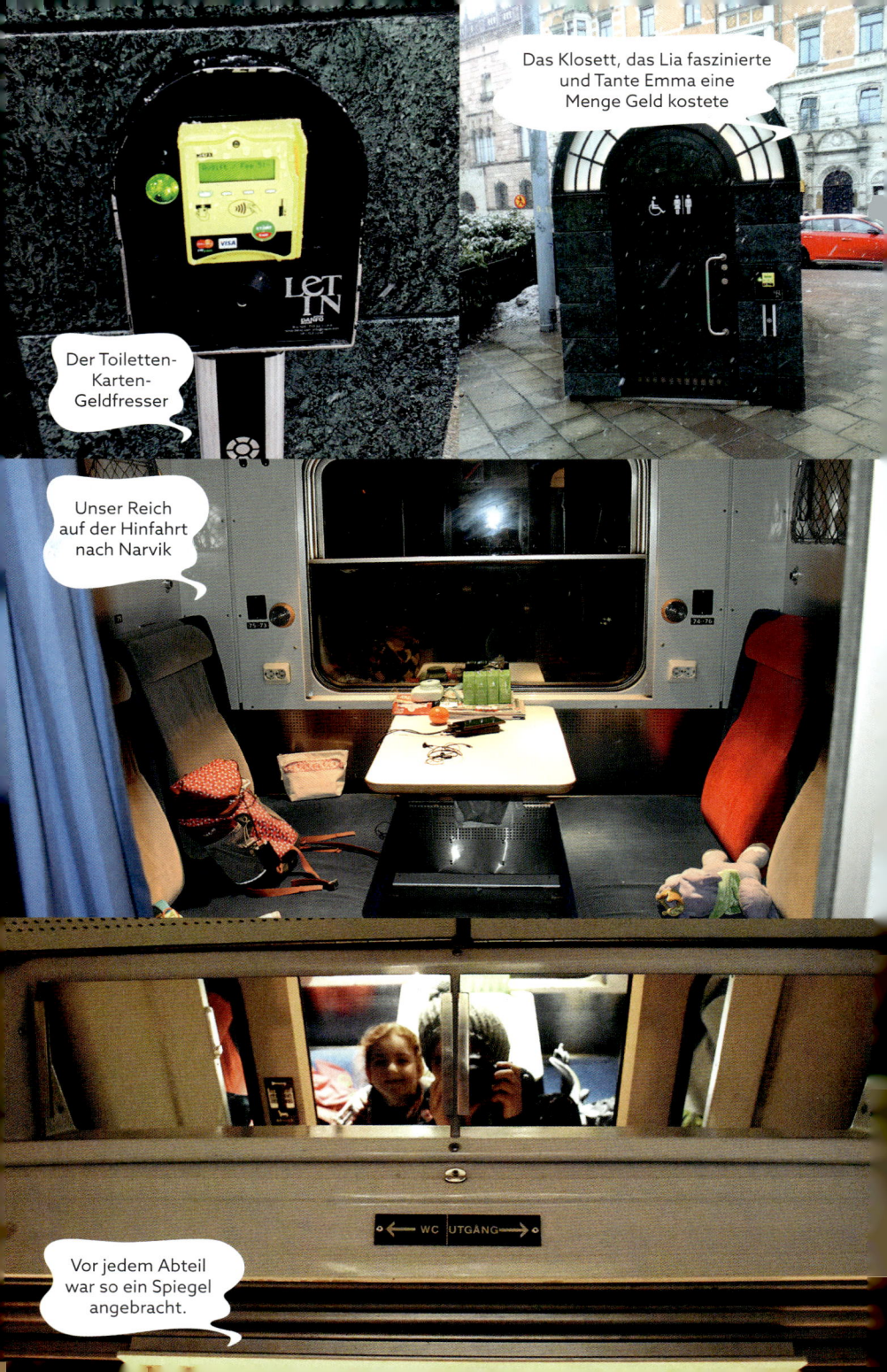

Mit dem Interrail-Pass durften wir quer durch Europa reisen.

Der Schlafzug auf dem Weg nach Narvik mit einem laaaangen Aufenthalt in Kiruna

Lia schnarchend und gut vor der Heizung am Kopf geschützt auf dem Weg nach Narvik

Bastelstunden am »Polplaneten«: Ein großer Schuss Energie für Tante Emma darf nicht fehlen.

Obwohl man ihr das auf diesem Bild nicht ansieht, wollte Lia nicht aus dem Zug steigen, weil sie Angst hatte, dass er ohne sie weiterfährt.

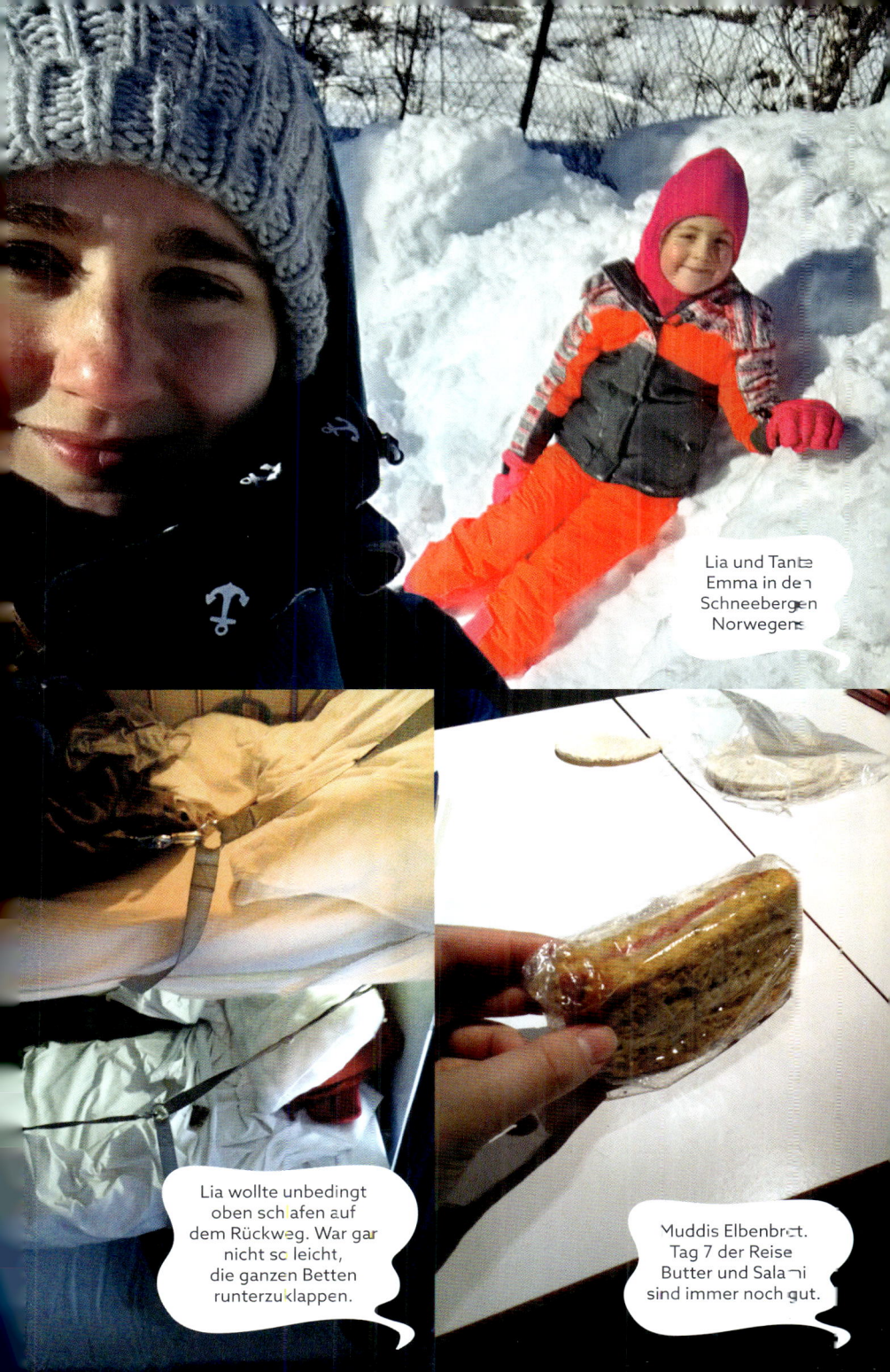

Lia und Tante Emma in den Schneebergen Norwegens

Lia wollte unbedingt oben schlafen auf dem Rückweg. War gar nicht so leicht, die ganzen Betten runterzuklappen.

Muddis Elbenbrot. Tag 7 der Reise Butter und Salami sind immer noch gut.

Auch Lia hat unsere Reise dokumentiert.

habe noch keinen gesehen, der seine Augen so groß aufreißen kann.«

Jetzt musste ich auch lachen.

»Du bist doch mit einem kleinen Mädchen unterwegs – ich bin davon ausgegangen, dass du einen bei dir trägst«, gestand er.

Jo, macht doch Sinn, dachte ich. Wieso war ich nicht auf diese Idee gekommen, einen kleinen faltbaren Wasserkocher zu kaufen? Ich sag's euch, es war keine Seltenheit, dass ich auf Reisen gedacht habe: Hätte ich doch nur einen Wasserkocher ... Wieso hatte ich nie danach geschaut? Ich google doch sonst immer alles.

»Wirst du dir einen Wasserkocher kaufen?«

»Definitiv!« Ich erzählte ihm von meinen Reisen und dass ich an so vielen Orten war und es immer bereut hatte, keinen Wasserkocher bei mir zu mir haben.

Der Typ in seinem Zwiebellook mit Adiletten trug immer einen Wasserkocher bei sich, weil er es günstiger fand, Tütensuppen, Heißgetränke und Hafer mit heißem Wasser aufzusetzen. Er erzählte, dass er Student war und aus Dänemark kam. »Skål«, sagte er und streckte mir seinen Becher entdecken.

Ich hob meine Tasse etwas in die Höhe. »Auf die faltbaren Wasserkocher!«

»Und dass wir die Kälte im Zug überstehen!«, fügte er hinzu.

»SKÅL!«, sagten wir jetzt gleichzeitig und stießen mit den Tassen an.

Er interessierte sich auch für Lia und ihre Abenteuerlust. Bei den Vorbereitungen der Zugreise hätte ich nie gedacht, dass ich, wie in den letzten Tagen, so viel über Kinder und ihr Denken reden und so oft darauf angesprochen werden würde.

Mein neuer Reisegefährte kam aus einer der ärmsten Gegenden in Dänemark, erzählte er mit einem bisschen Stolz in der Stimme.

»Aus Sjælland?«, hakte ich nach.

»Ja. Wir hatten oder haben nicht viel Geld, aber Sjælland ist schön. Sehr schön sogar. Die schönste Ecke Dänemarks.«

Sagt das nicht jeder zu seinem Heimathafen? Egal wie öde und leer Bremerhaven heute sein mag, aber ich mochte die Stadt immer noch. Auch Wuppertal hat etwas, dass ich mag. Irgendwas. Auch wenn ich oft darüber herziehe. »Lia und ich sind vor drei Tagen durch die dänischen Inseln gefahren.«

»Seid ihr in Sjælland ausgestiegen?« In seiner Stimme schwang Freude mit.

»Nein. Wäre ich gerne.«

Wir saßen bestimmt zwei ganze Stunden zusammen, tranken die Kanne Kakao leer und redeten. Da er als Kind nie die Möglichkeit gehabt hatte, wirklich zu reisen, versuchte er seine Wanderlust und sein Fernweh als Erwachsener zu stillen. Er wusste jetzt, wie er günstig unterwegs sein konnte neben seinem Studium.

»Ich will die Gegenden bereisen, die ich als Kind und Teenager immer sehen wollte«, erzählte er mit einem schwachen Lächeln. »Was ich mir damals vorgestellt habe, wie ich reisen würde, fühlt sich heute anders an. Als Zehnjähriger wollte ich auf Rentieren und Wölfen reiten.« Er lachte betrübt auf, als seien seine Gedanken und Wünsche unbedeutend und lächerlich.

Ich versuchte mehr Witz in die Unterhaltung zu bringen. »Na ja, auf Rentieren kannst du immer noch reiten, und den Wölfen kannst du doch einen Schlitten anbinden und dich ziehen lassen.«

»*Nej*, als Kind fühlt man sich doch ... mehr ...«, er überlegte, »... *nå* ... ehm ... freier ... als würde man fliegen, weil ... ehm ...«

Ich kann euch nicht sagen, ob er einfach nur Schwierigkeiten hatte, sich auszudrücken, oder eventuell Angst, sich bloßzustellen. Vielleicht war er schon auf taube Ohren gestoßen, oder er wurde belächelt und ausgelacht, wenn er von sich selbst redete. »Weil man sich so leicht und lebendig fühlt?«

»Ja. *Tak*. So kann man es sagen. *Tak*.«

Ich fragte mich in diesem Moment, ob ich auch versehentlich kleine gängige Wörter auf Deutsch einstreute, wenn ich eine andere Sprache sprach. In der Tat ist das auch so: Amerikanische Freunde haben mir das bestätigt, als ich sie nach meiner Zugreise mit Lia darauf angesprochen hatte. Muttersprache bleibt Muttersprache, auch wenn man andere Sprachen fließend spricht.

»Frei und leicht fühlen sich träumende Kinder«, sagte der Student mehr zu sich selbst als zu mir.

Ich wurde das Gefühl nicht los, dass er seinen zurückgelassenen Kindheitsträumen nachtrauerte und jetzt irgendwie versuchte das aufzuholen. Er war keine zehn Jahre mehr, deshalb würde es nicht so sein, wie er sich das früher erträumt hatte. Trotzdem würde er sich an seine Kindheit zurückerinnern, wenn er seinen Träumen noch nachgehen würde. ›Nur wer erwachsen ist und ein Kind bleibt, ist ein Mensch‹, hatte einst eines meiner größten Vorbilder gesagt, Erich Kästner.

»Weißt du, wenn wir klein sind, wollen wir erwachsen werden. Jetzt, als junge Erwachsene, denken wir, wir müssen uns streng, zielstrebig und ja nicht kindlich verhalten. Aber mir macht es mehr Spaß, einige Sachen aus meiner Kindheit meinen Nichten weiterzugeben und mich in ihre Lage zu versetzen und darüber nachzudenken, was ich damals als Kind mochte und nicht mochte und dieses Gefühl heute wieder zu spüren«, versuchte ich zu erklären. »Natürlich haben wir jetzt Verpflichtungen, die wir als Kinder nicht hatten, aber wenn wir uns heute, im erwachsenen Zustand, immer noch nach einem unerfüllten Wunsch aus der Kindheit sehnen, sollten wir ihn uns erfüllen. Wenn wir es jetzt noch wollen, war es damals nicht falsch und ist es heute erst recht nicht falsch. Findest du nicht?«

Bevor er auf meine Frage einging, zog er eine kleine rote Verpackung mit Teddybären aus seiner Bauchtasche. Bamsemums. Ich muss heute noch lachen, wenn ich an diese kleinen schokoladigen Marshmallows denke. »Norwegische Marshmallows. Kinder lieben sie. Ich liebe sie immer noch«, sagte er leise und stopfte sich ein paar in den Mund, bevor er mir etwas anbot.

»Bamsemums?«, hakte ich nach und schaute ihn fragend an.

»Magst du den Namen?«

»Ich liebe ihn!«

»Weißt du, ich glaube du hast recht mit den unerfüllten Wünschen und dem Irrtum, als Erwachsener alles richtig machen zu wollen.«

Ich nickte schmatzend. *Bamsemums schmeckt wirklich gut.* In diesem Punkt war ich mir auch sicher, recht zu haben. Die Kinder aus den Neunzigern kennen bestimmt noch Coccolottis, diese kleinen bunten Bärchen, die mit einer kleinen Spritze gefüttert werden, damit sie irgendeine Reaktion zeigen. Auch meine Familie hatte nicht viel Geld, weshalb wir viele Dinge nicht haben konnten. Ich weiß noch ganz genau, dass ich den lilafarbenen Coccolotti für 24,90 DM haben wollte. Aber nie bekommen habe. Wirklich, Freunde, ich habe jahrelang diesem Teddy hinterhergetrauert, bis meine Schwester mir mit 25 Jahren ein Päckchen zukommen ließ, in dem ein lilafarbener Coccolotti mit Herznase lag. Ich weiß nicht mehr, wieso meine Schwester an das Ding gedacht hatte, aber es war nicht so leicht, so einen Teddy noch aufzutreiben. Und ob ihr es glauben wollt oder nicht, ich habe mich so darüber gefreut, dass er heute noch auf meinem Schreibtisch steht und ich immer, wenn ich eine kleine Denkpause mache, mit dem knuffigen Bär spiele. Natürlich habe ich auch gemerkt, dass das Spielen mit dem Coccolotti im erwachsenen Alter nicht so ist wie als kleines Mädchen. Damals hatte ich mir sämtliche Szenarien ausgemalt, die ich mit meinem Coccolotti erleben würde. Ich wollte mit ihm rausgehen, im Zug sitzen von Bremerhaven nach Nürnberg, was damals mit den Bummelzügen Ewigkeiten dauerte. Meine Geschwister und ich liebten diese langen Zugfahrten, weil es so viel zu entdecken gab. Nur musste ich meine Abenteuer leider ohne einen lilafarbenen Miniplastikbären unternehmen. Okay, ich übertreibe jetzt etwas. Meine Kindheit wurde mir damit nicht zerstört. Ich möchte euch nur mit dieser kleinen Anekdote dieses Gefühl näherbringen, dass, wenn man eine Sache so gerne haben oder machen wollte als Kind und der Wunsch auch nach Monaten oder Jahren nicht erfüllt wurde, er einen einholen beziehungsweise verfolgen wird. Auch wenn es nur ein Coccolotti ist.

Verdammt! Mein Laptop wäre mir beinahe vom Schoß gerutscht. Der Zug hielt plötzlich an. Die Räder quietschten. Und dann standen wir. Wir drehten uns um, um einen Blick aus dem Fenster zu werfen. Ich legte meinen Laptop ab, schirmte mir die Augen mit meinen Händen ab. Alles war weiß. Der unberührte Schnee lag friedlich auf den schmalen Tannen. Zwischen den Tannen konnte ich an den Baumstämmen sehen, wie viel Schnee bereits gefallen war. *Wow! Wenn Lia da nicht ersäuft.* O Gott! Ich wusste jetzt schon, Lia würde in den Schnee reinspringen, sobald sie die Gelegenheit hatte. Panik breitete sich in mir aus. *Nicht dass sie erstickt oder erfrieren wird.*

Vom Sternenhimmel war nichts mehr zu sehen. Dicke Wolken hatten seinen Platz eingenommen. Der feine Schnee glitt gegen die Scheiben. Ich stand auf, ging leise ins Abteil, um meine Sachen abzulegen und nach Lia zu schauen.

»Ist das deine Schwester?«, fragte mich der Däne flüsternd, als er einen Blick über meine Schulter und meinen Kopf hinweg erhaschte.

»Für wie alt hältst du mich denn?«, fragte ich zurück und prüfte Lias Temperatur. Ihre Füße waren sehr kalt. Also zog ich ihr dicke Wollstrümpfe an.

»18 oder 19«, antwortete der junge Mann, der seine Kinderträume wahr werden lassen wollte.

»Echt jetzt?!«

»Ja.«

»Ich bin der dreißig näher als der zwanzig«, flüsterte ich.

Lias Gesicht war bis zur Nasenspitze mit ihrem Sweatshirt zugedeckt. Ihre Mundwinkel zuckten. *Nicht wach werden,* ging es mir durch den Kopf. *Schlafen, Lia.* Lia würde sonst die restlichen Stunden nicht mehr schlafen. Und es war schon kurz vor Mitternacht. Ein lautes Schnarchen dröhnte auf einmal durchs Abteil. *Okeeey, die schläft tief und fest. Schnell wieder raus hier!*

»Lia ist meine Nichte. Die Tochter meiner älteren Schwester.« Wir gingen rückwärts aus der Koje.

»Ich hoffe, sie wird sich später an all die Sachen erinnern.«

»Sie ist schon über sechs. Ich denke, sie wird sich an die ausschlaggebenden Dinge erinnern.« Wir schauten wieder aus dem Fenster und aßen Bamsemums. »... positiven ... und ... negativen«, fügte ich noch zögernd hinzu.

»Negative?«, hakte er nach.

Ich erzählte ihm von Lias Kotzaktion, bei der ich beinah mitgemacht hätte.

Er prustete los. »Lia wird sich daran erinnern. Glaub mir«, erwiderte er mit einem rauen Lachen.

Jo, das glaubte ich auch. Der Zug stand immer noch. Klick. Klick. Klick. Irgendetwas klickte.

»Schau mal!« Der Däne tippte mit seinem Finger an die Scheibe. Mehrere Rentiere trabten in einer Reihe etwas weiter vom Zug entfernt den jungfräulichen Schnee entlang. Drei von ihnen trugen riesige Geweihe auf ihren Köpfen.

»Wow…«, flüsterte ich. Bis zu diesem Zeitpunkt hatte ich noch nie Rentiere in freier Wildbahn gesehen. »Was, schätzt du, trägt so ein Bulle auf seinem Kopf?«

Er drehte seinen Kopf zu mir. »Das sind keine Bullen. Das sind Kühe. Sie legen ihre Geweihe erst im Frühling ab, weil die meisten Kühe den Winter über trächtig sind und mit den Geweihen nach Futter suchen und Feinde von ihren Kälbern fernhalten. Die Bullen legen meistens schon im Herbst ihre Geweihe ab.«

»Wooow …« Ich kam aus dem Staunen gar nicht mehr raus.

»Sie verändern ihre Augenfarben im Sommer und im Winter. Im Sommer sind sie gelb und im Winter blau. Rentiere sind wundervolle und geheimnisvolle Geschöpfe«, sprach er leise und wandte sich wieder der Herde zu.

Ein Schaffner kam uns lächelnd entgegen. Ich fragte ihn, wieso wir standen.

»Rentiere«, antwortete er entspannt im Gehen, als würde ihn dieses Hindernis freuen.

»Ein Same«, flüsterte der Däne mir zu, als der Schaffner an uns vorbei war.

»Woher weißt du das?«

»Sein Armband. Die Farben der samischen Flagge. Blau, Rot, Gelb, Grün. Sie lieben ihre Rentiere.«

»Du anscheinend auch«, erwiderte ich und blickte auf die halb ausgewachsenen Kälber, die zwischen den Bullen und Kühen ihren Weg liefen.

»Als Kind habe ich mich viel mit Rentieren auseinandergesetzt.«

»Hattet ihr welche?«

»*Nej.* Bücher und Filme.«

»Du solltest wirklich auf einem Rentier reiten«, sagte ich nach einer Weile.

»Vielleicht dieses Mal. Ich werde nächste Woche über Finnland in den russischen Norden fahren.« Ein kleines ehrliches Lächeln legte sich auf sein Gesicht, während er den Rentieren nachschaute.

Als der Zug einmal stecken blieb

Falls ihr gedacht habt, dass meine Nichte vor mir wach wurde, dann muss ich euch leider enttäuschen. Als ich gegen sechs aufwachte, lag Lia immer noch in ihren schönsten Träumen. Eingemummelt in den Decken und ihren Kuscheltieren. Obwohl ich mich erst nach Mitternacht ins Bett gelegt hatte, weil ich von der Müdigkeit eingeholt worden war, ging es mir blendend. Trotz der kurzen Nacht fühlte ich mich pudelwohl und richtig ausgeschlafen. Ich hätte Bäume ausreißen können.

Ich suchte mir eine Thermoleggings und einen dicken, langen Hoodie, huschte über den langen Gang ins »Badezimmer«, machte mich fertig und besorgte uns Frühstück: *Havregrynsgröt*, schwedischer Haferbrei, Zimtschnecken für Lia, Kakao und Kräutertee für uns beide. Seit Lias Übelkeit und dem ganzen Anhang, den ich jetzt nicht wirklich wiederholen möchte, bekam sie jeden Tag Kamillentee. Und wenn es keinen Kamillentee gab, dann eben basischen Kräutertee, um ihren Magen zu schonen. Ich nahm mir auch vor, Lia ein Ingwerbonbon zu geben, bevor sie nach ihrem Kakao und dem Frühstück greifen würde.

Na ja, mein Frühstück verspeiste ich dann in netter, abenteuerlustiger Gesellschaft. Im Bordbistro traf ich nämlich auf die beiden Franzosen und den Dänen von letzter Nacht. Er winkte mir mit einem breiten Grinsen über die Köpfe der anderen Reisenden zu, und ich erwiderte voller Freude seine Geste.

Einige Köpfe gingen nach links und rechts und sahen uns beide abwechselnd an. Zwei mir unbekannte junge Frauen winkten ebenfalls fröhlich dem Dänen und mir zu. *Was für ein herrlicher Morgen!* Ich fühlte mich richtig gut und hoffte, meine Laune würde sich auch auf Lia übertragen.

Das war aber gar nicht nötig, weil sie schon total happy aufgewacht war. »Wir sind immer noch im Zug«, war ihr Guten Morgen. »Ich habe Abendbrot im Zug gegessen, und gleich esse ich Frühstück. Ich freue mich so.« Sie streckte sich, sah zum Fenster, legte den Kopf in ihre Hände und beobachtete den sonnigen, eisig kalten Morgen. Der Zug fuhr langsam an stehenden Güterwaggons vorbei. Ein Schneepanorama erstreckte sich vor unseren Augen. »Ich mag das alles«, flüsterte Lia mehr zu sich selbst.

Ich beobachtete meine Nichte in ihrem gepunkteten Pyjama und den zerzausten Haaren. »Weißt du, Lia, nicht jeder kann sagen, dass er in einem Zug übernachtet hat.«

»Mit einem Pyjama«, fügte sie noch ernst hinzu. »Was essen wir zum Frühstück?«

»Steht alles schon vor deiner Nase.« Ich zeigte auf das nahrhafte Mahl. »Aber zuerst wirst du Wasser trinken und danach

das hier lutschen«, sagte ich in einem Ton, der keine Wider-
rede duldete, und hielt ihr ein Stück gezuckerten Ingwer hin.

Ihr könnt euch bestimmt vorstellen, wie Lia ihr Gesicht
verzog, als sie den Ingwer auf der Zunge hatte. »Ich mag das
nicht«, meuterte sie. »Wo ist denn dein Essen?«

Meinen Teil hatte ich schon mit den Franzosen und dem
Rentierliebhaber zusammen am Tisch gefrühstückt. Allerdings sagte ich ihr das nicht, sondern nur, dass ich schon gefrühstückt hatte. »Wir kommen mit drei Stunden Verspätung
in Narvik an«, hatte der Monsieur uns um kurz nach sechs am
Tisch informiert und eine Runde Kaffee ausgegeben. »Drei
Stunden? Haben wir in der Nacht noch so lange gestanden?«
Ich konnte es nicht fassen. Der Däne nickte. »Erst die Herde,
und dann mussten die Schienen von einer Lawine befreit werden«, sagte er ernst. Knapp 20 Stunden dauerte die reguläre
Fahrt. *Mit der Verspätung kommen wir erst heute Abend um
18 Uhr in Narvik an.* Die Französin mit ihren haselnussbrau-
nen Augen strahlte dennoch pathetisch. »Wie geht es der *pe-
tite mademoiselle?*« Sie hatte wirklich Interesse an Lia. »Deine
Nichte ist bezaubernd und sehr charmant, auch wenn wir sie
nicht vollständig verstanden haben gestern Abend«, sagte sie
lachend. *Ha!,* dachte ich, da müssen die beiden erst mal Lias
kleine Schwester kennenlernen. Tibby kann sehr charmant
sein, wenn sie etwas möchte oder einen guten Tag hat. Mit
ihrem Charme kann sie fast jeden um den Finger wickeln,
insbesondere meinen Vater. Meine Mutter ist wahrscheinlich
die Einzige, die sich davon nicht beeindrucken lässt, wenn die
Kleine zuvor Blödsinn veranstaltet hat und dann versuchen
möchte die Konsequenzen mit ihrer sehr charmanten Art und
Weise vergessen zu machen. »Sie scheint sehr neugierig zu
sein«, sagte der Franzose und biss genüsslich in sein Schwe-
denbrötchen. »Na ja, keine Ahnung, ob es Neugierde ist.

Manchmal denke ich, dass sie einfach nur erzählen möchte«, überlegte ich laut. »Hängt beides nicht miteinander zusammen?«, fragte unser dänischer Reisegefährte rhetorisch. Wir vier schnackten noch, bis unsere Kaffeebecher leer getrunken waren und ich mich zurückzog, weil Lia jeden Augenblick wach werden musste.

»Hast du schon gefrühstückt, Emma?«, fragte meine Nichte und griff nach ihrem Kakao.

Ich gestand ihr, schon gegessen zu haben. Natürlich wollte sie wissen, was ich zum Frühstück gehabt hatte. Also schilderte ich ihr meinen Morgen ausführlich.

»Bist du die ganze Zeit weggewesen, als ich noch am Schlafen war?« Panisch riss sie ihre Augen auf.

O Gott! Wie konnte ich nur?! Ich schmunzelte über ihren kleinen Ausraster. »Hätte ich dir die ganzen Stunden beim Schlafen zusehen sollen? Das ist doch langweilig. Außerdem lässt du mich auch alleine, wenn du auf Erkundungstour gehst«, rechtfertigte ich mein – in Lias Augen – schlimmes Vergehen.

»Aber du bist dann wach.« Zimt klebte überall um ihren Mund, den sie zu einer Schnute verzog.

Will sie jetzt wirklich mit mir diskutieren? Ich hätte doch sowieso nur den Dolmetscher spielen müssen, und wenn Lia erst mal im Redefluss war, war es gar nicht so leicht, da mitzukommen. Vor allem dann, wenn sie im Schnelllauf von einem zum nächsten Thema hopst. »Ich bin mir zu tausend Prozent sicher, dass du auch umhergeistern würdest, wenn ich schlafe. Oder hättest du mir beim Schlafen zugesehen?« Direkt nachdem ich es ausgesprochen hatte, fiel mir ein, dass Lia und ihre Schwester, das schon ein paarmal gebracht hatten.

»Wenn du schläfst, gehe ich draußen aus dem Fenster schauen und in mein Tagebuch schreiben und malen.«

»Genau, das habe ich gestern Abend auch gemacht.«

Lia nippte an ihrem Tee, den ich zuvor mit Honig gesüßt hatte. »Hast du viele Seiten geschrieben?«

Ich nickte. »Ganz viele Seiten. Ich muss doch alles festhalten. Wir haben so tolle Reisende kennengelernt und coole Sachen erlebt. In ein paar Jahren oder auch Monaten können wir uns nicht mehr an die kleinen Sachen erinnern, deshalb muss ich alles aufschreiben«, erklärte ich ihr.

»Wie sieht dein Tagebuch aus?«

Ich gab ihr mein braunes Tagebuch mit Stoffeinband, an dem vorne eine Tasche mit Gummizug war. Meine Mutter kauft mir seit einigen Jahren schon diese Notizbücher.

»Boah! Du hast aber viel geschrieben.« Lia blätterte mit ihren gezuckerten Zimtfingern die Seiten durch.

»Das ist viel! Wenn ich richtig schreiben kann, werde ich auch so viel über unsere Abenteuer schreiben.«

Mit großen Augen und staunendem Gesicht nahm sie meine schwarz-blaue Sauklaue unter die Lupe. Wenn ich alleine unterwegs bin, notiere ich mir nur sehr prägende Momente, die mich emotional mitgenommen haben. Dieses Mal war es etwas anderes. Ich machte das erste Mal eine größere Expedition mit Lia. Es konnte doch sein, dass sie mich später, wenn sie älter ist, auf diese Reise ansprechen würde, da machte es Sinn, alle Details festzuhalten. Dann kann ich Lia alles erzählen: wen wir getroffen und was für Gespräche wir mit anderen Abenteurern geführt haben, was ich gefühlt und gedacht habe in den unterschiedlichsten Momenten und was sie gesagt und eventuell auch gedacht hat. Möglicherweise würde Lia auch verstehen, dass mir diese Reise, so anstrengend sie in einigen Situationen auch war, dennoch viel Spaß gemacht hat und ich sehr stolz und froh bin, diese Reise mit ihr und mit niemand anderem gemacht zu haben. Mit der Eisenbahn in die Arktis beziehungsweise zum Polplanten zu starten war ihre Idee gewesen, und sie hatte mich gefragt, ob ich mit ihr zusammen dieses Abenteuer erleben will. Zugegeben, ich war auch froh und erleichtert, Verschnaufpausen zu haben, wenn Lia schlief und ich etwas Zeit für mich hatte. Dann hatte ich etwas Ruhe und musste nicht so viele Fragen beantworten.

Natürlich bin ich nicht die Erste und gehöre zu den Milliarden von Erwachsenen, die sich Kinderfragen anhören müssen und Antworten finden müssen auf Fragen wie: »Wieso sind die Menschen in Schweden netter als in Deutschland?« Ich konnte Lia noch mit der Antwort vertrösten: »Ich glaube, dass dir das nur so vorkommt. Überall auf der Welt existieren nette und manchmal nicht so nette Menschen.« Die Frage aller Fragen war allerdings: Wieso gibt es Menschen, die Weihnachten feiern, und Muslime nicht? Peinlich nur, dass sie mir diese Frage in Hamburg gestellt hatte, als ich dankend die Hefte einer Frau mit einem großen Kreuz um den Hals abgelehnt hatte. So, Freunde, erklärt mal einem Kind was Glaube und Religion bedeuten. Da musste ich schon einen Augenblick überlegen, wie ich das kindgerecht erklären konnte. Nach kurzer Zeit fing ich an, ein Haus zu malen. »Wie kannst du auf das Dach kommen? Was für Möglichkeiten hast du?«, fragte ich Lia. Sie starrte mich erst mit offenem Mund an, bevor sie mit einem Stift ein Seil malte. Ich zeichnete – ich bin eine Niete in Kunst, Leute – eine Treppe und eine Leiter. »Siehst du, es gibt viele Wege, um auf das Dach eines Hauses zu kommen, und genauso ist es mit Gott. Es gibt viele Wege, die Menschen benutzen, um an Gott zu glauben. Einige feiern Weihnachten, andere wiederum das Zuckerfest und wieder andere feiern Chanukka, und so weiter geht das.«

Abgesehen von der Ruhe vor schwierigen Kinderfragen war es einfach sehr inspirierend, mit anderen Reisenden längere Gespräche über tiefgründige Themen führen zu können, wenn Lia am Schlafen war. Gespräche mit Fremden sind manchmal einfach befreiend, weil ich Dinge erzählen kann, die ich so niemandem, den ich tatsächlich kenne, erzählen würde. Du bist eine emotional belastende Sache losgeworden, hast eventuell einen guten Rat oder Zuspruch erhalten, und dann ist derjenige weg und hat deine Sorge mitgenommen, und du fühlst dich einer Last befreit. Einem reisenden Fremden kann man oft mehr Vertrauen schenken, weil es nicht die Möglichkeit gibt, dass er dein Vertrauen missbraucht, weil du ihn in der Regel nie mehr wiedersehen wirst.

»Ich freue mich schon, wenn ich alleine mit einem großen Rucksack reisen darf. So wie du, Emma«, sagte Lia selbstbestimmt und schaute wieder aus dem Fenster, mit ihrem Teebecher in der Hand. »Das ist alles so schön.«

Kiruna-
Narvik

Wie uns das Schicksal
einen Abstecher nach
Kiruna machen ließ

Bestimmt fragt ihr euch, was in den Zwischenzeiten passiert: Ob Lia auch mal Stunden gesessen und nichts gemacht hat? Ob es eventuell Momente gab, in denen sie sich zu Tode gelangweilt hat? Solche Situationen hatten wir in der Tat. Jedoch fand Lia meist schnell etwas, womit sie sich ablenken konnte. Entweder suchte sie im Zug Leute, die sich mit ihr beschäftigten. Ich bekam davon erst dann was mit, wenn Lia zurückkam und mir von ihrer neuesten Bekanntschaft erzählte. Außerdem hatte sie von mir die Aufgabe bekommen, Tagebuch zu führen und Postkarten zu basteln.

Das ganze Material hatte ich zuvor in Berlin gekauft, nachdem Lia mir bei einem Telefonat verklickern wollte, dass wir viele Postkarten auf der Reise kaufen müssen. »Lipgloss-Oma, Mama und Oma müssen wir eine Karte schicken.«

Karten kaufen, beschriften und abschicken kann jeder und ist auch total langweilig und einfallslos. Meine Idee mit den Selfmade-Karten fand Lia natürlich wesentlich besser. Sie hatte mich nur einmal beim Tagebuchschreiben erlebt. Kurzerhand kramte sie nach ihrem Journal, um ebenfalls Wörter, die sie bereits schreiben konnte, und viele Bilder und Fotos auf den bunten Seiten festzuhalten.

Kurz vor Kiruna zog sie nach weiteren gefühlt tausend Partien UNO ihr buntes Drachenkarnevalskostüm an und besang den durstigen Sultan, seine Karawane und die Tomaten. Ich dachte, das hätten wir hinter uns gehabt. Aber na gut, es sollte nicht so sein. Eigentlich hatte ich vorgehabt, Lias Fauxpas mit den Tomaten für mich zu behalten, weil ich den Fehler einfach zu lustig fand.

»Lia, du singst das Lied falsch«, unterbrach ich sie nach einer halben Stunde.

Verdattert schaute sie mich an. Bis sie etwas erwiderte, verging noch mal eine Zeit.

Weltuntergang, dachte ich.

»Ich kann doch nicht das ganze Lied. Das habe ich dir doch letzten Monat gesagt.«

Ich sah sie fragend an. »Letzten Monat?«

»Ja!«, antwortete sie fest entschlossen.

»Vor vier Tagen hast du mir das gesagt. Darum geht es jetzt nicht. Du singst die ganze Zeit Tomate, dabei heißt das *Dummer ne*«, klärte ich sie auf.

Mein Empfang spielte einfach nicht mit, sonst hätte ich ihr das Lied auf YouTube gezeigt. Also sang ich mit ihr den Refrain oder besser: den Part, den sie auswendig konnte, weil ich selbst nicht mehr von diesem Lied wusste. Wir trällerten durchs Abteil. Sie sang weiterhin Tomate und ich *Dummer ne*. Was soll's?! Sie hatte sich so in ihrer Tomate festgesungen, dass es ihr nicht so leicht auszutreiben war. Dafür hatte sie die Lieder von Torfrock richtig gut drauf mit norddeutschem Akzent, so wie sich das gehört.

Plötzlich fiel ein kurzes ohrenbetäubendes Piepen aus dem Lautsprecher. Zwei aus dem Schaffnerkommitee liefen schnellen Schrittes an unserem Abteil vorbei. Einer von denen war der Same von gestern Nacht. Sein Gesicht sah besorgt aus. Von seinem freudestrahlenden Liebeslächeln angesichts der Rentierherde, die uns vor zehn Stunden an der Weiterfahrt gehindert hatte, war nichts mehr zu sehen.

Mittlerweile stand Lia in ihren Alltagsklamotten – nein – sie stand in ihrer blauen Thermounterwäsche und ihrer roten Sweatshirtjacke vor mir. Sie zuckte zusammen, als das Piepen wieder unsere Koje durchflutete. Ich war gerade dabei, rauszumarschieren, um der Sache auf den Grund zu gehen, als sie mich an der Hand packte. »Darf ich mitkommen?«

Ohne noch etwas zu sagen, schloss ich meine Finger um ihre schwitzige Hand und trat gemeinsam mit meiner Nichte aus den vier Quadratmetern, die seit gestern Abend, 18 Uhr, unsere Unterkunft waren. Wir waren nicht die einzigen im Gang. Die Franzosen mit ihren Freunden und zwei weitere Frauen tummelten sich vor den Kabinen herum.

Jemand tippte mir auf die Schulter. »Geht's euch gut?«

Ich drehte mich um. Der Däne stand mit ernstem Gesicht vor mir. Ohne auf seine Frage einzugehen, fragte ich ihn, was los sei.

Er zuckte mit den Schultern. »Ich weiß es nicht.«

Lia sah sich die ganze Zeit um, hielt aber weiterhin meine Hand fest.

»Ist alles gut bei euch?«, stellte er mir nochmals die Frage.

Ich nickte.

Ein weiterer Schaffner zwängte sich durch den Gang an uns vorbei. Der alte Franzose versperrte dem Mitarbeiter den Weg. »Was ist hier los?«, fragte er laut, sodass jeder ihn hören konnte.

Der uniformierte Mann blieb abrupt stehen. Er antwortete erst nichts. Mit dem Rücken zu uns sah ich wie er tief ein- und ausatmete. »Es gibt ein paar Probleme bei der Weiterfahrt«, sagte er kaum hörbar.

Ich schaute kurz zu dem Dänen auf, der direkt hinter Lia und mir stand. Hoch konzentriert war sein Blick auf die anderen beiden gerichtet.

»*Obviously!*«, hallte die raue alte Stimme des Franzosen durch den Waggon.

Lia zuckte zusammen.

»Sorry, ich muss durch«, waren die Worte des Schaffners, und schon quetschte er sich an dem aufgebrachten Senior vorbei.

Entrüstet schüttelte dieser den Kopf. Seine Frau legte ihm ihre Hand auf seinen Arm und versuchte ihn so zu beruhigen, doch der Mann zog seinen Arm weg. »Wir haben mehr als drei Stunden Verspätung, und jetzt stehen wir wieder. Die Sirenen gehen ständig an, und wir stehen hier und wissen nichts«, rief er, während sein Kopf rot anlief.

»Was hat der, Emma?«, fragte Lia kleinlaut.

Meinen Blick auf den Franzosen gerichtet, um seine Worte zu verstehen, deutete ich Lia an, kurz leise zu sein. »Gleich«, flüsterte ich.

»Wieso sagt er uns nicht, was los ist?«, rief er mit jedem Wort noch wütender. Genau wie Lia stand er in Thermounterwäsche und offener Strickjacke im Gang.

»Wahrscheinlich sind es wieder Rentiere«, warf ich unsicher ein. Die Art und Weise des Seniors hatte mich ein klein wenig erschreckt. Ich konnte seine Reaktion nicht wirklich nachvollziehen.

Schweißperlen bildeten sich auf seiner Stirn und Oberlippe.

»Was hast du gesagt, Emma?«

Ich übersetzte es Lia.

Die anderen Reisenden drehten sich synchron zu mir.

»Gestern haben Rentiere die Schienen belegt. Mit Sicherheit werden es wieder Rentiere sein«, wiederholte ich meine Worte.

»D'accord ... Würde man es uns nicht sagen, sollten es wirklich Rentiere sein?! Wir sitzen fest. Weder schneit es, noch ist es stürmisch!« Wild gestikulierte er mit seinen Händen und deutete mit seinem Kinn nach draußen, wo in der Tat herrlichster Sonnenschein die Landschaft verzierte und die klirrende Kälte zwischen den Sonnenstrahlen und dem meterhohen jungfräulichen Schnee flimmerte. Nervös bewegte der Franzose sich von einem Bein auf das andere.

Eingestanden, kein einziger Abdruck war im Schnee zu sehen. Es konnte keine Rentierherde gewesen sein. Ich schüttelte den Kopf. »Je ne sais pas!«

Kopfschüttelnd ging der Franzose ein Stück des Waggons auf und ab. Die jungen Damen hatten sich mit besorgten Gesichtern wieder in ihr Abteil zurückgezogen.

Der Däne beugte sich von hinten an mein Ohr. »Ich ... ich glaube ... ehm ... etwas anderes steckt dahinter. Ich ... ehm ... ich ... habe ein komisches Gefühl«, gestand er mir stockend. Sein Gesicht wirkte fahl und schmaler als gestern. Dunkle Augenringe lagen tief unter seinen mandelförmigen grauen Augen. Dann flüsterte er so leise, dass ich Mühe hatte, ihn zu verstehen. Das Einzige, was ankam, war: »Suicide.«

Wie konnte an einem so wunderbaren Ort mit so tollen Menschen jemand an Selbstmord denken? Tausend Bilder sausten an mir vorbei, die ich mir gerade überhaupt nicht vorstellen wollte. Meinen Mund öffnete ich vor Schreck, und mir wurde flau im Magen. *Wieso Selbstmord? Konnte es nicht ein tragischer Unfall sein?*

»Was anderes kann ich mir nicht vorstellen«, sagte der Däne etwas lauter und richtete sich wieder auf.

Ich spürte Lias Blick auf mir haften. »Mit den Weichen stimmt etwas nicht«, klärte ich sie mit einem aufgesetzten Lächeln auf.

Die Französin kam auf uns zu und wollte wissen, was los sei. Wir sähen angeblich so bestürzt aus. Lia streichelte sie liebevoll über den Kopf. Auch ihr flüsterte der Däne seine Vermutung, die mir im Nachhinein sehr plausibel erschien, ins Ohr. Obwohl Lia die beiden sowieso nicht verstand, nahmen dennoch beide Rücksicht, indem sie weiterhin leise redeten.

Wir standen direkt vor unserer Schlafkoje. Ich öffnete die schmale Tür und stellte meinen schweren Rucksack davor, damit Lia sich reinsetzen und mich noch auf dem Gang sehen konnte. Ich erlaubte ihr zwei Müsliriegel und mit dem Tablet zu spielen.

»Glaubst du wirklich, dass jemand vor den Zug gesprungen ist?!«, fragte ich, als ich wieder im Gang vor den beiden stand. Okay, ich kenne leider einige, vor allem sehr junge Menschen, die tödlich verunglückt sind, und leider, leider auch welche, die sich freiwillig das Leben genommen haben. Natürlich gehört der Tod zum Leben dazu, aber jeder sollte so alt wie möglich werden. Wir sollten unseren Mitmenschen helfen, statt sie in den Untergang gehen zu lassen.

Fröstelnd verschränkte der Däne seine Arme, obwohl es gar nicht so kalt war wie letzte Nacht. Die französische Schönheit – ja, ich fand sie schön mit ihren sanften Falten im Gesicht, ihren strahlenden braunen Augen und dem bisschen

Rouge auf ihren hohen schmalen Wangenknochen – schlang sich ihre beigefarbene Strickjacke enger um den Körper.

Ich weiß nicht mehr, wie ich mich gegeben hatte, aber wahrscheinlich hatte ich die Arme schützend um mich geschlungen, weil auch mir kalt wurde, während wir in der kleinen Runde standen.

»Schweden gehört zu den Ländern, die am meisten Antidepressiva konsumieren. So schön Skandinavien auch sein mag für viele Menschen, nicht alles glitzert hier«, sagte der dänische Student.

Ich schluckte. Meine Schilddrüse tat mir weh. Jedes Land hatte seine Schattenseiten. Das hatte ich oft am eigenen Leib zu spüren bekommen. Alle Länder, die ich bisher sehen durfte, hatten ihr Licht und ihren finsteren Schatten. In Kasachstan saß ich einmal zwei Tage im Knast. Die Polizisten, die mich inhaftiert hatten, mussten es machten, sonst wären sie selbst hinter Gittern gekommen und wahrscheinlich auch nicht mehr raus.

»Die Schweden ... *nej* ... Skandinavier ... sie versuchen Emotionen zu unterdrücken. Pragmatisch sein und immer alles richtig machen«, redete er weiter und lachte höhnisch auf. »Skandinavien ist in vielen Teilen sehr dünn besiedelt. Jeder ist für sich und mit seiner Familie. Teilweise fehlt der Anschluss an die Gesellschaft. Die kurzen Tage in den Polarnächten machen es nicht einfacher.« Er seufzte.

Die Französin hakte sich sanft bei ihm unter. Liebevoll tätschelte sie seinen Arm. Ich wurde das Gefühl nicht los, dass er von sich selbst redete. Kennt ihr das auch, Freunde, wenn sich ein fetter Kloß im Hals festsetzt und einem das Schlucken erschwert? Erst nach einigen Anläufen konnte ich diesen imaginären Kloß runterschlucken.

»Finnland, Norwegen, Schweden sind im Rang, was militärische Ausrüstung und Waffen betrifft, sehr weit oben.

Außerdem saufen die Männer in Finnland und prügeln sich danach. Wie hoch die häusliche Gewalt ist, steht in den Sternen.« Er seufzte wieder, legte seinen langen Arm um die Frau und drückte sie an sich. »Spätestens morgen werden wir es wissen.«

»Vielleicht waren es doch nur Rentiere«, versuchte ich uns aufzumuntern.

Wir wurden von einer weiteren Gruppe aufgeschreckt. Mit einem Nicken machten wir einander Platz. Mit einem kurzen Kopfnicken huschten sie an uns vorbei und tuschelten. An ihren Mienen erkannten wir, dass auch sie besorgt waren. Jetzt war ich es, die seufzte.

Der Däne warf einen Blick in unsere chaotische Kabine. Lia hatte ihre Kopfhörer auf und schaute schweigend aus dem Fenster. Die Müsliriegel lagen verpackt auf dem Tisch. »Was hast du ihr erzählt, wieso wir stehen?«, fragte er mich.

»Die Weichen sind blockiert«, antwortete ich mit einem müden Lächeln. »Lia muss noch nicht die Schattenseiten der Welt kennenlernen, oder?!«, fragte ich unsicher.

Dabei hatte meine Nichte noch drei Tage zuvor gefragt, wieso die Schweden netter sind als die Deutschen. Empfand sie das wirklich so? Mich überkam ständig das Gefühl, dass die Schweden oder besser gesagt: Skandinavier gar nicht so zufrieden waren, wie es für Ausländer rüberkommt. Ich fand die Einheimischen sehr nachdenklich, tatsächlich auch pragmatisch und zielstrebig. Viele hatten das Gespräch zu mir gesucht, wenn offensichtlich wurde, dass Lia und ich nicht von hier waren. Während die Leute mit mir redeten, waren ihre Mimik versteinert und das höfliche Lächeln meistens aufgezwungen. Details, die mir in diesem Augenblick bewusst wurden.

Müdigkeit überkam mich plötzlich.

»Dafür hat sie noch Zeit«, antwortete die französische Seniorin.

Ja, dachte ich, dafür hat sie noch Zeit.

Nach weiteren zwei Stunden fuhren wir in den nächstgelegen Bahnhof ein: Kiruna. Durch die Lautsprecher dröhnte die monotone Stimme eines Schaffners, dass wir erst um 20 Uhr weiterfahren würden. Sprich: Wir hatten vier Stunden Zeit, um Kiruna zu erkunden.

Ich fragte den Dänen, ob er mit uns kommen wollte, aber er lehnte dankend ab, indem er ein abgefetztes Notizbuch in die Luft hielt.

»Jetzt ist eine gute Zeit, meine Erlebnisse aufzuschreiben.«

Lia zog sich ihre neonroten Skiklamotten und dicke Lederboots an, während ich mir eine Trekkinghose über meine Leggings zog, einen weiteren Pulli und meine graue Skijacke und Wildlederstiefel anzog.

»Ich bin fertig!«, rief Lia freudestrahlend.

Ich musterte sie von unten nach oben. An ihrem Kopf blieb mein Blick haften. »Lia, wir hatten eine Abmachung in Stockholm«, sagte ich und schaute sie eindringlich an.

»Aber ich hasse diese hässliche Mütze!« rief Lia bockend herum und verschränkte beleidigt ihre Arme. »Ich sehe aus wie ein doofes Baby!« Sie riss sich meine viel zu große Mütze vom Kopf.

»Die Schlupfmütze ist wärmer und geht über deinen Hals und Nacken«, erklärte ich nochmals.

»Aber ich sehe doof aus!« Sie schmiss sich auf das Bett.

»Ganz ehrlich, Lia, hättest du deine Mütze und deinen Schal nicht verschlampt, müsstest du jetzt nicht diese Schlupfmütze tragen, und dann hätten wir jetzt auch nicht diese Diskussion.«

»Meine Schwester sucht sich nur die hässlichen Sachen aus. Keiner mag diese Mütze, nur sie«, meckerte Lia und schaute bockig aus dem Fenster.

»Denkst du, du bist das einzige Mädchen hier mit so einer Mütze? Es ist eisig kalt, da interessiert sich keiner, wie modisch oder dämlich Anziehsachen aussehen, geschweige denn eine Mütze.«

Lia schwieg.

Ich zog meinen kleinen Rucksack auf. »Entweder du ziehst die Schlupfmütze auf, oder ich lasse dich im Zug. Du hast die freie Wahl.«

»Dann komm ich eben mit!«, sagte sie in einem Ton, als hätte ich sie angefleht und überreden müssen, mir draußen auf Erkundungstour Gesellschaft zu leisten.

»Sag mal, hast du eine Sonnenbrille dabei?«, fragte ich und tastete meine Jacke und Taschen ab.

»Ich habe zwei.« Lia kramte in ihrem Rucksack herum und zog zwei Sonnenbrillen hervor. Sie reichte mir die neonrote Werbebrille einer Direktbank, während sie eine rosafarbene Brille mit weißen Blümchen aufsetzte. Lias Sonnenbrille war definitiv von ihrer Schwester.

»Ist das die Brille von deiner Schwester?«

»Ja. Ich weiß nicht, wo meine ist«, murmelte sie genervt.

Ich wollte ihr gerade sagen, dass sie hoffentlich aus diesen Fehlern gelernt hat, nicht immer ihre Sachen zu verschludern und ihr Zimmer nicht ständig in einem Kuddelmuddel zu hinterlassen. Aber ich überlegte es mir anders. Sie war schon frustriert genug. Um ehrlich zu sein, konnte ich das Theater mit der Mütze verstehen. Keine Ahnung, was Lias Schwester an dieser Mütze und Brille fand. Mit ihrem dunklen Teint sah es eventuell besser aus als bei Lia. Die weiße Haut und dann noch die rote Mähne in der Kombination mit der pinkfarbenen

Schlupfmütze und der rosafarbenen Blümchenbrille – einfach autsch! Das alles zusammen biss sich nur.

Meinen grünen Rucksack mit der Elektronik schnallte ich mir vor meinen Bauch. Lia griff ebenfalls nach ihrem Rucksack. Gemeinsam marschierten wir fett eingepackt mit unseren Wollmützen, den Sonnenbrillen, die vom Verfassungsschutz verboten werden müssten, und dämlich grinsend aus dem Abteil.

»Du siehst voll komisch aus«, sagte Lia mit dem Finger auf mich gerichtet und prustete los, während ihre roten Locken vorne an der Stirn rausluscherten.

»Hast du schon in den Spiegel geschaut?«

Sie drehte sich um und schaute in den Spiegel, der kurz unter der Decke des Zuges entlang lief. »Ich sehe doof aus«, kommentierte sie ihren Look, lachte dennoch weiter.

»Lia, mach dir nichts draus – wir beide machen uns gerade zu Idioten.« In voller Montur stiegen wir die Treppen aus dem Zug auf das glatte und schneebedeckte Gleis.

»BOAH!«, rief Lia. Wie ich es geahnt hatte, rannte sie das Gleis entlang direkt auf den aufgeschippten Schnee unmittelbar neben dem Inselbahnhof zu. »Ich habe noch nie so viel Schnee gesehen! O MEIN GOTT!«

Wie eine Irre rannten sie vom mehr oder weniger geräumten Weg ab. Ich hatte das Gefühl, als würde ich auf meterdickem, aber platt gewalztem Schnee stehen, um nicht abzusacken. Ich versuchte meine Nichte zurückzurufen, aber die hörte mich schon nicht mehr. Wie eine Leuchtboje schwamm sie durch die weiße Masse, die ihr bis über die Hüfte stand. Die »voll hässliche Babymütze« auf ihrem Kopf war kein Problem mehr. O Gott, Freunde! Ich konnte da gar nicht hinschauen. Sämtliche Szenarien malte ich mir aus, wie Lia im Schnee komplett einsacken und ersticken würde.

»Hast du schon mal so viel Schnee gesehen?«, rief sie und lief auf mich zu.

Ich schüttelte den Kopf. »Nur im Fernsehen«, gestand ich.

Dann rannte sie wieder auf den Bahnhof zu und setzte sich auf einen Fahrradständer. »Machst du ein Foto von mir mit dem Zug?«

Der blaue Himmel und der in der Sonne glitzernde Schnee gaben der Kulisse mit dem grauen Schlafzug und der Leuchtboje Lia noch das gewisse Extra. Der Schnee-Express steckte in Kiruna im historischen Lappland fest, dem heutigen *Norrbottens län*. Der Ort wirkte übernatürlich hell wegen des funkelnden Schnees. Lia und ich spazierten an traditionellen roten und gelben Schwedenhäusern vorbei. Dampfende Rauchschwaden jagten durch die Schornsteine über die Dächer hinweg. Am Abend zuvor hatte ich noch erfahren, dass Kiruna aufgrund des Eisenerzbergwerks bis 2040 um weitere fünf Kilometer nach Osten verschoben werden sollte, damit die Eisenerzvorkommnisse unter der Stadt abgebaut werden konnten. Kiruna besitzt erstklassiges Magnetit-Eisenerz, was bedeutet, dass wir von einem Eisengehalt von mindestens 70 Prozent sprechen. Kein Wunder, dass Kiruna und Narvik zur Zielscheibe des Zweiten Weltkrieges mutierten. Hochwertiger Stahl für Waffen- und Transportbau.

Die Gehwege waren mit Schnee übersät. Nach ein paar Metern machte ich den Vorschlag, auf der Straße zu laufen, da der Weg nicht geräumt und es ziemlich anstrengend war, gegen die Schneemassen anzugehen. Die Schwedin im Zug von Hamburg nach Malmö hatte uns erzählt, dass der samische Begriff für Kiruna »Giron« sei, was so viel wie Schneehuhn bedeutet, weil das Wappen der Stadt mit einem Schneehuhn gekennzeichnet ist. Erstaunlich, was Lia und ich in den letzten Tagen gelernt hatten.

»Ich mag die Häuser in Schweden«, sagte Lia. Mit ihren Füßen schoss sie den Schnee vor sich her, der als pulverisierter weißer Glitzer durch die Luft flog und sanft auf den Boden glitt.

Ja, ich war derselben Meinung wie Lia. Die schwedischen Häuser hatten einen gewissen Charme mit ihrem rot lackierten Holz und den weißen Fensterrahmen. Als ich das erste Mal in Schweden und durch die Ländereien im Süden gefahren war, hatten mich die Fliederbüsche und die Birken in den Gärten der Schweden in den Bann gezogen. Eigentlich mag ich den Duft von Flieder nicht. Meine Mutter hatte sich viele Jahre Flieder aus unserem alten Garten gepflückt und in einer Kristallvase in die Stube gestellt. Mir war dieser penetrante pflanzliche Geruch der lilafarbenen Blumen zu stark. Doch die idyllische Nachmittagssonne im Sommer und die sanfte Brise ließen das Gemälde damals noch schöner erscheinen. Unten in Südschweden hatte ich vermehrt Blockhäuser entdeckt. Oder wie die alten Wikinger sagen würden: *knuttimring*. Aufeinander gestapelte Stämme von Laubbäumen, die damals an den Enden mit Schwalbenschwänzen befestigt worden waren. In der Tat legen die Schweden viel wert auf ihre Vorfahren und Traditionen.

Lia fuhr mit ihren – sorry, ich meinte – mit den dicken pinkfarbenen Handschuhen ihrer Schwester an den Fassaden der Häuser entlang, während ich in der Mitte der Straße lief. Weit und breit war kein einziges Auto zu sehen. »Wieso hat Wuppertal nicht so schöne Häuser wie in Schweden? In Wuppertal ist alles nur Stein.«

Ich schmunzelte. »Schweden hat die meisten Wälder in ganz Europa und darauf sind die Schweden sehr stolz«, erklärte ich. »Holz ist ein extrem billiger Rohstoff, sieht auch noch schön aus, und Schweden hat gaaanz viel Holz. Deshalb sind die schwedischen Häuser aus Holz.«

»Ich wünschte, wir hätten so viel Holz in Wuppertal.«

Wir warfen lange Schatten auf die weiße Straße. Ich war gerade dabei, Lia den Vorschlag zu machen, in ein Café zu gehen, als wir Kinderlachen wahrnahmen. Abrupt blieb Lia stehen.

»Hast du auch Kinder gehört?«, vergewisserte sie sich bei mir.

Wir spazierten jetzt schneller den steilen Berg hoch. Links und rechts waren aneinandergereiht die gelben und roten Holzhäuser. Oben am Berg angekommen, bogen wir links ab, wo der Kinderlärm herkam. Ein paar Autos parkten auf dem weitläufigen Platz, auf dem nebeneinander aufgetürmt meterhohe Schneeberge standen. Zwischen den Wegen und der schmalen Fahrbahn lagen große, unberührte Schneefelder, die im Sommer mit Sicherheit leuchtend grüne Wiesen waren, auf denen gegrillt und gefeiert wurde.

Weiter weg tauchte ein kleiner Spielplatz mit einem Klettergerüst und mehreren Schaukeln auf. Kinder in Lias Alter spielten laut lachend unter dem Gerüst Fangen, ein paar andere schlitterten die vereiste Rutsche runter und kletterten wieder rauf. Auf der Schaukel saß ein junger Mann, der von einem anderen Mann geschaukelt wurde.

»Darf ich auf den Spielplatz?«, fragte Lia vorsichtig.

Ich blickte zu ihr runter. »Ja, klar! Dafür sind wir doch hier!«

»Huh? Um auf einen Spielplatz zu gehen, sind wir nach Schweden gefahren?«

»Nein, um Spaß zu haben natürlich.« Ich hatte noch nicht einmal den Satz zu Ende gesprochen, da rannte Lia auch schon los. »Nicht durch den Sch...«, rief ich. Doch es war schon zu spät.

Sie sprang in den Schnee, rannte ein paar Meter ... und schwupps, war sie in der weißen Flockenpracht verschwunden.

Ich rannte hinterher und wollte mich ebenfalls in den Schnee schmeißen, um nach ihr zu schauen, aber da tauchte auch schon die pinkfarbene Schlupfmütze wieder auf. Kurz danach auch der Rest. Bis zu den Schultern.

Lia lachte verlegen.

»Nimm den Weg. Du weißt doch nicht, wie tief der Schnee liegt.«

Den Spielplatz erreichte ich, als Lia schon fest mit den anderen Kids spielte. Es dauerte auch nicht lange, bis sich eine Frau zu mir gesellte und mir zwei Zimtschnecken unter die Nase hielt. Nach der Reise würde ich bestimmt einige Pfunde mehr auf den Hüften haben. War das die skandinavische Art, mit Fremden in Kontakt zu kommen?

»*Hot kanelbullar are good for you!*« Sie schaute mich unter ihrer tief liegenden roten Norwegermütze an. Ihre Nase und ihre Wangen glühten rot. Dichte Atemwölkchen bildeten sich vor ihrem Mund, dessen Lippen bläulich waren.

Ich mochte ihren auffälligen schwedischen Akzent. »*Tack tack!*«, bedankte ich mich in ihrer Sprache, dabei grinste ich breit wie ein Kind, das gerade seinen größten Wunsch erfüllt bekommt. Ich war überrascht über ihre englische Ansprache. »Sieht man mir an, dass ich nicht von hier bin?«, fragte ich freundlich.

»*Nej!* Du hast auf Deutsch etwas hinter dem Mädchen hergerufen. Sie hat dir aber nicht zugehört«, antwortete sie und lachte, sodass ich ihre Backenzähne sehen konnte.

Ich stieg in ihr lautes Lachen mit ein. Lia hörte ich auch lachen und mit den anderen Kindern schnacken. Was für ein wundervoller Augenblick. Anschließend biss ich in meine heiße Zimtschnecke. Ich liebe diese skandinavischen Teilchen. Na ja, wobei ich sie bisher nur in Norwegen und Schweden entdeckt habe. In Finnland und Dänemark hatte ich nicht drauf geachtet.

Wir beiden Frauen plauderten aus dem Nähkästchen, amüsierten uns laut lachend über Kinder und ihre Fragen. Ingiärd beichtete mir, dass ihr Sohn sie mal gefragt hatte, ob Kinder in anderen Ländern auch kacken müssen. Wenn nicht, wolle er auswandern, weil es ihn nerve, sein Spielen unterbrechen zu müssen, wenn es eile und er auf den Lokus müsse. Sie erzählte es in einem so trockenen Ton, dass ich noch mehr lachen musste und mir vor Schmerz schon den Bauch hielt.

»Emma«, sagte sie und legte mir ihre Hand auf die Schulter. »Göran hat einmal einen Afrikaner gefragt, ob er auch kacken müsse. Wenn nicht, solle er ihm verraten, woher er komme. Das war mir so peinlich, Emma.«

Ich konnte nicht mehr vor Lachen. *Noch ein bisschen, und ich mache mir in die Hosen,* ging es mir durch den Kopf. Tränen liefen meine eiskalten Wangen runter und froren auf meiner Haut zu einem Minirinnsal ein.

Als meine Schwester hochschwanger mit Lias Schwester war, hatte einmal ein Junge – auch in Görans Alter, fünf – beim Vorbeigehen die Hand nach Samiras Bauch ausgestreckt und ihn dann auch angefasst. »Hast du schon wieder eine Frau angefasst?!«, hatten wir die Mutter des Jungen fragen gehört. »Nur den Bauch«, hatte er ruhig geantwortet, als sei es das Normalste der Welt, beim Vorbeigehen den Bauch einer Schwangeren zu streicheln. »Das ist Belästigung! Du kannst doch nicht jeden Bauch anfassen.« »Mache ich nicht. Nur wo ein Baby drin ist. Ich mag das!« Natürlich war ein Lachflash vorprogrammiert. Würde mich nicht wundern, wenn die zukünftige Frau des Jungen dauerschwanger wäre. Es ist doch immer wieder interessant, wie Kinder ticken und was die denken.

Ingiärds Sohn leuchtete mit seinem gelben Schneeanzug zwischen den ganzen Kindern ebenfalls wie ein Verkehrshütchen auf. Seine Sprechart war genauso auffallend und bestimmend wie seine Kleidung. Göran wusste, wo es langgeht.

Ich berichtete der jungen Mutter über den Vorfall kurz hinter der deutsch-dänischen Grenze, als sich Lia vor der Polizei so merkwürdig benommen hatte.

»Irgendwie will man das den Kindern, wenn sie erwachsen sind, heimzahlen«, erwiderte sie und lachte weiter.

Genau dieser Meinung ist auch meine Schwester. Sie sagt ständig, wenn Lia so richtig schön in der Pubertät ist und ihre Teenie-Freunde zum Mädelsabend einlädt, wird sie sich dazugesellen und fragen: »Und Lia, weißt du noch, wie du mit zwei Jahren vor den Reichstag gekackt hast?« Freunde, das ist kein Scherz. Aus der Not heraus ging es nicht anders. Meine Schwester hatte kein Bargeld bei sich, und der Typ, der die öffentlichen Klos beaufsichtigte, wollte Samira und Lia nicht durchlassen. Lia konnte nicht mehr anhalten, also hatte ihre Mutter keine andere Wahl. Tja! C'est la vie.

Neben der Lästerei über peinlich-freche Kinder kamen wir auch auf das Thema Raketen. Ingiärd erzählte, ihr Sohn sei verrückt nach Raketen und würde gerne ins All fliegen. Vielleicht kam daher der Gedanke, nicht auf die Toilette zu wollen, dachte ich still und heimlich und versuchte mir ein Lachen zu verkneifen. Westlich von Kiruna liegt der See Luossajärvi. Nicht weit davon entfernt ist eine Bodenstation, die zur Kommunikation mit ESA-Satelliten dient. Die Station zum Abflug von Raketen ist ebenfalls in der Nähe von Kiruna.

Ursprünglich hatten wir die Reise im Dezember machen wollen. Allerdings herrschten da fast den ganzen Monat Polarnächte, was bedeutete, dass die Sonne mehr als zwanzig Tage nicht aufgeht und unterhalb des Horizonts bleibt. Wobei im Juni und Juli fast zwei Monate ununterbrochen die Mitternachtssonne scheint.

»In zwei Stunden müssen Lia und ich wieder zurück am Zug sein. Es gab einen Vorfall«, erzählte ich vorsichtig und hoffte von ihr mehr Informationen zu bekommen. »Wir haben bereits jetzt über sieben Stunden Verspätung. Die Schienen sollen blockiert sein. Keine Ahnung, was vorgefallen ist. Die Schaffner im Zug haben uns nichts verraten.«

Ingiärd sah mich ernst an. »Ich habe heute Morgen davon gehört. Jemand ist vor einem Zug gesprochen. Vor Kurzem wurden Teenager am Bahnübergang von einem Zug erfasst. Also, es ist nicht selten, dass es Zugtote hier in Schweden gibt.«

Stille.

»Traurig ist, dass die meisten Menschen, die vom Zug überrollt worden sind, Selbstmörder waren«, fügte sie noch hinzu.

Deshalb hatte der Däne direkt von Selbstmord geredet. Je mehr ich darüber nachdachte, desto trauriger wurde auch ich, dass direkt von einem Selbstmord gesprochen worden war und nicht von einem Unfall. Ich sah den Kindern beim Toben und Lachen zu. Was für ein Kontrast. Die Schwelle zwischen Leben und Tod, Lachen und Weinen, Licht und Schatten kann so schmal sein.

Wie ich Lia im Zug schlafen ließ, um an Mitternacht auszusteigen

Der Tag neigte sich dem Ende zu. Von Minute zu Minute sank die Temperatur in Kiruna. Schließlich wurde es so kalt, dass Lias Gesicht wehtat, obwohl ich sie an dem Tag dreimal dick eingecremt hatte. Ihre Wangen hatte ich sogar mit Vaseline eingeschmiert, um zu verhindern, dass ihre Haut riss. Rothaarige haben ja von Haus aus eine sehr empfindliche Haut. Ich checkte die Temperatur am Thermometer des Zuges: –32 Grad waren es um kurz vor sechs.

Ich wusste schon, dass die Abende und Nächte in Kiruna in den Wintermonaten sehr kalt werden konnten. Ich hatte vor ein paar Wochen gelesen, bis zu –30 Grad. Jetzt waren wir bei –32 Grad! Die Schwedin auf dem Weg nach Malmö, die Lia mit meiner Lakritze gefüttert hatte, hatte mir erzählt, vor ein paar Jahren hätten sogar –42 Grad den Norden eingenommen.

Endlich wieder am Zug angekommen, schüttelten wir uns den Schnee ab und atmeten noch einmal kurz die eisig kalte Luft ein, bevor wir wieder der trockenen Heizungsluft ausgesetzt waren. Kurz vor unserer Koje zog ich Lia die nassen Sachen aus und legte sie im Gang über die Heizung auf den Klappsitzen zum Trocknen hin.

Ich prüfte Lias Füße und Rumpf, ob diese vielleicht zu kalt waren. Erstaunlicherweise waren ihre Füße superwarm. *Gutes Schuhwerk.* Bis auf das Gesicht und ihre Finger war sie warm. Dennoch hüllte ich sie in eine Decke ein und wechselte die dicken Socken bei ihr aus. Ich wartete, bis Lias Gesicht aufgetaut war, bevor ich eine Salbe für Verbrennungen an den schmerzhaftesten Stellen auftrug. Die Stirn und Nase schmierte ich mit einer dicken Fettcreme ein. Anschließend besorgte ich uns Tee, ehe auch ich mich auszog. Ich hatte diese ständige Angst, dass Lia mir unter den Händen wegfrieren würde. Ist es verständlich, dass ich so gedacht habe? Dabei war ich immer die Lockere und dachte, nicht übertreiben zu müssen in vielen Angelegenheiten.

Während Lia sich ausruhte, schlich ich zu dem Dänen rüber, der gerade aus seiner Koje trat, die er sich mit weiteren Reisenden teilen musste. Er erkundigte sich direkt, wie es gewesen war und ob es uns gutginge. Ich fragte ihn, ob er trotz seiner Schreibarbeit wenigstens mal rausgegangen sei.

Ja, in der Tat. Mit seinem Tagebuch hatte er sich in das Café am Bahnhof reingesetzt und erfahren, dass es einen tödlichen Unfall kurz hinter Kiruna gegeben hatte. Wie dieser Unfall zustande gekommen war, wusste er nicht. Dennoch sah er besorgt aus.

Ich setzte an, um noch etwas zu sagen, als ich plötzlich Lia schreien hörte: »Ihh!«

Ich lief zurück in den kleinen Raum.

Lia stand auf dem Bett. »Guck mal! Da ist eine Spinne. Ich mag keine Spinnen!«

»Es ist kalt draußen. Irgendwo muss die Spinne doch hin«, versuchte ich Lia zu beruhigen und griff nach dem Insekt.

»IIIHHH! Du fasst die an???« Lias Augen flogen ihr schon fast aus dem Kopf.

»Ja, wieso nicht?! Soll ich sie dir mal zeigen, wie klein diese Spinne überhaupt ist?«

Als ich einen Schritt auf meine Nichte zu machte, stieg sie auf den Tisch und sprang in mein Bett. »Du bist ekelhaft! Ich will die Spinne nicht sehen.«

»Okay«, sagte ich und wollte gerade aus dem Abteil raus.

»Bringst du die nach draußen?«

Ich schüttelte den Kopf. »Ich setze sie nur in den Gang. Draußen erfriert sie, Lia.«

»Im Zug?!«

Wieder nickte ich. »Wir können doch nicht ständig Spinnen und andere Insekten töten, nur weil du dich davor ekelst.« Entschlossen marschierte ich aus der Tür und suchte in einer Ecke ein kleines Plätzchen, wo die Spinne leben durfte. Als ich mich wieder umdrehte, um zurückzugehen, prallte ich gegen den Dänen, der auf einmal hinter mir stand.

»Gab es ein Problem?«

»Na ja, wie man's nimmt«, antwortete ich. »In Lias Augen gab es ein Problem. Meiner Meinung nach war überhaupt kein Problem da. Eine Spinne hatte sich bei uns immer Zimmer eingenistet.«

Er grinste breit. »Hast du sie plattgemacht?«, fragte er.

»Natürlich nicht. Müssen wir immer die kleinen Tiere töten?«, erwiderte ich. »Spinnen und Insekten sind nützlich für die Umwelt.«

Er nickte, immer noch grinsend. »Ja, du hast recht.«

Ich fand auch, dass ich recht hatte. Allerdings können wir nicht viel anrichten, wenn jemand Angst vor etwas hat. Die Angst ist einfach da, auch wenn sie unbegründet ist. Oder war das mehr der Ekel, weil Spinnen und andere Insekten so klein sind und theoretisch in unsere Körperöffnungen reinkrabbeln können? Mir war mal so etwas Ähnliches auf Kreta passiert, als ich dort zwei Monate in einem kleinen Kretahäuschen gewohnt hatte. Ich saß abends am Tisch vor der Tür und arbeitete, weil ich damals noch für diverse Zeitungen freiberuflich tätig war. Na ja, auf jeden Fall tippte ich konzentriert etwas in meinen Laptop, als ich wie aus heiterem Himmel ein Zischen wahrnahm, es aber erst ignorierte. Außerdem war ich so fokussiert auf meine Arbeit, dass ich es einfach ausblendete, bis ich aus dem Augenwinkel etwas Langes in der Luft Stehendes wahrnahm. Als mich dann endlich zur Seite drehte, stand eine angriffsbereite Schlange vor mir. O mein Gott! Kaum war ich mir darüber bewusst, was sich da vor mir aufgerichtet hatte, griff ich nach meinem Laptop, sprang vom Stuhl und rannte ein paar Meter weg. Ich hatte mich so vor der Schlange erschrocken, dass mein ganzer Körper auf einmal fror, trotz der 30 Grad, die wir an diesem Abend hatten. Meine französischen Musikernachbarn waren ebenfalls hochgeschreckt und zu mir gelaufen. »Was ist los? Wieso sind wir abgehauen?«, rief der Mann panisch. Ich zeigte auf die dünne, aber lange Schlange, die sich ihren Weg in den Holzhaufen neben den drei Häuschen freigeschlängelt hatte und verschwand. »*Merde!*« »Sind die giftig?«, fragte ich hysterisch. Die junge Französin hatte vor Schreck die Augen aufgerissen. »Wurdest du gebissen?« »Nein, wurde ich nicht, aber das Vieh lebt in diesem Holzhaufen direkt neben uns.« Na ja, als wir auch das geklärt hatten, lag ich einige Nächte wach im Bett, weil ich mir die ganze Zeit vorstellte, dass durch das Dach, das nur aus Bambuszweigen bestand, Schlangen fielen und direkt auf mir landeten. Außerdem war da nur eine Holztür mit einer Besucherritze von einigen Zentimetern. Meine Sorge – nein, nein, es war berechtigte Angst –, von einer Schlange gebissen zu werden, nahm einige Tage mein Leben auf Kreta ein. Vielleicht war sie auch noch giftig gewesen. Lias Angst war nachvollziehbar, gestand ich mir ein.

»Hättest du ... ehm ... jemals gedacht ... ehm ...«, redete der hochgewachsene Blondschopf stockend. Ich hatte das Gefühl, er haderte mit seinen Worten, wenn er sich nicht sicher war, ob er diese oder jene Frage stellen durfte. »Für mehr als 24 Stunden in einem Zug zu sitzen ... ehm ... es fühlt sich an ... ehm ... als wären wir seit Urzeiten Nachbarn«, schaffte er es endlich, den Satz zu Ende zu sprechen.

Tatsächlich hatte ich darüber noch nicht sehr viel nachgedacht. Ich war mehr damit beschäftigt gewesen, wie es Lia gefällt, ob wir überhaupt Spaß haben und dass wir nicht in Langeweile verfallen. Meine Arbeitskollegen und viele andere Menschen, denen ich von der Reise erzählt hatte, hatten den Gedanken geäußert, dass eine mehrtägige Zugfahrt noch langweiliger werden könnte als eine vierstündige Zugfahrt von Wuppertal nach Berlin. Aber ich hatte mir diese mehrere

Tausend Kilometer Zugfahrt mit der sechsjährigen Lia zuge-traut, weil wir auf den Zugfahrten zwischen Berlin und Wup-pertal bislang immer was zu tun hatten und nie Langweile aufgekommen war. Ganz im Gegenteil, es war meistens so gewesen, dass meine Nichte noch weitere zehn Stunden an-hängen wollte.

»Nein«, antwortete ich. »Ich hätte das nie gedacht, und ich habe auch nicht gedacht, dass wir so viel erleben und so viele Eindrücke sammeln würden«, fasste ich die Zugreise mit der kleinen Lia in Worten zusammen. »Ich bin ehrlich, ich war schon skeptisch, ob ich meine Nichte allein durch den Zug laufen lassen kann. Am Anfang der Reise wollte ich nicht, dass Lia die ganzen Leute anspricht und ihnen die Geschichte er-zählt, wohin wir reisen, und dann noch ihre Lebensgeschich-te.« Ich pausierte kurz. »Ich hatte immer das Gefühl, Lia wür-de die anderen Reisenden belästigen. Irgendwann kam der Punkt, wo ich dann dachte, komm schon – wenn das Gelaber den Menschen nervt, dann werden sie das Lia schon sagen oder zumindest ihr das Gefühl geben, dass sie jetzt nervt.«

Stille. Die Türen des Zuges schlossen sich. Wir fuhren langsam aus Kiruna heraus.

»Und jetzt läuft deine Nichte ganz selbstverständlich durch den Zug.«

Ich nickte zufrieden und musste auf einmal lächeln. »Ja.« Ich nickte energischer. »Ja. Sie hat auch vorhin auf den Spiel-platz ganz locker mit den anderen gespielt, ohne ängstlich zu wirken, wie es noch in Stockholm in der Mall war.« Ich er-zählte ihm die Geschichte, wie eingeschüchtert Lia von den Kindern in Stockholm war, während sie mich, ohne mit der Wimper zu zucken, bei der Zollbehörde und der Polizei ver-pfiffen und die anderen Zugreisenden nicht auf den Lokus gelassen hatte. Dann geriet ich wieder ins Schwärmen über

Askil, den zehnjährigen Jungen, der auf sie zugekommen war und sie zum Spielen eingeladen hatte. Seine gesunde offene Art hatte mich total begeistert. Wahrscheinlich musste das irgendwie unbewusst auf Lia abgefärbt haben.

Ich meine, Lia musste die Kinder noch nicht einmal ansprechen. Da war sie verlegen und schämte sich. Aber fremde Männer ließ sie nicht auf die Toilette, weil sie ihnen ihre Lebensgeschichte erzählen wollte: Das muss man einfach mal verstehen. Ich hatte ja schon versucht mich in ihre Lage zu versetzen. Und plötzlich hatte sie den Mut oder es war ihr auf einmal selbstverständlich, auf die Kinder zuzugehen.

»Kinder lernen voneinander. Was sie jetzt doof finden, finden sie in der nächsten Stunde doch nicht mehr doof, weil sie sich bei den anderen Kindern anstecken«, sagte der Däne.

Ich musste mich wieder um Lia kümmern, sie fürs Bett fertig machen und mit ihr noch Abendbrot essen. Während ich die Spinne versetzt und mit dem Dänen geplauscht hatte, hatte sie sich den Pyjama und ihr dickes Sweatshirt angezogen. Die dicken Wollsocken musste wieder ich ihr anziehen, weil sie die Socken nicht tragen wollte.

»Wo hast du die Spinne hingesetzt?« Lia versperrte mir mit den Händen in den Hüften und ernstem Gesicht den Weg ins Abteil. »Ich werde nie wieder da langgehen, wo die Spinne jetzt ist.«

Ich grinste. »Oh, das tut mir leid. Ich habe sie im Gang des Bordbistros ausgesetzt, weil es da schön warm ist«, flunkerte ich. *Ein bisschen Spaß muss sein ...* Doch ehe Lia wieder mit ihren Schimpftiraden loslegte, kam ich ihr schnell zuvor und klärte sie über meine witzige Lüge auf.

»Das sieht voll doof aus, wenn meine Hose in den Socken ist«, meuterte Lia und sah auf ihre Schlappen, aus denen die Socken herausquollen.

War bestimmt etwas eng. Tatsächlich hatten mir schon Freunde und meine Familie gesagt, dass man es direkt erkennen konnte, wenn ich ein Kind oder ein Baby angezogen habe. Egal wie warm oder kalt es ist, die Socken sind immer über der Hose. Das mache ich nicht grundlos. Die Hose kann hochrutschen, und dann sind Knöchel und Unterschenkel wieder frei. Wenn die Socken über der Hose sind, ist die Gefahr von frierenden Füßen und Beinen geringer als umgekehrt. Außerdem müssen coole Socken über der Hose sein.

Im Restaurant bestellte Lia sich wieder diese Chemienudeln in der Dose. Dieses Mal bestellte ich ihr noch einen Salat dazu, auf den sie überhaupt keine Lust hatte. Aber das war mir egal. So langsam beschlich mich das schlechte Gewissen, sie ständig diese vergifteten Nudeln essen zu lassen, ohne ihr noch zusätzlich Vitamine und Mineralien in Form von Salat oder Ähnlichem zu geben.

An diesem Abend war Lia gar nicht gesprächig. Ich sah ihr an, dass sie müde war. Vermutlich lag das an der Kälte und dem Spielen im Schnee. Sie plauderte ein bisschen, schaute aus dem Fenster des fahrenden Zuges. Sie bemerkte, dass keine Sterne am Himmel waren, weil der Himmel bewölkt war.

Wie am Abend zuvor machte ich ihr das Bett zurecht und kümmerte mich um die Heizung. Es war mir wichtig, dass ich sie an diesem Abend früh ins Bett brachte, weil wir nachts gegen drei Uhr in Narvik ankommen würden. Dachte ich.

Tja, aber da hatte ich falsch gedacht. Der Zug fuhr zwar, aber er bewegte sich wesentlich langsamer als gestern. Ich ging den Gang auf und ab, schaute aus den zugefrorenen Fenstern auf Schneeberge und Bäume, die aussahen, als bestünden sie auch zur Hälfte aus Schnee. Ich malte mir die Rentiere aus, die sich schwer durch den Schnee kämpften.

Der Däne gesellte sich zu mir. Es fühlte sich gut an, nicht allein zu sein. Wir teilten diese Augenblicke. Ich will damit sagen, dass ich froh war, reden zu können. Mich beschäftigte dieser Unfall auf den Schienen. Ich denke, dass ich da nicht die Einzige war.

»Wir werden erst morgen früh ankommen«, sagte er und richtete seinen Blick auf die Dunkelheit und den leuchtenden Schnee.

Er sollte recht behalten. Kurz vor Mitternacht hielten wir erneut an und blieben für weitere Stunden stehen. Und an zwei regulären Haltestellen hatten wir längere Zwischenstopps gehabt, weil ständig irgendetwas nicht funktionierte. Und dabei dauert es regulär nur knapp vier Stunden von Kiruna bis Narvik! Das Team im Zug tat mir auch leid, weil sie von gefühlt jedem Passagier angesprochen wurden und immer wieder erklären mussten, was los war und so weiter und so fort. Die Schaffner sahen fertig aus. Tiefe dunkle Augenringe zeichneten Müdigkeit und die Erschöpfung auf ihre Gesichter.

In Abisko stiegen einige Mitreisende aus, der Däne und ich ebenfalls, um uns die Beine am Bahnhof zu vertreten. Lia lag in ihrem Bett und schlief.

»Hast du schon mal was total Lustiges auf deinen Reisen erlebt?«, fragte er und grinste wie ein Honigkuchenpferd, als wüsste er, dass mir schon einige lustige oder auch peinliche Sachen passiert waren.

Natürlich fiel mir direkt ein ziemlich skurriles Erlebnis ein. In Frankreich war ich einmal einer kleinen Gruppe von Zisterziensernonnen begegnet, als ich heulend unter einem Baum saß, weil ich einfach keine Kraft mehr hatte, die Etappe zu Ende zu laufen. Ich hatte mich übernommen. Anstatt meine Kraft zu schonen, war ich der Meinung gewesen, ich könnte zwei Etappen an einem Tag schaffen. In der Mitte der

Etappe war mir aber die Power und Energie ausgegangen, und meine Füße taten mir weh. Eine der Nonnen – eine Novizin – gesellte sich zu mir, während die anderen weitergingen. Sie begrüßte mich, und es dauerte nicht lange, bis wir tief ein Gespräch verwickelt waren. Als ich mich aufraffen wollte, um weiterzugehen, nahm die Novizin meine Hand und gab mir einen Kuss auf den Mund. Ich wich zurück und sah sie nur fragend und verwirrt an. »Ich bin bald eine Braut Christi«, sagte sie. Ich schwieg. »Ich habe dir Kraft gegeben«, redete die Novizin weiter. *Alles klar,* dachte ich nur und erwiderte verdattert: »Gott sei mit dir!«, bevor ich mir meinen grünen Rucksack aufsetzte. Ich sag's euch, Freunde: Tatsächlich konnte ich viel schneller gehen, und ich kann euch versichern, dass es am Kuss der Nonne lag.

»WAAAS???«, rief der Däne und prustete los.

Ich spürte, wie mein Gesicht rot anlief. Ich sag mal, ich hatte keine Ahnung, ob es an der eisigen Nachtluft am Bahnhof lag oder weil mir bis heute diese Begegnung so extrem unangenehm war.

»*NEJ!* WOW!« Er hielt sich den Bauch vor Lachen.

Die Leute schauten schon zu uns rüber. Aber den Dänen interessierte das überhaupt nicht. Er lachte und lachte. Und mir war das total peinlich. Heute noch fällt es mir schwer, darüber zu reden. Vor allem wusste ich nicht, wie ich hätte reagieren sollen. Als die Novizin mir erklärte, wieso sie mich geküsst hatte, wusste ich überhaupt nicht, ob ich mich dafür bedanken musste oder nicht. Aber gut. Es ist gewesen. Unerwartete Momente gehörten zum Leben dazu.

»Ich kann dir nicht versprechen ... *nej* ... ich werde dir nicht versprechen, das für mich zu behalten. So etwas habe ich noch nie gehört! Ich muss das anderen erzählen.« Er klopfte mir auf den Rücken. Etwas zu doll, weil ich das Gleichgewicht verlor und nach vorne flog. Meine Beine reagierten nicht mehr auf mich, weshalb ich mir beinahe die Rübe anstieß. »Oh! Tut mir leid. Männliche Angewohnheit«, entschuldigte er sich, immer noch am Lachen.

Im Nachhinein war es schön, ihn so frei lachen zu sehen. In meinem Tagebuch habe ich ihn als eine verletzte Kinderseele auf der Suche nach der Erfüllung seiner Träume beschrieben. Im Endeffekt wusste ich nicht, wie seine Kindheit war. Aber sein Gebaren war nachdenklich, und in manchen Situationen fehlten ihm die Worte, und dann dauerte es, bis er seinen ersten Satz aussprechen konnte. Wenn der Däne merkte, dass man Interesse zeigte für das, was er sagte, taute er auch schnell auf.

Mit meiner Novizinnengeschichte war der dänische Schönling in seinen Adiletten und den zehn Pullis während der letzten Stunden unserer Begegnung, die sich so anfühlte, als wären wir seit 100 Jahren Nachbarn, vollständig aufgetaut. Ich glaube, jetzt hätten wir noch Ewigkeiten tiefgründige Gespräche führen können, so leicht kamen die Worte auf einmal aus ihm raus. Und soll ich euch mal was erzählen, Freunde? Von jeder flüchtigen Bekanntschaft, die ich auf dieser Reise gemacht hatte, wusste ich den Namen, weil sie sich alle direkt mit Namen vorgestellt hatten. Das machen auch die Schotten so: Sobald ich in einem kleinen Plausch mit ihnen gerate, zeigen sie sofort, wie angestoßen wird, und verraten ihren Namen. Nur mit diesem treuen Reisegefährten hatte ich nie die Namen ausgetauscht. Irgendwie war es einfach nicht dazu gekommen. Ich kann euch nicht sagen, wieso das so war. Ob es schade war, seinen Namen nicht zu wissen, kann ich euch auch nicht sagen. In meinen Notizen ist er einfach der Däne.

Narvik

Vom nördlichen Breitengrad 68° 26' und diesem Ding mit dem Höhepunkt der Reise

Am frühen Morgen fuhr die Eisenbahn in den nördlichsten Passagierbahnhof Europas ein. Oder soll ich lieber sagen, den zweitnördlichsten Bahnhof der Welt? Nur der Bahnhof in Karskaya ist – wahrscheinlich auch nur ein paar Kilometer – weiter im Norden gelegen als der in Narvik.

Ich weiß ja nicht, was ihr euch unter einem Bahnhof am nördlichen Breitengrad 68° 26′ vorstellt. Ist er riesig? Nein. Ist er spektakulär? Überhaupt nicht. Könnte man meinen, er sehe einer Weihnachtsfabrik mit einer Start- und Landebahn für den Schlitten des Weihnachtsmannes ähnlich? Ich denke nicht, weil ich mir den Arbeitsplatz des Weihnachtsmannes ganz anders vorstelle. Zuckerstangen, heiße Schokolade mit Marshmallows – eventuell Bamsemums –, einen überdimensionalen

187

Schuppen mit Milliarden an Geschenken und Tausenden von Rentieren, die an einem Schlitten geschnallt sind, so groß, dass er die Stadt Narvik übertrumpft, während die Weihnachtselfen fleißig den Transporter des bärtigen Mannes in roter Kluft beladen.

Nein, so oder so ähnlich könnt ihr euch den Bahnhof hier nicht vorstellen. Das steinerne Empfangshaus des Bahnhofs ist in einem sanften Gelb gestrichen. Das einzig Besondere ist vermutlich seine Lage; das Wissen, dass er in der Arktis liegt und von diesem Bahnhof aus kein Zug weiter in den Norden fährt. Er sieht aus wie jeder kleine Minibahnhof in Deutschland.

Wären Lia und ich Anfang des 20. Jahrhunderts angereist, hätten wir vielleicht noch meinen können, dass der Weihnachtsmann seine Finger hier im Spiel hatte, denn damals sah das Bahnhofsgebäude noch wie eine kleine Werkstatt des Weihnachtsmannes aus mit behauenen Granitsteinen und stilsicheren Rundbogenfenstern im Erdgeschoss und Holzbalken und -rahmen im ersten Obergeschoss. Unmittelbar neben dem Haus befand sich ein kleineres Häuschen mit den Toiletten. Ob es damals schon getrennte Klos gab? Keine Ahnung. Aber tatsächlich bin ich schon häufiger Menschen begegnet, die geschlechtergetrennte Toiletten in der Öffentlichkeit nicht als Gleichberechtigung betrachten, sondern als Diskriminierung uns Frauen gegenüber. Wie seht ihr das, Freunde? Ehrlich gesagt: Ich bin sooo happy, dass ich mir ein öffentliches Klo nicht mit fremden Männern teilen muss. Vielleicht bin ich ja die Einzige, die so denkt. Aber ich kann mir sehr gut vorstellen, dass auch einige Männer froh sind, nicht stundenlang warten zu müssen, bis ein Spiegel oder Waschbecken frei wird. Ja, ich muss gestehen, dass ich manchmal etwas Zeit brauche. Solche Energien, sich für öffentliche Unisex-Toiletten einzusetzen, können doch auch in wichtigere Dinge wie Bildung, medizinische Forschung, sinnvollen Umweltschutz und ein besseres soziales Klima in der Bevölkerung investiert werden. Aber na ja, kommen wir zur eigentlichen Sache – dem Weihnachtsmann und dem Bahnhof am nördlichen Breitengrad 68° 26′ … Interessanterweise stand früher neben dem Empfangshaus auch ein Lagerschuppen. Direkt hinter dem Bahnhof hatte man auch ein Park angebaut. Aber das alles war während der deutschen Besatzung in den 1940er Jahren zerstört worden, und ein neues und größeres Bahnhofsgebäude musste her, sehr zum Leidwesen des kleinen schöner Weihnachtsmannbahnhofs.

Aus dem Zug gestiegen, konnten wir vom Gleis aus auf verschneite Wälder und Berge am bewölkten Horizont sehen. Wie eine malerische Landschaft, die Caspar David Friedrich mit seinem Pinsel gezaubert hatte. Mich erinnerte dieses reale Panorama an meine Schulzeit und wie wir wochenlang das Zauberwerk *Der Wanderer über dem Nebelmeer* analysieren mussten. Ich kann nicht malen und werde es auch nie können, weil mir das Interesse fehlt. Der einzige Künstler und Wissenschaftler, der mich je interessiert hat und mich bis heute in den Bann zieht, ist Leonardo da Vinci. In den Anfängen meiner Zwanziger hatte ich so viele Bücher über ihn und seine Zeichnungen und Skizzen des menschlichen Körpers gekauft und studiert. Seine Ansichten zum Leben und zur Wissenschaft waren seiner Zeit weit voraus gewesen. Wäre die Gesellschaft auf sein Denken eingegangen, hätten wahrscheinlich viele Leben, hinsichtlich der Gesundheit, gerettet werden können. Mich hat immer fasziniert, was er alles geschafft und woher er die Zeit dafür genommen hatte. Interessanterweise hatte mir ein Kunsthistoriker in Florenz mal erzählt, dass da Vinci alle vier Stunden nur 20 Minuten schlief. Sechs Schlafphasen in 24 Stunden. Das heißt, der Typ hat nur zwei Stunden am Tag geschlafen. Könnt ihr euch das vorstellen, Freunde?! Das nenne ich Disziplin.

Von Italien zurück in die Arktis. Mit uns waren nicht sonderlich viele andere Reisende ausgestiegen. Im Gegensatz zu Kiruna war in der Stadt direkt am Polarkreis nichts von der Eiszeit zu spüren, durch die wir über 1.400 Kilometer mit dem Zug gefahren waren. Es waren gerade einmal minus acht Grad. Die paar Menschen hier waren mit normalen Winterjacken und den gängigen Mützen bekleidet, während Lia und ich in Skiklamotten und superdicken Boots das Gleis unsicher machten.

Lia stand direkt neben mir an meiner Hand. »Das andere Schweden fand ich besser«, grummelte sie hinter ihrem Wollschal. Skeptisch sah sie sich um.

»Das ist Norwegen. Wir sind in der Stadt Narvik. Die ist nicht weit von der schwedischen Grenze entfernt«, antwortete ich genauso begeistert wie meine Nichte.

»Ich mag Schweden.«

Wir beide sahen uns um.

»Leben hier auch Kinder?«, hakte Lia nach und verzog das Gesicht. Der Bahnhof leerte sich.

»Irgendwo bestimmt.«

»Wann kommt der nächste Schlafzug?«

Ich blickte zu ihr runter. »Bitte?«

»Weil ich den Schlafzug mag.«

Ein paar Minuten später standen nur noch wir beide da. So langsam machten wir uns dann doch auf den Weg zum Hotel. Die sonst so redselige Lia schwieg. Ich hatte das Gefühl, als wäre die Reise genau hier zu Ende. Oder eher, als hätten wir den Höhepunkt der Reise schon erreicht. Na ja, im Grunde genommen hatten wir das ja auch. Jetzt auf einmal stagnierte die Spannung und fiel von uns ab. Tatsächlich hatten wir es geschafft, am nördlichsten Passagierbahnhof Europas anzukommen. Jetzt standen wir da, und ich spürte, wie die Leere uns durchbohrte. Aufgrund von Lias versteinertem Gesicht und ihrem Schweigen war ich davon ausgegangen, dass sie vermutlich dasselbe fühlte wie ich, sie aber mit diesem Gefühl noch nichts anfangen konnte. Möglicherweise war sie mit ihren sechs Jahren noch zu jung, um das begreifen zu können.

Wir liefen irgendwo im Nirgendwo herum und fühlten uns verloren. Ich habe eine bipolare Störung. Für alle, die dieses Gefühl vom Übergang einer Manie in tiefe Depression nicht kennen – genau wie die Atmosphäre in Narvik und dieses Gefühl von Leere und Verwirrung könnte man sich das bildlich vorstellen. Die Phase von Stockholm nach Narvik mit dem Zug war herrlich, interessant und mit viel Freude gesegnet gewesen. Meine Gedanken ließen mich kreativ werden, und das äußerte sich in meinen Worten im Tagebuch. Irgendwann kommt der Höhepunkt und schließlich die Phase, in der man merkt, es ist soweit, und langsam durchzieht das Bild eine kalte Leere. Schritt für Schritt wird das Bild negativer, und man hat keine Freude an dem, was man dann sieht, und so geht es dann weiter. Man fängt an, das zu reflektieren, was man zuvor erlebt hat, und dann fängt der Kopf an, in jedem Ding das Düstere zu sehen. Auf diese Phase möchte ich nicht weiter eingehen, weil sie für viele unverständlich erscheint. Sie ist es zum Teil auch. Auch wenn man medikamentös eingestellt ist, gibt es diese Phasen der Stimmungsschwankungen, die grundlos kommen, aber immer noch in einer abgeschwächten Form da sind. Daher ist es keine Seltenheit, dass ich auch auf Reisen drei oder vier Tage im Bett liege und mich einfach nicht aufraffen kann. Dann wiederum gibt es Tage, in denen ich kaum schlafe und sehr gereizt bin und tatsächlich auch Streit suche. Vor allem dann, wenn meine Anreise nicht so abläuft, wie eigentlich geplant. Okay, das ist kein Vergleich mit den extremen Phasen ohne die Medikamente und ohne einen strukturierten Tag, die es früher gab. Doch seit geraumer Zeit muss ich meine Reisen, insbesondere die Anfahrten, sehr gut planen, um sie langsam in meine Tagesstruktur zu integrieren, indem ich mir zum Beispiel zwei oder drei Wochen im Voraus jeden Tag mein Flugticket oder andere Sachen, die zu meiner Reise gehören, anschaue und eine Liste mache, was ich alles brauche. Tatsächlich kommt es auch vor, dass ich Hals über Kopf woanders hinreise, obwohl ich meinen Trip noch nicht abgeschlossen habe in jenem Land.

Was ich euch damit sagen möchte – es ist nicht immer einfach, mit chronischen Erkrankungen, die insbesondere auf die Psyche gehen, unterwegs zu sein. Morbus Basedow und die bipolare Störung können schon ein Crash für den Kopf sein. Vor allem dann, wenn viele Eindrücke auf einen einwirken. Aber zum Glück haben wir heutzutage eine medizinische Forschung, die immer weiter voranschreitet. Und das ist auch gut so.

Wir stiefelten vollbepackt an einem Busbahnhof vorbei, den, wie ich später im Hotel erfahren sollte, nicht nur Nahverkehrsbusse anfuhren, sondern auch Fernbuslinien, die noch weiter in den Norden fuhren, etwa nach Alta, Nordkjosbotn, zu den Lofoten, aber natürlich auch in den Süden Norwegens. Eines ist klar: Jede Jahreszeit in Norwegen hat ihren eigenen Charme. Im Winter kann man genau so viel machen wie im Sommer. Es kommt immer drauf an, an welchem Ort man sich befindet. In Oslo lassen sich viele kleine Cafés finden, in denen man sich leckeren Kaffee, Schokocroissants und Kanelknuter kaufen kann. Auf dem Weg ins Zentrum gibt es eine Menge Skulpturen. Es muss euch nicht wundern, Freunde, wenn ihr hin und wieder Männern begegnet, die an der Brustwarze einer Bronzestatue herumfummeln. Wer schon in München war, ist mit Sicherheit an der bezaubernden Julia am Marienplatz vorbeigelaufen, deren eine Brust auch schon ziemlich begrapscht aussieht.

Ich war schon ein paarmal in Norwegen gewesen und fand das Land spektakulär. In den Tagen in Norwegens Hauptstadt Oslo hatte ich aufgrund einer Recherchearbeit mit vielen Norwegern geredet. Mir hatte sich schnell der Eindruck aufgedrängt, dass bei ihnen tatsächlich die Ruhe im Glück liegt. Die Nachfahren der Wikinger besinnen sich auf das Hier und Jetzt, dachte ich. Sie sind dankbar für das, was gut läuft, und lassen die schlechten Dinge außen vor. Ich wurde nicht angeschnauzt, weil ich mal schnell über eine rote Ampel lief. Ganz im Gegenteil – jeder machte es dort. Die Norweger sind so unkompliziert: Was gestern war, ist heute vergessen, und über das, was morgen kommt, wird noch nicht nachgedacht.

Dieses Mal wurden meine Gedanken in eine andere Richtung gelenkt. Natürlich aufgrund der Gespräche, die ich führen durfte, oder besser gesagt, der Gespräche, die mit mir geführt worden waren. Sie waren dem Zufall überlassen, und die Menschen waren auf dieser Expedition eher auf mich zugekommen als umgekehrt. Mir war es wichtig, mich auf Lia zu konzentrieren und nicht auf andere. Damals in Oslo hatte ich mir ganz bestimmte Menschen, die fröhlich und zufrieden aussahen, aus der Menschenmenge gepickt, um meiner These, dass Norwegen die glücklichste Bevölkerung weltweit sei, bestätigt zu bekommen. Mit diesem Selection Bias hatte ich nur das Positive nicht nur in Norwegen, sondern in ganz Skandinavien gesehen. Das Einzige, was ich zu bemängeln hatte, waren die für eine Potsdamer Studentin außerirdisch hohen Preise. Eine Flasche Wasser kostete drei Euro im Discounter. Aber Norwegen ist auch studentenfreundlich, sagte ich mir und schob diesen Kritikpunkt direkt beiseite, denn in fast jedem Laden gab es Studentenrabatt. Das Land versucht Studenten wirtschaftlich entgegenzukommen, und alle Museen sind in Norwegen kostenlos für Studenten und Schüler. McDonald's ist relativ günstig, wenn man bedenkt, dass man sich so viel Ketchup kostenlos nehmen darf, wie man möchte.

Doch mein Blick war dieses Mal nicht auf Oslo gerichtet. Mich interessierte mehr, wie ich auf die Bäreninsel kommen konnte, eine kleine Insel im Norden des Landes, die quasi auf dem halben Weg zwischen dem nördlichsten Punkt der Erde und Norwegen liegt. Ich machte mich schlau, weil ich gerne mit Lia auf die Bäreninsel weitergereist wäre. Aber leider war das nicht möglich, da erstens Lia zu klein dafür war und zweitens solche Fahrten nicht täglich angeboten wurden. Alternativ hätte ich mit Lia gerne eine Walbesichtigung gemacht, um wenigstens auf diese Weise dem Nordpol näherzukommen. Doch leider wurde um diese Jahreszeit keine Walbesichtigung angeboten. Und vermutlich würde das sowieso mehr Sinn machen, wenn Lia etwas älter ist.

Zudem war ihr persönliches Highlight der Schnee-Express durch ganz Schweden gewesen. Vom Süden in den Norden des Königreiches mit unvergesslichen Begegnungen und einer phänomenalen Aussicht. Ich merkte schon, dass sie die lange Bahnfahrt erst einmal verarbeiten musste. Außerdem hatte ich Sorge, dass sie bei noch mehr Stress und Eindrücken eventuell den Fokus auf das Abenteuer verlieren würde, denn die Erlebnisse waren so lebendig und bemerkenswert, dass sie das Gedächtnis und das Leben der Betroffenen prägten. Im Endeffekt sind wir doch alle eine Sammlung unser Erinnerungen, die uns in bestimmter Weise prägen. Abenteuern nachzugehen bedeutet, menschlich zu sein. Abenteuerliche Ereignisse versetzen unseren Zustand in einen entspannten Fluss, der uns das Lernen erleichtert, weil der Spaßfaktor dabei aufgrund des Abenteuers zunimmt.

Deshalb sollte die abenteuerliche Herausforderung immer schrittweise angegangen werden, um mehr Klarheit über die Lerninhalte zu bekommen.

Wie in Kiruna stapften wir auch hier in Narvik durch meterhohen Schnee. Mit unserem Gepäck war es gar nicht so leicht, zum knapp zwei Kilometer entferntem Hotel zu laufen. Ich hatte gefühlt 20 Kilo auf dem Rücken und dann noch vorne den Rucksack, der um die zehn Kilogramm wog. An diesem Tag taten mir meine Schultern weh. Vermutlich ein weiteres Zeichen, dass der Höhepunkt der Reise erreicht war. Die Tage zuvor war das Gewicht auf meinen Schultern und meiner Hüfte kein Problem gewesen.

Den Blick auf den Horizont gerichtet, lief Lia schweigend neben mir her. Sie beschwerte sich noch nicht einmal über die pinkfarbene Schlupfmütze ihrer kleinen Schwester. Zu gern hätte ich in diesem Moment in Lias Kopf reingeschaut, um zu verstehen, was sie gerade dachte oder wie die neuen Eindrücken in ihrem Kopf aufgenommen und verarbeitet wurden. Ich kann mich nicht an jedes Ereignis in meiner Kindheit erinnern, oder besser gesagt: Ich weiß nicht mehr, was ich über dieses oder jenes gedacht habe. An sehr prägende Momente kann ich mich gut erinnern und auch daran, was ich gefühlt habe, als ich mein allererstes Buch mit ganzen Textseiten zu Ende gelesen hatte. Ich war in einem Bummelzug durchs Rheintal gesessen auf dem Weg zu meiner Oma in Bayern. Ich hatte das Buch zugeklappt und auf ein kleines Schloss direkt auf dem Rhein geschaut. Ich war da sieben Jahre alt gewesen, und der Moment hatte sich gut und vollständig angefühlt. Ich schaute wieder auf Lia herab. Zu meinem Erstaunen sprang sie nicht in den Schnee abseits vom Weg, sondern blieb bei mir. Vielleicht war es auch nur der Morgen, der sie schlapp machte, weil es so früh war. Ich fühlte mich wie das Wetter in Narvik. Die kleine Stadt war zu diesem Zeitpunkt wirklich nichts Besonderes. Vielleicht würde sich das noch ändern.

Im Hotel angekommen, durften wir noch nicht auf unser Zimmer, da dies noch bezugsfertig gemacht werden musste. Deshalb machten Lia und ich uns einen coolen Vormittag in der kunterbunten Lobby. Wir waren die Einzigen in der Lobby und entdeckten ein großes Mensch-ärgere-dich-nicht-Spiel. Lia fand es genial. Ich gehöre eher zu der Mehrheit, die dieses Spiel furchtbar findet. Wie oft ich schon verloren und mich geärgert hatte. Ihr wisst ja, wie frustrierend es sein kann.

Zwischendurch aßen wir die Zimtschnecken vom Vortag. Ich hatte uns im Bordbistro mit dem Gebäck eingedeckt. Man weiß ja nie, was noch passieren kann. Außerdem lagerten noch die elbenbrotähnlichen Sandwiche meiner Mutter im Rucksack. Ich sag's euch, Freunde: Trotz der Salami, der Butter und des Käses war es immer noch gut und auch genießbar. Der Däne hatte mir noch Bamsemums in die Hand gedrückt, kurz bevor wir aus dem Zug gestiegen waren. An ihn werde ich definitiv gerne zurückdenken. Ich fragte mich, ob ich ihn überhaupt kennengelernt hätte, wenn mein Laptop funktioniert und er mir nicht den heißen Kakao angeboten hätte. Und wieder kann ich nur sagen: *Tusind tak,* du dänischer Kinderträumer und Seelenverwandter. Allmählich schob sich die Sonne durch die Wolkenschichten. Der Tag lächelte doch noch.

»Können wir jetzt rausgehen?«, fragte Lia mich um kurz vor elf. Die Sonne hatte wohl ihren Gemütszustand aufgetaut.

Wie Lia fast vom Schnee gefressen wurde und wir in einem Zauber-café Unterschlupf fanden

Wir schlenderten einige Stunden draußen in Narvik umher. Auf Kinder stießen wir nicht. Dabei hielt Lia die ganze Zeit Ausschau nach potenziellen Spielkameraden. Aber vermutlich wussten die Einheimischen, dass ein Unwetter im Anmarsch war. Denn so schön das Wetter sich im Laufe des Vormittags gestaltet hatte, so schnell änderte es seine Meinung. Wie eine launische Diva. Der Tag wurde schon wieder dunkel. Noch dickere, fast schwarze Wolken legten sich über den Himmel. Feiner Schnee fiel auf uns herab. Mit jedem Schritt, den wir machten, wurde es windiger und die Schneeflocken fülliger. Der kalte Wind wurde nach nur fünf Minuten oder vielleicht auch weniger so kräftig, dass der frostige Wind in unsere Gesichter peitschte.

Sandstürme war ich aus Algerien gewöhnt. Ich hatte knapp anderthalb Jahre dort gelebt. In den Frühjahrsmonaten hatten wir immer mit Stürmen zu kämpfen gehabt. Vor allem dann, wenn man im südlichen Teil des nordafrikanischen Landes wohnt. Die feinen Sandkörner hatten auf der Haut genauso wehgetan wie der eisige Schnee und peitschende Wind hier in der Arktis. Das Ausmaß eines solchen Sturmes kann für Einheimische ein Genickbruch sein. Ich hatte auch gesehen, was ein Schneesturm mit den Häusern in Amerika oder auch hier im Norden Europas anstellen konnte. Aufgrund des Materials und seiner Struktur halten die nicht jeden Sturm aus. In Algerien war es so, dass der feine Sand überall durchkam. Selbst wenn wir nasse Handtücher und Lappen in sämtliche Ritzen des Hauses gestopft hatten, kam der Sand hindurch, und die Elektronik litt stark darunter. Gegen Naturgewalten können wir nichts anrichten. Wenn der Wind etwas zerstören will, dann schafft er das im Nullkommanichts, egal wie sehr wir uns dagegen wappnen.

»Mein Gesicht tut weh«, jammerte meine Nichte. Ihre Stimme hörte sich so weit entfernt an. Oder bildete ich mir das nur ein?

Plötzlich spürte ich ihre Hand in meiner nicht mehr. Meine Hand war so festgefroren, dass ich sie kaum bewegen konnte. »Lia?« Ich drehte mich um, aber keiner war da. »Lia?«, rief ich jetzt lauter. »LIA?« *Wo war das Mädchen hin?* Ich drehte mich nach links. Alles weiß. Ich drehte mich nach rechts. Alles weiß. Ich konnte gerade mal knapp einen Meter vorausschauen.

»Ja?«, hörte ich sie rufen, sah sie aber immer noch nicht.

Jetzt hatte ich etwas Schiss, weil ich nicht wusste, wo sie war. Dieser Schneesturm war natürlich nicht mit einem Blizzard zu vergleichen, wie es ihn an der Nordostküste Amerikas gibt. Dort konnte es gut sein, dass der Schneesturm mit 60 km/h um eure Ohren fliegt, und das für mehrere Stunden am Stück. Vor ein paar Jahren hatte ein Blizzard in New York sämtliche Flugzeuge, Autos und Häuser unter seinen Schneemassen begraben. Okay, ich konnte Lia hören, aber ich sah sie nicht. Sämtliche Szenarien liefen mir durch den Kopf. Was war, wenn ich sie verloren hatte? Oder sie unter meterhohem Schnee begraben lag? O Gott! Darüber mochte ich gar nicht nachdenken. »Hallooo?«, rief ich.

»Was ist?«, fragte sie und stand plötzlich vor mir.

Mein Gott, hatte Lia mich erschreckt. Trotz der Leuchtfarben ihrer Klamotten war sie mir in dem Schneegestöber nicht aufgefallen.

»Ich habe dich nicht mehr gesehen, Emma.«

»Ja, ich dich auch nicht. Du kannst doch nicht einfach abhauen«, tadelte ich Lia und griff nach ihrer Hand. *Wieso habe ich diese Gürtelleine nicht mitgenommen?*, dachte ich verärgert und verfluchte gleichzeitig meine Schusseligkeit.

»Bin ich nicht«, verteidigte sie sich. »Ich habe dich nicht mehr gesehen. Du warst auf einmal weg im Schnee, und dann habe ich dich nicht mehr gesehen«, beschwerte sie sich und schnaufte kurz auf. »Mir ist kalt, und ich bin müde«, gestand sie, während um uns herum der Schnee tobte, tanzte und sich komplett ausließ.

Aber auch das gehört zum Abenteuer dazu. Egal ob wir eine Ruine in Weißenburg erkunden, die drei Schwestern in Liechtenstein erklimmen oder durch eine Schneekatastrophe marschieren, jedes noch so kleine Ding kann das überwältigende Gefühl auslösen, das eigene Leben selbst in die Hand genommen zu haben. Abenteuer erfordern Mut, Respekt und Angst. Wir brauchen Mut, um etwas Neues zu machen. Wir brauchen Respekt, um dem Neuen vorsichtig und rücksichtvoll entgegenzutreten. Wir brauchen Angst, um uns selbst nicht zu überschätzen. Mit der Angst kommt nämlich die Vorsicht und somit der Respekt. Mit dem Respekt wiederum hängt der Mut zusammen. Es ist ein Kreislauf.

Ich glaube, dass Kinder einem Abenteuer freier und ehrlicher entgegentreten können als wir Erwachsene, weil wir uns in der Regel über- oder auch unterschätzen. Abenteuer sind die Wurzeln der Wissenschaft, der Erziehung und des Fortschritts. Wie sonst hätten die Meister der Wissenschaft in den letzten Tausenden von Jahren Theorien aufstellen und Forschung betreiben können? Das Abenteuer, Dinge zu erkunden und zu erforschen, startet mit der Neugierde, mit den Fragen, die wir uns stellen – es können auch ganz simple und im ersten Augenblick komplett schwachsinnige Fragen sein. Wie bei

Lia, die sich die Frage gestellt hat, ob es einen Ort gibt, an dem so viel Schnee liegt, wie in ihrem Felix-Buch. Sie ist der Frage nachgegangen, weil es sie einfach interessierte und sie es unbedingt wissen wollte. Meine Frage hingegen war: Schaffe ich es, mit einem sechs Jahre alten Mädchen eine Zugreise bis zum nördlichsten Passagierbahnhof zu meistern? Und wie gehen Kinder mit Abenteuern um? Wir werden nach dem beurteilt, was wir machen, wie wir aussehen, welche Einstellung wir zum Leben haben und was wir später einmal hinterlassen werden. Wieso also sollten wir unserer Neugierde diesbezüglich nicht nachgehen und nach unserer Neugierde handeln?!

Blöderweise lag meine Elektronik in meinem Rucksack. Und der war zwar wasserfest, aber ich fürchtete, auf so einen Schneesturm war er nicht eingestellt. Ich fragte mich in dem Moment, wieso ich überhaupt den Rucksack mit meinen Kameras dabeihatte. Meine Drohne konnte ich nicht benutzen. Die Spiegelreflex mit dem Superobjektiv hatte ich auch nicht verwendet, sondern nur die normale für ein paar Aufnahmen von Lia, aber mehr auch nicht. Irgendwie kamen wir gar nicht dazu, weil ich nicht daran dachte und Lia genauso wenig.

Ich verhärtete meinen Griff um Lias Hand und machte mich gemeinsam mit ihr auf den Weg ... na ja, wohin gingen wir eigentlich? Wir liefen geradeaus. Ich wusste nicht, auf was wir zusteuerten. Sagen die meisten nicht: Der Weg ist das Ziel? Dann war er auch hier in Narvik unser Ziel.

Der Schneefall wurde weniger, die Schneeflocken immer kleiner. Langsam, langsam bekamen wir endlich wieder eine freie Sicht. Und siehe da, wir waren nicht mehr die Einzigen, die sich durch den Sturm kämpfen mussten.

Lia und ich entdeckten ein Café. Der Eingang lag voll mit Schnee. Ich schob mit meinen Füßen den Eingang frei, um die Tür aufzubekommen. Ich betete innerlich, dass das Café geöffnet war, denn meine Lust, noch einen Schritt in der Kälte und dem Sturm zu laufen, war begrenzt und Lias mit Sicherheit genauso. Doch siehe da, meine Gebete wurden erhört, und die Tür ließ sich mit einem Glöckchenläuten öffnen.

Ich malte mir aus, wie wir beide in voller Eiszeitmontur, mit von der Nase hängenden eingefrorenen Rotzzapfen, blauen Gesichtern, voller Schnee und mit dem Wind im Rücken durch die Tür traten in ein kleines gemütliches Café.

»Das ist ja wie in einem Zaubercafé!«, riss Lia mich aus der Szene in meinem Kopf. Sie sah sich begeistert um. »Die Tür war von draußen so klein. Ich wusste nicht, dass alles so groß sein wird hier. Das ist ein Zaubercafé! Ich kann es nicht glauben!«

»Okay, damit habe ich auch nicht gerechnet«, gestand ich. Das Café war in der Tat groß. Von außen hatte ich die Kaffeestube genau wie Lia für klein gehalten. Es war wie der magische Koffer von Newt Scamander aus den *Fantastischen Tierwesen*, der zauberhafte Schrank aus den *Narnia*-Büchern und natürlich das Schwarze Café in Berlin-Charlottenburg: Der Eingang war klein und unscheinbar, doch sobald ihr einen Schritt in das Innere wagt, werdet ihr Hunderte Menschen reden, lachen und speisen hören. Ein Teil der Möbel war im viktorianischen Stil, während die Plätze vor den Verkaufstresen gängige Holzstühle und -tische waren. *Respekt,* dachte ich und nickte zustimmend. *Respekt!*

»Das sieht so schön aus«, rief Lia begeistert, lief zu einem der Tische und legte ihre ganzen Sachen ab.

Ach ja ... Ich liebte diese kleinen geheimnisvollen und unauffälligen Dinge. Sie überraschen einen immer wieder. Genau wie Kinder. So klein und jung sie auch sein mögen – jeden Tag erfährt man eine neue Überraschung.

»*Morn!*«, begrüßte uns die Kellnerin auf Norwegisch.

»Moin!«, grüßte ich auf Norddeutsch zurück, weil es in diesem Augenblick einfach passend war. Sprachen, ihre Varietäten und Verwandtschaften sind einfach interessant. Die Geschichte der deutschen Sprache war eines der wenigen Module in meinem Germanistikstudium gewesen, das ich geliebt hatte. Die Einheit in der Vielfalt unserer Sprachfamilien zeigt, dass jeder Mensch dem anderen ähnelt und wir alle irgendwie voneinander abstammen.

Sie lächelte mich an. »Ist das auf Deutsch ein Hallo?«, fragte sie mich auf Englisch.

Ich nickte. »Im Norden sagen wir Moin zu Hallo.« Der norddeutsche Dialekt ist dem Skandinavischen noch ähnlicher als andere deutsche Dialekte, aufgrund des Ausbleibens der zweiten Lautverschiebung, die der germanische Sprachzweig zum Teil durchgemacht hatte. Ich grinste die junge Dame hinter dem Tresen an. Sie war korpulent, aber das stand ihr richtig gut.

Neben Kuchen und Getränken suchte ich mir belegte Brötchen, Salat und Früchte aus, um Lia zu zeigen, wie sie ihr Essen zu bestellen hatte. Wahrscheinlich musste ich ihr das gar nicht vormachen.

»Darf ich auch mehrere Sachen essen?«, fragte sie. Ihre Augen schwebten schon von einer Leckerei zur nächsten.

»Ja, klar!«

Und dann fing sie an zu bestellen: Brötchen, heiße Schokolade, Trinkpäckchen und Kuchen.

»Und noch einen Salat«, fügte ich zu ihrer Bestellung hinzu.

»Ich will aber keinen Salat«, meuterte Lia und verschränkte direkt die Arme ineinander. »Ich mag nicht immer Salat.«

Immer Salat? Sie tut ja so, als würde ich ihr nur ein paar Salatblätter zum Futtern geben. Immer Salat. Also wirklich.

»Etwas Gesundes am Tag musst du auch essen«, erwiderte ich

streng, wie eine Tante Emma aus den 1950er Jahren, die keine Widerworte duldete und hinter ihrer Brille einen Korb voll Socken stopfte.

»Oookeee!«, gab Lia nach. »Dann esse ich eben Salat!«

Mit unseren vollbepackten Tabletts liefen wir zu unseren Plätzen. Der Sturm hatte uns richtig ausgehungert. Lias Magen knurrte. Mein Magen knurrte. Das Essen schaute uns schon vielversprechend lecker an.

»Was soll ich zuerst essen?«, fragte meine Nichte und geierte auf das Essen. »Soll ich zuerst das Brötchen essen oder den Kuchen?«

»Wie wäre es mit Obst und Gemüse?«, fragte ich zurück.

»Das Salat werde ich in der Mitte essen. Ich habe so viel Hunger.«

»Den.«

»Was?«, fragte Lia mit gerunzelter Stirn.

»Es heißt den Salat«, korrigierte ich sie.

»Ach so.«

»Den Salat. Wiederhole das, bitte.«

»Den Salat.« Sie griff nach dem Käsebrötchen mit Gurken. »Wieso muss ich das noch mal sagen?«, hakte sie nach.

»Damit du dir das einprägst. Alles was du machst und sagst, kannst du dir viel besser merken, als wenn du es nur hörst«, erklärte ich, währenddessen öffnete ich mit einem Zischen meinen Energydrink. Auf der türkisfarbenen Dose war ein pinkfarbenes Bodybuilder-Rentier gedruckt. Ich schmunzelte. *Davon muss ich mir noch eins kaufen!*

Wir beide saßen mehrere Stunden allein in dem Café. Lia bastelte, und ich schrieb in mein Buch.

»Wir sind heute viel gelaufen«, merkte sie irgendwann, während sie etwas in ihr Buch malte, beiläufig an. »Bist du schon mal so viel gelaufen?«

Ich nickte. »O ja!«

Sie hob den Kopf und schaute mich erwartungsvoll an. »Wo denn?«

»In vielen Ländern, wenn ich wandere«, antwortete ich.

»Welches Land denn?«

»Deutschland, Luxemburg, Frankreich, Türkei«, zählte ich einiger meiner Wanderabenteuer auf.

Lias Blick wurde noch aufdringlicher.

Also musste ich ihr wohl von meiner 518-Kilometer-Wandertour im Südwesten der Türkei während des Ausnahmezustandes erzählen, obwohl ich gar nicht so gerne über bestimmte Passagen dieser sechswöchigen Wanderung redete, weil ich viele Erkenntnisse auf dieser Tour gesammelte hatte und ich mehr als ein kleines Geheimnis für mich behalten wollte. Aber na ja, wer kurz nach einem Putschversuch in der Türkei ein Abenteuer erleben wollte, sollte doch etwas darüber zu erzählen haben. Am Anfang des Buches habe ich euch bereits erzählt, dass ich mich das erste Mal so richtig als erwachsener Reisender gefühlt habe, als ich den Handelspfad der antiken Lykier gewandert bin. Lia starrte mich immer noch interessiert herausfordernd an, während ich über meine bisher längste Wanderung nachdachte und darüber, wie ich Lia mein Erlebnis näherbringen konnte ...

»Zu Fuß nach Antalya? Fahr doch mit dem Bus!«, sagte die Verkäuferin in dem kleinen Lebensmittelladen neben der Pension in Fethiye.

Ich schnappte mir schnell ein Fladenbrot und ein paar Scheiben Käse. »Nur dort, wo ich zu Fuß gewesen bin, bin ich auch wirklich gewesen«, antwortete ich ihr und verstaue mein restliches Kleingeld.

Das Flair der kleinen, malerischen Hafenstadt im Südwesten der Türkei zauberte mir ein Lächeln ins Gesicht. Ein wahres Urlaubsparadies: der Kiesstrand und das türkisblaue Meer. Es war September, das Ende der Hauptsaison. Aber immer noch sehr heiß. Mit einem Dolmuş, einer Art Sammeltaxi, fuhr ich nach Ovacik, wo ich meine Wandertour nach Antalya beginnen würde. Im Dolmuş saßen fünf Jugendliche, die zum Strand wollten. Sie beäugten mich, meinen grünen Wanderrucksack und die roten Wanderstöcke.

»Was hast du vor?«, fragte mich jemand in gebrochenem Englisch.

»Ich werde den Lykischen Weg laufen.«

Der junge Mann hob den Daumen und schenkt mir eine Flasche Wasser. »Ich kenne keinen Türken, der den Lykischen Weg gewandert ist. Es sind immer nur Europäer. Hast du keine Angst?«

Natürlich hatte ich etwas Angst vor dem Unbekannten. Zumal die Lage in der Türkei nicht sonderlich stabil war. Aber mit meinem Wanderführer, der Karte auf meinem Handy und meinem Trekkingmesser war ich gut ausgerüstet. Meinen treuesten Begleiter trug ich auf meinen Schultern: Mein Rucksack würde in den nächsten Wochen mein einziges Hab und Gut sein. Wenn er weg wäre, was machte ich dann?

Meine erste Etappe begann direkt mit einem Aufstieg auf den Berg Babadağ. Es war Mittag, die paar Sträucher, die auf dem Berg standen, spendeten kaum Schatten, das Geröll rutschte mir ständig unter den Füßen weg. Der Himmel strahlte in seinem schönsten Blau. Um diese Jahreszeit sah man viele Gleitschirmflieger am Himmel.

Weit entfernte Rufe von den Strandgästen drangen zu mir herüber. Das fast schon magische Wasser zog mich an. Wie gerne würde ich jetzt auch ins Wasser springen. Je weiter ich in den Süden ging, desto wärmer wurde es. Meine Leidenschaft war das Wandern. Allerdings war es mein erster Fernwanderweg in so einem warmen Gebiet. Außerdem gab es keine ausgebauten Wege, weshalb mich die Route mehr Kraft kostete als der Jakobsweg in Frankreich. Die Hitze brannte mir aufs Gesicht, aber die Abenteuerlust trieb mich voran, und ich war voller Vorfreude auf mein Erlebnis.

Meine erste Rast legte ich in der Mitte des Aufstiegs ein. Knapp 700 Meter über dem Meeresspiegel. Es war ein kleiner Olivenbaum, der mir Schatten spendete. Eine leichte Brise fuhr mir übers Gesicht. Erst jetzt wurde mir bewusst, in was für einer wunderschönen Umgebung ich mich befand. Der weiße Strand leuchtete wie Sterne am Himmel, das türkisblaue Meer erinnerte an Geschichten aus 1.001 Nacht. Links und rechts auf den Bergen sprangen Ziegenböcke umher.

In den darauffolgenden Tagen lernte ich die Kraft der Berge kennen. Genau gesagt, wollte ich sie bezwingen. Auch wenn ich den Auf- und Abstieg schaffte, wusste ich, dass ich, solange ich auf einem Berg war, nur ihm gehörte. Um die Mittagszeit suchte ich mir ein schattiges Plätzchen, um die Affenhitze zu überstehen. Immer wieder schaute ich auf meinem Handy nach einer Wasserquelle.

In Alinca traf ich auf einen Nürnberger, der schon das zweite Mal den Lykischen Weg wanderte. Er erzählte mir, dass er mich schon Stunden zuvor von weitem gesehen hatte, als ich geflucht und meinen Rucksack nach Essen abgesucht hatte. Bis dato hatte ich noch nie die Gesellschaft eines Menschen so sehr genossen wie in diesem Augenblick. Denn im Laufe der Strecke traf ich immer wieder auf den Nürnberger. Einige Strecken lief ich stunden- oder tagelang allein, ohne eine Menschenseele anzutreffen. Währenddessen kamen meine Gedanken zwischen dem Mittelmeer und der ausgetrockneten Landschaft zur Ruhe. Manchmal begleiteten mich Hunde über Kilometer hinweg. Ich redete mit ihnen, und wenn sie mir ihre Köpfe entgegenstreckten, streichelte ich sie.

Oft wurde ich gefragt, warum ich mir diese Anstrengung antat. Mich faszinierte die Natur. Es war überwältigend, wie die Lykier damals diesen harten Weg mit Karren und Tieren entlangmarschiert waren. Die Monumente auf dem Weg ließen 3.000 Jahre alte Geschichte in mir aufleben. Die Gasfreundschaft, die man auf Wanderwegen bekam, war unbezahlbar, trotz des Putschversuches und der Inhaftierung Tausender Menschen.

Jeder Schritt, den ich bergab ging, bereitete mir Schmerzen in meinen Knien. Die letzten sechs Kilometer bis Bel schaffte ich nicht mehr. Nach einem ausgiebigen Mittagsschlaf lief ich durch das Dorf und fragte nach einem deutschen Wanderer. Die

Dorfbewohner erzählten mir, dass er hier gegessen hätte, aber bis Bel durchlaufen musste, weil er hier keine Unterkunft mehr bekommen hatte. Er tat mir leid, weil ich das Gefühl kannte, Energie von irgendwoher nehmen zu müssen, obwohl man nicht mehr konnte und nichts mehr da war. Für mich war aber noch Platz. Wieso für mich, aber für ihn nicht?

Am nächsten Tag nahm mich ein Brotverkäufer in seinem Kofferraum nach Bel mit. Während er fuhr, versuchte er mir zu erklären, dass er Offizier sei und außerhalb seines Dienstes ehrenamtlich Brot ausfahre. Immer wenn er irgendwo anhielt, musste ich ihm von hinten das Brot reichen. Als ich in Bel ankam, sah mich der Nürnberger vom Balkon und lief aus dem Haus. Er lachte, weil ich noch im Kofferraum saß, und reichte mir die Hand zwischen den Sitzen.

»Da hast du tatsächlich gecheatet.«

Ich grinste frech zurück und kroch aus dem Auto. Wir unterhielten uns noch kurz. »Hast du das alte Paar aus London gesehen?«, fragte ich.

»Die mit den Ringelsöckchen?!«

Ich nickte. Dann fingen wir an zu lachen.

Während er noch sein Frühstück genoss, zog ich weiter. Auf dem Weg bekam ich wieder eine der unzähligen Einladungen auf Tee und einen türkischen Pancake. Katzen, Ziegen und ein Hund gesellten sich zu mir. Kurze Zeit später traf ich auf ein türkisches Paar, mit dem ich am vorigen Abend gegessen hatte.

Zu Fuß Abenteuer zu erleben ist teilweise noch intensiver als andere Methoden, um die Welt zu

erkunden. Der Strandpfad war eine der anstren-
gendsten Etappen. Der nasse und weiche Sand zog
mich immer wieder herunter. Die Stöcke packte ich
irgendwann weg, weil es zu lästig war, sie ständig aus
der Tiefe zu ziehen. Im Wanderführer stand etwas
von einer Brücke, die ich erst vergeblich suchte, bis
mir klar wurde, dass es sich um ein Provisorium aus
ein paar Holzlatten handelte. Unsicher überquerte
ich die Brücke. Unmittelbar daneben stand ein altes
Holzboot, an dem ein Mann herumwerkelte.

»*The bridge doesn't break*«, rief er mir lachend
entgegen. »*Call me Fishman*«, sagt er, als ich unbe-
schadet die Brücke verlasse. Es dauerte nicht lange,
und ich hielt wieder eine Tasse Tee in der Hand.

An einem Kiosk oder einem Etwas, das sich
Kiosk nennen wollte, fragte ich nach einer Flasche
Wasser. Der junge Verkäufer im roten Hemd und
mit zwei Silberketten um den Hals verlangte drei
Lira für die Flasche. Ich ärgerte mich, weil ich vergessen hatte, Geld abzuheben. Nun musste ich
mit Euro zahlen. Schwupps kostete die Flasche
drei Euro. Das waren damals neun Lira.

»Das ist Betrug«, warf ich ihm an den Kopf.

»Willst du Wasser trinken oder nicht?«

Wütend lege ich das Geld auf den Tresen.
»Idiot«, fluchte ich. Es war das dritte Mal, dass ich
so über den Tisch gezogen wurde. Auf dem Markt
in Akbel hatte ich für drei Äpfel zwei Lira zahlen
müssen, während Einheimische nur die Hälfte
davon bezahlten. Doch an das alltägliche Feilschen
hatte ich mich gewöhnt. Viele Händler kamen mir
entgegen. Schließlich waren die meisten Türken

sehr gastfreundlich. Ich glaube, in fast allen Ländern überwiegt die Gastfreundlichkeit. Oft denken wir, dass der Großteil der Menschheit grausam sei. Ich denke nicht, dass es so viele sind. Nur sind es oft diejenigen, die an der Macht sitzen und einen großen Einfluss auf den Rest der Menschen ausüben.

Natur hat ihren eigenen Style, der nie aus der Mode kommt. Deshalb hasste ich es schon fast, in größeren Städten anzukommen. Ich blieb lieber in den Dörfern. Es war günstiger, freundlicher und einheimisch.

In Kaş angekommen, hörte ich schon beim Absteigen vom Berg die lauten Autos, die vielen Hotels und die ganzen Urlauber. Ich war schmutzig, hatte meinen schweren Rucksack auf dem Rücken und konnte mich nicht freuen, endlich eine weitere Etappe geschafft zu haben. Erschöpft und deprimiert saß ich auf dem Bett. Ich wollte zurück in die Natur. »In der Natur fühlen wir uns so wohl, weil sie kein Urteil über uns hat«, waren mal Nietzsches Worte gewesen. Ich nickte innerlich. Mein Magen knurrte, und mich zog es auf den bunten Markt zu den vielen Stoffen und Kleidern, den orientalisch duftenden Gewürzen und zu guter Letzt: dem Zischen des Fleisches auf den Grills. Am liebsten hätte ich den ganzen Markt leergekauft.

Neben den Sarkophagen und den Festungsruinen der Lykier beeindruckten mich Myra, der Bischofssitz des Nikolaus von Myra, und die sandfarbenen Felsengräber, die sich in die karge Landschaft schmiegten. Ich stellte mir vor, wie vor 3.000 Jahren spärlich bekleidete Sklaven an den hohen

Felsen hingen und Gräber in die Berge meißelten.

Als Geschichtsstudentin und ehemalige Studentin der Archäologie war ich in meinem Element. Besucher liefen hier rein und raus. Der Kassenwart verkaufte gelangweilt Tickets für satte 20 Lira. Bis heute können wir die Meisterwerke der Lykier betrachten: in Stein gehauene Gesichter, Muster und Gräben. Eine Epoche prallte auf eine andere Epoche. Die Faszination ließ mich nicht mehr los. Am Ende des Rundgangs kaufte ich mir ein Eis und genoss die historische Idylle.

Eine der Etappen führte mich nach Saribelen zu Judith und Tim, einem britischen Paar, das in der Türkei lebte und eine Pension leitete. Auf ihrem Anwesen zählte ich sieben Hunde, elf Katzen und vier Hühner. Drei Paare, mit denen ich am Abend aß, waren ebenfalls in der Pension untergebracht. Als mich einer aus der Runde fragte, was ich hier machte, antwortete ich ihm, dass ich den lykischen Weg lief.

Alle sahen mich verständnislos an. Bis auf Tim. Er klopfte mir auf die Schulter: »*If you think adventure is dangerous, try routine. It is lethal.*«

Das stimmte. Wie recht er doch hatte!

Am darauffolgenden Tag drückte mir Judith ein Lunchpaket in die Hände. Bevor ich endgültig weiterziehen konnte, bat Tim mich, in das Gästebuch zu schreiben. Einer der Hunde begleitete mich noch ein ganzes Stück auf meinem steinigen Weg nach Gökçeören.

»I think you should go home«, sagte ich dem Hund nach einer Weile und zeigte mit dem Finger zurück. Ich kraulte ihm noch das Ohr. Dann trennten sich unsere Wege.

Ich musste mich auf Nächte einstellen, in denen laute Schüsse mich weckten. Wieso geschossen wurde, kann ich euch nicht sagen. Vielleicht waren es Einheimische, die ihre Schafe und Ziegen vor wilden Hunden beschützen wollten. Mir kam auch der Gedanke, dass es etwas mit dem Ausnahmezustand zu tun haben könnte. Mir gingen eine Menge negativer Gedanken durch den Kopf.

Die beste Unterkunft war in Çıralı: direkt am Strand in einem Bungalow. Zwar waren hier viele Urlauber, und ich war die einzige Wanderin, aber das störte mich nicht. Mit mir saßen vier Leute am Esstisch. Sie erzählten von dem traumhaften Strand, und ich erzähle von der bunten Vielfalt, welche die Türkei mir geboten hatte. Von den Begegnungen mit den unterschiedlichsten Menschen, mit denen ich ins Gespräch gekommen war, und von dem zauberhaften Essen, das man nur in den Dörfern bekam. Es betrübte mich, dass ich den ganzen Weg über nur auf so wenige Wanderer gestoßen war. Sie hätten mir spannendere Geschichten erzählt, als die ganzen Urlauber, auf die ich bisher getroffen war.

Der Strand von Çıralı war mit gelbem Sand bedeckt; vor dem Strand war der Erdboden rötlich mit Pflanzen, die man nur aus sehr trockenen Gebieten kennt. Rechts und links am Horizont erstreckten sich die Berge. Den Blick geradeaus gerichtet, sah es so aus, als ob das Meer die untergehende Sonne küsste. Ich atmete ein und ließ mir Zeit, auszuatmen. 450 Kilometer hatte ich bereits hinter mir gelassen. Nur noch zwei Tage, bis ich in Antalya durch das Hadrianstor gehen würde. Irgendwie war ich traurig, dass sich mein Weg dem Ende näherte. Die Welt war die schönste aller Sehenswürdigkeiten. Der Lykische Weg war nur ein Bruchteil davon.

Durch das Hadrianstor gelaufen, fielen mir die weisen Worte einer Frau ein: »Am Ziele deiner Wünsche wirst du jedenfalls eines vermissen: dein Wandern zum Ziel.«

Ich schmunzelte zufrieden. Diese Wochen auf Wanderschaft hatten mir das Gefühl gegeben, ein waschechter Weltenbummler zu sein. Mein Blick wanderte zu Lia.

»Eine fremde Frau hat dir dein Pausenbrot zum Frühstück gemacht?! Das machen doch nur Mamas!«, sagte sie ein klein wenig zu laut.

»Wer hat mir denn ein Pausenbrot auf dem Weg gemacht?« Ich verzog das Gesicht.

»Die Frau mit den Tieren«, antwortete Lia entrüstet. »Das hast du doch gerade erzählt.«

Ne, echt jetzt?! Das interessierte sie?! Nicht wie man an einen der schönsten Fernwanderwege der Welt kommt? Nicht wer die Lykier waren? Nicht wie cool die Zeit mit dem Nürnberger war und die letzte Begegnung mit ihm?! Das letzte Mal, dass ich den Nürnberger auf der Strecke gesehen habe, war phänomenal! Ich sag's euch, Freunde. Es war der Hammer. Ich war völlig aus der Puste die letzten Kilometer in der tief liegenden Sonne gelaufen, als ich plötzlich ein Hupen hinter mir hörte und die Klapperkiste eines Mopeds mit Beiwagen an mir vorbeifuhr, in dem der Nürnberger saß. Freunde, ich habe mich so kaputt gelacht bei diesem Anblick. Er saß in den Beiwagen gequetscht mit seinem

Rucksack, hatte ein Basecap auf und unter dieser Kappe ein kleines weißes Tuch, das im Wind hinter ihm herflatterte. Er drehte sich um, lachte und winkte mir zu, ehe er in der nächsten Kurve verschwand. Dieser Wandertrip war echt filmreif. Okay, und um auf Lia zurückzukommen – WAS? Sie hatte wirklich den Fokus auf das Lunchpaket von Judith gelegt?!

»Weißt du, Lia, Judith ist wahrscheinlich genauso eine Mama wie deine Mama und meine Mama und viele andere Mütter. Mütter machen jedem das Pausenbrot fertig«, versuchte ich ihr zu erklären.

»Aber du hast eine Mama.«

Ich sah sie über meine Brille an. »Aber die war nicht da.«

»Oma hat dir auch für diese Reise Brot gemacht«, sagte Lia lauter und betonte die drei Wörter: Oma, Brot und gemacht.

»Aber ich war sechs Wochen in der Türkei. So lange hätte das Brot doch gar nicht gehalten«, erwiderte ich zähneknirschend. *WOW!*

»Ich mag Ringelsöckchen«, wechselte meine Nichte das Thema.

Ich schüttelte den Kopf. »Zum Wandern sind Ringelsöckchen ziemlich ungeeignet. Dein Fußgelenk ist überhaupt nicht gestützt, und Ringelsöckchen sind für Sommerkleider oder Caprihosen.« Diese Diskussion würde bestimmt noch eine ganze Stunde gehen.

»Hättest du das auch mit dem Zug fahren können?«, fragte mich Lia irgendwann.

»Nein, weil ein Großteil der Strecke noch nicht einmal einen normalen Weg hatte. Ich musste Berge hoch- und runterwandern. Dann musste ich auch eine kleine Strecke an der Küstenwand entlangklettern.«

»Ich möchte auch mal wandern, wenn ich groß bin«, sagte Lia und klebte Bilder in ihr Reisetagebuch.

Interessant fand ich, dass Lia Kleinigkeiten aus der Story gepickt hatte, die für mich – und ich denke für andere Erwachsene – gar nicht von Relevanz wären. Und gleichzeitig zeigte mir ihre Fragerei hinsichtlich der winzigen Details in meiner Story, dass sie aufmerksam zugehört hatte.

Die Kellnerin stand hinter den Tresen und schaute uns lächelnd an. Anschließend kam sie zu uns an den Tisch und verwickelte uns wieder in einen Plausch. Ich erzählte ihr, dass dieses unsere letzte Station sei und wir am nächsten Tag den Zug zurück nach Stockholm nehmen. Unser Ziel war es gewesen, mit der Eisenbahn von Wuppertal bis in die Arktis zu fahren. An den Punkt, wo die Eisenbahn für uns Menschen endetet. Wer jetzt noch weiter wollte, musste sich mit Bussen und Schiffen durch den Norden bewegen.

»So habe ich noch nie gedacht«, rief die Kellnerin begeistert. »Ja, Narvik ist der letzte und nördlichste Bahnhof Europas. Aber es wird einem gar nicht bewusst, wenn man sein ganzes Leben in dieser kleinen Stadt lebt. Für mich hat Narvik einen kleinen Bahnhof, der ruhig besser ausgebaut werden soll.« Sie stemmte lachend ihre Arme in die Hüften und warf einen Blick aus dem Fenster. »Wie findet ihr Narvik?«

Der Schnee tobte immer noch, und der Wind war hier in der Kaffeestube noch zu hören.

»Na ja ...«, setzte ich an. »Narvik zeigt, was es kann.«

Die Kellnerin lachte. »Eigentlich haben wir nicht viele solcher Schneestürme.«

»Also kann ich jetzt davon ausgehen, dass Narvik meine Nichte und mich nicht haben will?«, fragte ich und warf ebenfalls einen Blick aus dem Fenster.

»Ihr müsst es als Begrüßung betrachten.« Ihre Antwort klang genauso herrlich, wie ihr sympathisches Gesicht aussah.

»Wenn wir gehen müssen und du schließen willst, musst du uns das nur sagen«, sagte ich nach einer Weile.

»Nein! Ich liebe meine Arbeit.«

Ich grinste in mich hinein. Ich hatte schon von den glücklichen Arbeitern hier in Norwegen gehört. Diese Menschen freuen sich, einen Kunden zu sehen. Ich meine auch wirklich freuen. Nichts Aufgesetztes. Die glücklichen Arbeiter sind glücklich, einen guten Job zu machen und die Kunden zufrieden und ebenfalls glücklich zu machen. Solche Arbeiter wollen dem Kunden eine schöne Erfahrung geben, weil sie der Meinung sind, dass das Leben besser und bedeutungsvoller ist, wenn sie einen guten Job machen. Ist der Arbeiter glücklich, dann ist der Kunde das auch. Eigentlich ist das eine schöne Einstellung. Und ich kann mir auch vorstellen, mit so einer Arbeitseinstellung kommt man wesentlich leichter durchs Leben und findet auch mehr Spaß im Alltag. »Wow! Das hört man nicht so oft.« Ich nahm ein Stück von meinem Schokokuchen.

»In Norwegen?«, hakte sie leicht brüskiert nach.

»Nein, nein. Ich meinte von dem, was ich kenne.«

»In Deutschland?«

»Unter anderem, ja.«

»Die Art und Weise, wie du an deinen Job herangehst, lässt dich glücklich oder unglücklich sein«, behauptete sie.

Ich konnte dem nicht ganz zustimmen. »Vorausgesetzt, der Chef macht einen guten Job«, sagte ich mit vollem Mund und achtete darauf, dass der Schokokuchen nicht über meine Lippen ging.

»Ja, natürlich. Wenn der Betrieb einwandfrei laufen soll, dann muss der Chef den besten Job von uns allen machen. Er ist doch das Vorbild.«

Irgendwie beneidete ich die Kellnerin für ihre Lebenseinstellung. Sie schien sehr aufrichtig zu sein. Außerdem konnte ich mir gut vorstellen, dass sie andere Menschen zum Lachen bringen kann und für den einen oder anderen betrübten Kunden ein weises und nettes Wort übrig hat.

Abends ausgelaugt und erschöpft im Hotel angekommen, aßen wir beide noch nicht einmal mehr Abendbrot. Zudem hatten wir uns in dem No-name-Café im wahrsten Sinne des Wortes: vollgefressen.

Wir waren kaputt. Das Einzige, was von Lia noch kam, war: »Wann fahren wir wieder mit dem Schlafzug?«

O ja, Freunde, der Schnee-Express durch Schweden hatte es meiner Nichte angetan. Es war deutlich und klar zu erkennen: Lia liebte Züge und Zugfahren. Das war aber nicht immer so gewesen. Als Kleinkind hatte sie jeden Morgen auf dem Weg von Wuppertal nach Düsseldorf zur Uni Theater gemacht. Die Pendler haben es schon gehasst, wenn meine Schwester mit Lia im Kinderwagen morgens um sieben Uhr zugestiegen kam. Wir hatten keine Ahnung, wieso sie jeden Morgen in der Regionalbahn schrie und heulte. Irgendwann kam meine Schwester auf die glorreiche Idee, *Winnie Puuh* auf ihr Tablet zu laden und Lia mit lilafarbenen Kopfhörern zu schmücken. Ihr könnt euch vorstellen, dass so einige im Zug Samira schief angeschaut und auch getuschelt haben. Aber die meisten waren erleichtert, den kleinen Lockenkopf im Kinderwagen mit Tablet in den Händen *Winni Puuh* schauen zu sehen. So richtig pädagogisch wertvoll war das nicht, allerdings ist dadurch vielen Außenstehenden ein Burn-out erspart geblieben. Als ich sie zu ihrem dritten Geburtstag das erste Mal mit nach Berlin genommen habe, war mir erst mulmig zumute gewesen. Ich hatte Bedenken, sie würde wieder so viel schreien und ich müsste sie dann mehr als drei Stunden vor den PC setzen, damit sie sich die ganze Zeit *Bibi und Tina* anschauen konnte, bis wir in Spandau einfuhren. Deshalb hatte ich

Vorbereitungen getroffen. Jeder ICE hat auch Kleinkindabteile. Tja, und so eines hatte ich mir reserviert. Das war total angenehm. Lia konnte laut reden und mit anderen Kindern spielen, ohne dass sich irgendjemand beschwerte oder wir unangenehm auffielen. Und jetzt waren wir an einem Punkt angelangt, an dem Lia von Wuppertal bis in die Arktis mit dem Zug reisen wollte. Nicht zu vergessen: Sie wollte auch alles wieder mit dem Zug zurückkreisen. Sie konnte es kaum erwarten, wieder im Zug von Narvik nach Stockholm zu sein. So geschah es dann auch.

Wir schliefen am nächsten Tag bis in die Puppen. Na ja, mehr oder weniger. Ich wachte bereits um acht Uhr auf, aber wir waren ziemlich früh am Vorabend ins Bett gegangen. Elf Stunden Schlaf hatte ich mindestens intus. Lia war noch im Tiefschlaf und schnarchte mit offenem Mund ihr lilafarbenes Einhorn an.

Ich machte mich frisch, schlüpfte aus dem Zimmer und hopste wie ein fröhlicher Bilbo Beutlin die Treppen runter. Bevor Lia wach wurde und wir gemeinsam frühstücken würden, machte ich mir einen Kaffee und einen Orangensaft klar. Leider nicht so wie in Stockholm in dem Hightech-Hotel. Etwas erschöpft von dem vielen Schlaf, beobachtete ich mit abgestütztem Kopf eine gestresste Mutter mit ihren zwei Jungs. Entweder hatte die Frau ihre Haare noch nicht gekämmt – was ich aber nicht glauben konnte, da das gemachte Gesicht und die Anziehsachen etwas anderes verrieten – oder ihre Haar standen ihr zu Berge aufgrund der beiden Jungs. Da der Größere laut diskutierte und gestikulierte, vermutete ich das Letztere.

Ich nippte an meinem Kaffee, der mir viel zu stark war. Nachdem ich mich so einigermaßen wachbekommen hatte, nahm ich endlich auch Gesprächsfetzen wahr. *HA!* Einen Tisch weiter saßen welche von der Grünen Insel. Die irische Mutter schien ein klein wenig überfordert zu sein mit den beiden. Der kleinere Junge tunkte die ganze Zeit seinen Finger in seinen Kakao, und der ältere hatte einen hochroten Kopf und schlug sich auf einmal an die Stirn: »Was glaubst du, weswegen wir denn hier sind?!«

»Hörst du jetzt endlich einmal auf, herumzumeckern! Ich werde nicht 24 Stunden am Stück mit dir am Bahnhof stehen«, gab die Mutter zurück.

»Du verstehst das nicht! Es ist der letzte Bahnhof der Welt.«

Wie geil ist das denn?! Macht der wirklich Palaver, weil er seine Freizeit auf diesem pupsigen Bahnhof verbringen möchte? Die arme Frau. Ich biss mir auf die Lippen, um nicht loszuprusten.

»Ich habe Urlaub und werde nicht die ganze Woche auf dem kalten Bahnhof stehen«, sagte sie bestimmt und griff nach ihrer Tasse. »Reicht es nicht, dass wir von Oslo bis hierher mit dem Zug gefahren sind?« Sie nahm einen Schluck und setzte die Tasse wieder ab.

»Aber doch nur, um den Bahnhof zu sehen«, rief er.

Gleich platzt sein Kopf.

»Rede leiser, verdammt noch mal! Das kann ja keiner ertragen.« Sie schaute direkt zu mir rüber. »*I'm sorry, ma'am!*« Sie rollte so schön das R.

Ich winkte ab. »Alles ist gut. Ich habe so etwas ...«, ich überlegte, was ich zu Lia und der Situation sagen konnte. »Ich habe so etwas Ähnliches dabei.«

»Ach, hast du auch ein Kind, das die ganze nächste Woche auf dem Bahnhof hier schlafen möchte?«

»Wir sind nach Narvik gefahren nur wegen des Bahnhofs!« Der ältere Junge kam auf mich zu.

»Was ist denn an dem Bahnhof so besonders?«, fragte ich und tat, als sei ich unwissend.

Er blies die Wangen auf. Ich hob eine Augenbraue. Und er ließ die Luft wieder raus. »Es ist der letzte Bahnhof der Welt«, antwortete er.

Ich schätzte ihn auf acht oder neun Jahre. Mehr nicht. »Ah. Stopp!«, sagte ich und setzte ein ernstes Gesicht auf.

Der kleine Paddy sah mich erschrocken an. Seine Mutter grinste hinter ihrer Tasse.

»Der Bahnhof Narvik ist nicht der letzte Bahnhof der Welt, sondern einer der nördlichsten Bahnhöfe der Welt und der nördlichste Bahnhof Europas«, belehrte ich ihn mit gespielter Strenge. »Überleg doch mal – wenn du von hier aus in den Süden Europas fährst und du ganz unten in Spanien ankommst, dann ist dort, von hier aus gesehen, der letzte Bahnhof Europas. Wenn du aber vom Süden in den Norden nach Narvik fährst, dann ist, von deren Seite aus gesehen, hier der letzte Bahnhof.«

Er schwieg. Aber ich sah ihm an, dass es in seinem Hirn ratterte. »Dann ist der Bahnhof trotzdem etwas Besonderes bei Eisenbahnen«, schlussfolgerte er.

Ich nickte. »Ja, weil er der nördlichste Bahnhof Europas ist und der zweitnördlichste der Welt. Cool, oder?!«

Ich sah über dem Kopf des Jungen, dass die Mutter endlich ihr Porridge löffelte. Der Junge lud mich an seinen Tisch ein, damit auch er endlich frühstücken konnte. Er stellte mir weitere Fragen über Züge. Allerdings gestand ich ihm, dass ich nicht viel über die Schlangen auf Rädern wusste. Wir kamen auf Lia und ihr Zugfaible zu sprechen, und ich erklärte, weshalb wir überhaupt nach Narvik gefahren waren.

»Ich denke, nicht jedes Kind kann von sich behaupten, an einem der nördlichsten Bahnhöfe der Welt gewesen zu sein.«

»Ich glaube, dass die wenigsten Erwachsenen sagen können, mit dem Zug an diesen Ort gefahren zu sein«, kommentierte die Mutter, aber jetzt lachend und amüsiert.

»Meine sechsjährige Nichte und ich sind von Wuppertal bei Köln bis hierher mit dem Zug gefahren.«

Die Irin riss ihre Augen auf und hätte sich beinahe an ihrem Kaffee verschluckt. »Wir sind von Oslo nach Mosjøen mit dem Zug gefahren, und das waren schon 13 Stunden. Von dort aus sind wir mit dem Auto nach Narvik weiter«, erzählte sie und löffelte weiter ihren Haferbrei. »Ich dachte, wir gehen hier Skifahren, aber mein Sohn will den ganzen Tag an diesem Bahnhof stehen. Musstest du auch fünf Stunden lang diesen Bahnhof bewundern?«

Ich schüttelte den Kopf. »Dafür waren wir zu kaputt. Mir ging es nur darum, an diesen Bahnhof hinzukommen und meiner Nichte die Orte zu zeigen, an denen viel Schnee liegt. Aber der ist ihr jetzt zu Kopf gestiegen, aufgrund des Sturms gestern.«

Die Irin lehnte sich seufzend nach hinten in den gepolsterten Stuhl und fuhr ihrem Bahnhoffanatiker lachend durchs Haar.»Wenn du mal Kinder hast, werde ich denen erzählen, wie verrückt du als Kind gewesen bist.«

»Ha!«, stieß ich hervor. »Erwachsensein bedeutet nicht, dass man weniger verrückt ist.« Ich trank einen Schluck von meinem Kaffee und redete dann weiter: »Ich war schon mit meiner Oma ein paarmal auf Reisen. Einmal sind wir von Helsinki mit der Fähre nach St. Petersburg gefahren. Und was uns da passiert ist, glaubt uns nie jemand«, sagte ich und musste etwas grinsen.

Heute konnte ich darüber lachen, doch während des Städtetrips und Wochen danach hatte ich es weniger lustig gefunden. Im Grunde genommen hatte die Reise ganz interessant angefangen. Ich hatte irgendwann mal gelesen, dass die Metro in St. Petersburg zu den tiefst gebauten Metrosystemen der Welt gehören soll. Der Grund dafür war die extreme

Instabilität des Untergrundes. Das Newadelta ist ziemlich tief vermoort. Unter dem Moor befinden sich undurchdringbare Tonsteine, weshalb sich die Metro knapp 75 Meter unter der Erde fortbewegt. Über drei Minuten auf einer Rolltreppe zu stehen, um zum Gleis zu kommen, fühlte sich schon gut an. Dieses Kuddelmuddeltreiben, wie Menschen auf- und abliefen, andere ihre Taschen fest umklammert hielten, um sich vor geschickten Diebe zu schützen, und die Gespräche der Babuschkas: Ich fühlte mich pudelwohl, bis die Freundin meiner Oma leise fragte: »Sind euch auch die zwei Typen da aufgefallen, als wir die Münzen gekauft haben?«

»Die sind harmlos«, erwiderte meine Oma.

Unten angekommen, war dann auch schon die Metro eingefahren. Beim Einsteigen wurden wir geschubst und bedrängt. Der eine Freund meiner Oma schrie plötzlich laut auf und rutschte mit seinem Bein zwischen die Bahn und den Bahnsteig. Der hätte sich das Schienbein brechen können. Ich hingegen griff reflexartig nach meiner Kamera, und in dem Moment fiel eine korpulente Frau auf mich. Ich dankte den höheren Mächten, dass ich mein Objektiv am Vorabend von der Kamera geschraubt und 50 Euro in eine gepolsterte Kameratasche investiert hatte.

Tatsächlich waren die zwei Männer doch nicht so harmlos, wie anfangs gedacht. Die Gauner hatten nämlich versucht das Portemonnaie aus der Hosentasche des Freundes zu ziehen. Das war wirklich übel. Vor allem rechnet keiner damit, dass einem das selbst auch passieren kann.

Der Trubel legte sich so schnell, wie er gekommen war. Das war allerdings erst der Start. Wir stiegen drei Stationen weiter aus. Eine Frau sprach uns kurz vor dem Ausgang an. Meine Oma wollte auf sie eingehen, aber ich zog sie weg, weil ich skeptisch war, und sagte, dass wir keine Zeit hätten. Ich hatte einfach ein komisches Gefühl, was wahrscheinlich mit dem Vorfall in der Metro zusammenhing.

»Die Frau hat uns fotografiert.« Omas Freundin wollte ihr gerade hinterherlaufen, als ihr Freund sie zurückhielt.

»Das ist zu gefährlich«, sagte er.

Ich stimmte ihm zu, weil die ganze Situation mir nicht geheuer vorkam.

Wir spazierten an der Hauptstraße der alten Zarenhauptstadt entlang. Es dauerte keine zehn Minuten, bis wir unter einem Gewölbe einen Mann entdeckten, der unauffällig versuchte ein Foto von uns zu schießen. So etwas Lachhaftes hatte ich noch nie auf irgendeiner Reise erlebt. Diese Leute wollten uns wirklich ausrauben. Erst hatte ich gedacht, die wollten uns k. o. schlagen oder mit Chloroform betäuben, um sich Lösegeld klarzumachen. Oder damals meine heiß geliebte Kamera, die ich ständig unter meine Jacke trug. Vielleicht hatte diese Gang meine Kamera aufgrund der Wölbung unter meiner Jacke gewittert?! Die bitte nicht, war in diesem Moment mein Gedanke. Ihr könnt mein Handy haben. Es ist wie immer kaputt und kann keine Bilder machen.

»Da ist noch einer«, sagte meine Oma. So ging das die nächsten zwei Kilometer, bis wir auf eine schmale Treppe stießen, die zu einer Pizzeria führte, in der meine Oma und ihre Freundin aufs Klo gingen, während ich draußen wartete.

Ein älterer Mann mit einem weißen Hemd und einer gestreiften Hose starrte mich an und lief ebenfalls in die Pizzeria, die total leer war und eine magere Innenausstattung bot. Zwei weitere Männer folgten ihm. O mein Gott! Und meine Oma war in diesem Schuppen.

Zehn Minuten später kam der alte Mann mit einem Stück Brot wieder raus. Wahrscheinlich war das nur so ein Alibi-Brot, weil es sich gar nicht um eine richtige Pizzeria handelte. Kennt ihr den Kultfilm *Zwei bärenstarke Typen* mit Bud Spencer und Terence Hill? Es gibt eine Szene, in der die beiden in einem Café sitzen, das allerdings in Wirklichkeit gar kein richtiges Café ist, da die Toilette in diesem Miniladen ein Transportmittel zu einem ultimativen Top-secret-Büro beherbergt. So ungefähr fühlte ich mich in diesem Moment.

Ich überlegte fieberhaft, wie wir diesen Mafiaclan loswerden konnten. Da die Gegend nur so von Menschen wimmelte und gleich der Gottesdienst anfing, könnten wir uns unter die Menschenmenge mischen und mit in die Kirche gehen, die wir uns vorher angesehen hatten. Die hatte zwei Eingänge, erinnerte ich mich. Einen kleinen Seiteneingang und den eigentlichen Haupteingang.

Nach einer gefühlten Ewigkeit kamen meine Mitreisenden auch endlich aus dieser »Pizzeria«. Wir liefen zum Seiteneingang der Kirche. Doch an der kleinen Straße fuhr ein Bus, der zur Metrostation fuhr, die nicht mal mehr einen Kilometer entfernt war. Wir stiegen schnell ein und zogen am Haupteingang der Kirche vorbei. Ich lachte und zeigte auf die drei Typen, die auf dem Vorplatz standen und vergeblich auf uns warteten. Wir klopften wie Idioten an die Fensterscheibe, bis sie uns entdeckten. Einer der Gauner klatschte sich mit der flachen an die Stirn, während die anderen beiden verärgert an ihren Fluppen saugten.

»*Jesus, Mary and Joseph!*«, stieß die irische Mum geschockt aus. »Ich kenne das aus Rom. Mir wurde in der Metro meine Handtasche geklaut, obwohl sie vorne auf meinem Bauch lag.

»Jeder wird wahrscheinlich im Laufe seines Lebens einmal beklaut.« Ich wollte ihr mit meinen Worten Trost geben.

Aber sie lachte amüsiert auf. »Weißt du, was schlimm ist?«

Ich schüttelte den Kopf.

»Wenn man die ganze Zeit darauf achtet, seine Sachen zu schützen, und auch der Meinung ist, dass man auf seine Sachen gut aufpasst, wird man genau dann beklaut.«

Das stimmte. Mir war einmal in Berlin auf dem Weg zur Arbeit mein Rucksack geklaut worden. Gesamtschaden: mehr als 1.000 Euro. Das Schlimme war, ich hatte den Rucksack zwischen mir und dem Verkaufstresen abgestellt. Der Laden war aber so voll und ich so mit meinen Sachen beschäftigt gewesen, dass ich überhaupt nicht mitbekam, wie mir jemand den Rucksack wegzog. Freunde, ihr könnt euch vorstellen, wie mies und dämlich ich mich gefühlt habe. Ich kam mir vor wie der letzte und dämlichste Idiot, den die Welt zu bieten hatte. Echt!

Tja, aber das gehört zum Leben dazu.

Bis unser Zug abfuhr, hatten wir noch einige Stunden Zeit. Ich wollte die Reise Revue passieren lassen, bevor wir zurückfuhren. Ich hatte das Gefühl, dass die Rückfahrt nach Wuppertal schneller vonstattengehen würde als die zauberhafte Hinfahrt, auf der wir so viel erleben durften.

War ich traurig, weil das Schöne schon sein Ende genommen hatte? War ich stolz auf meine Nichte, weil sie bisher alles wie eine richtige Abenteuerin gemeistert und Mut bewiesen hatte? Würde ich diese Reise und ihre wundervollsten Augenblicke vermissen? Würde ich das Reisen mit einem sechs Jahre alten Kind vermissen?

All diese Fragen konnte ich mit einem »Ja« beantworten. Jedes Ereignis erlebte man nur einmal im Leben. Sollten wir exakt dieselbe Reise wieder machen, würden wir auf ganz andere Erfahrungen und Abenteuer stoßen. Außerdem war das Reisen mit Kind noch einmal eine ganz andere Ebene, weil mir in einigen Momenten klar wurde, dass wir als Erwachsene oft die Magie in der Welt vergessen und unseren Fokus auf »wichtigere« Dinge verlagern. Von Anfang an hatte dieser Schlafzug Lia in den Bann gezogen. Als ich zum ersten Mal – und da war sie noch fünf – gesagt hatte, dass wir auf dem Weg in die Arktis in einem Zug schlafen würden, war sie schon aus dem Häuschen gewesen und hatte sich einfach nur darauf gefreut, im Zug ihren Pyjama anziehen zu können. Ihre Vorfreude war offensichtlich gewesen, weil sie so aufgeregt war und bis zu unserer Abreise über kaum etwas anderes sprach.

Wir Menschen sind so fest verdrahtet, dass wir uns nach Abenteuern und Gefühlsbewegungen sehnen. Dieses drängende Bedürfnis, das eigene Herz und die Herzen der Mitmenschen mit Reisegeschichten und Abenteuerberichten höher schlagen und sich auch mit den Storys der anderen berieseln zu lassen, bringt neue Erkenntnisse mit sich. Wie Ibn

Battuta vor 800 Jahren schrieb: »Reisen – es lässt dich sprachlos, dann verwandelt es dich in einen Geschichtenerzähler.«

Mit Sicherheit gehe ich euch mit meinem Gebrabbel auf die Nerven, dass es sich lohnt, sich mit Kindern auf dem Weg zu machen und einfach den Interessen oder einer drängenden Frage eines Kindes nachzugehen. Reisen mit Kindern muss nicht teuer sein. Das habe ich auch auf dieser Expedition mit Lia gesehen. Ich hatte ihr erklärt, dass wir nicht jedes Mal in ein Restaurant gehen können, sondern auch mal Zimtschnecken vom Vortag essen müssen. Außerdem hatte sie ein Taschengeld von meiner Oma bekommen, das sie sich einteilen musste. Ich bin bis heute darüber froh, wie gut das geklappt hat. Kinder lernen sich anzupassen. Ich glaube, dass sie Spaß daran finden, auf sich selbst achtzugeben, Verantwortung zu bekommen, weil sie instinktiv Entscheidungen treffen, während sie das Ausmaß des Risikos analysieren, das sie eingehen können, in jedweder Hinsicht. Diese Erkenntnis war mir in dieser Woche erst richtig klar geworden.

Um ehrlich zu sein, hatte ich mich immer für mutig und viel auf meine, sage ich mal, untypische Urlaubsaktivität gehalten. Aber Lia war mutiger. Sie hatte sich schnell an den unterschiedlichsten Orten auf unserer Reise zurechtgefunden. Sie hatte die anderen Reisenden angesprochen, obwohl sie wahrscheinlich relativ früh auf dem Weg nach Hamburg die Erfahrung gemacht hatte, dass sie nicht jedem alles erzählen konnte, ohne auf Ablehnung zu stoßen. Aber durch die persönlichen Erfahrungen, die sie mit jedem Kilometer sammelte, und die Entscheidungen, mit wem sie reden wollte und wie sie sich als Reisegefährte zu verhalten hatte, konnte sie ihr Selbstvertrauen weiter ausbauen und eine Menge lernen.

Wir gingen den Tag ganz entspannt an. Besorgten uns wieder Frühstück, dasselbe, was wir in den letzten Tagen auch morgens gegessen hatten, und wie immer Tee, weil ich mir immer noch Gedanken um Lias Magen machte. Meine Nichte hingegen war voller Vorfreude darauf, bald wieder im Schlafzug zu sein. Schade, dass die Paddys schon aufgebrochen waren – wieder zum Bahnhof. Nein, um es besser und abenteuerlustiger klingen zu lassen: Die drei Iren hatten sich auf den Weg gemacht, um den nördlichsten Bahnhof auf dem nördlichen Breitengrad 68° 26' wieder neu zu entdecken. Vielleicht würde die Paddy-Mum dieses Mal die Eisenbahnbegeisterung ihres Sohnes verstehen. Eventuell würden sie auch etwas entdecken, was Lia und ich nicht gesehen hatten, weil wir uns etwas anderes vorgestellt hatten. Aber wir hatten uns den Bahnhof kurz angeschaut, ihn analysiert und waren beide zu dem Entschluss gekommen: Wäre es exakt der Bahnhof von 1904, dann hätten wir uns bestimmt auf die Suche nach dem Weihnachtsmann und seinem Anhang gemacht. Schade, dass Lia die Paddy-Familie nicht kennenlernen durfte. Ich grinste in mich hinein beim Gedanken an den Sohnemann von heute Morgen. Freunde, ihr hättet den erleben müssen, wie er seiner Mutter verklickerte, wieso er eigentlich nach Narvik gereist war. Wie er die Hände verärgert in die Luft geworfen hatte und den Frühstückssaal auf und ab gelaufen war. Sein Kopf war rot wie eine sonnengereifte nordafrikanische Tomate. Ich will ja nicht wissen, was der für einen Blutdruck hatte. Aber zum Glück hatte sich das geklärt.

Kurz vor fünf machten auch wir uns auf den Weg zum Bahnhof. Die Sonne war schon untergegangen. Der Himmel war bewölkt, und es fing wieder an zu schneien. Lia lief summend neben mir her. Ich konnte Torfrock heraushören. Bei so viel Schnee würde ich eher Weihnachtslieder singen, aber nicht *B-B-B-Bernhard* und wie er das Haus seines Chefs zerstört.

»Wieso geht die Sonne in Schweden schneller runter als in Wuppertal?«, fragte Lia mit einem Mal, während ich versuchte, mit den Rucksäcken meine Balance zu halten. Das war gar nicht so einfach, das brauchte jahrelange Übung, Leute. In den postsowjetischen Staaten ist es unmöglich, mit einem vollgepackten Rucksack durch die Gegend zu ziehen. Unzählige Male war ich dort auf meinen heiß geliebten Backpack angesprochen worden. Den müsse doch ein Mann tragen. Schließlich sei er ja stärker als ich. Eine Frau brauche nur eine Handtasche. Wenn man im Training ist und eine besondere Liebe zu seinem Rucksack hat, dann sind auch 20 Kilo auf dem Rücken nichts.

»Ich glaube, das kommt dir nur so vor.«

»Nein. Im Sommer ist es länger hell, und im Winter wird es ganz früh dunkel«, erwiderte Lia.

Mal wieder war ich erstaunt von der astronomischen Beobachtungsgabe meiner Nichte. Als wir im Jahr vor unserer Reise gemeinsam die Mondfinsternis anschauen wollten, bei der auch der Mars deutlich zu sehen war, hatte meine Schwester Lia geweckt, damit sie das auch miterleben konnte. Der darauffolgende Tag war dann komplett ausgebucht gewesen, um das zu basteln, was Lia am Vorabend erlebt hatte. Auch wenn Kinder gewisse Dinge, die sie sehen, noch nicht verstehen, wird es ihnen später einfallen, wenn es zum Beispiel in einem Gespräch vorkommt. Dann können sie sich direkt ein Bild machen und verstehen es auch schneller.

»Na ja, im Winter ist die Sonne näher an der Erde, und im Sommer ist sie weiter weg von Erde sozusagen«, fing ich an kindgerecht zu erklären. »Deshalb können wir im Winter genau beobachten, wenn die Sonne aufgeht, wie sie über den Tag zieht und wieder untergeht, weil die Erde mehr in Richtung der Sonne geneigt ist.«

»Das ist aber schwer zu machen, Emma«, erwiderte Lia.

Ich zog eine Augenbraue nach oben. »Du musst du das doch gar nicht machen.«

»Jemand muss doch die Erde bewegen.« Sie schaute mich perplex an, als würde ich auf dem Schlauch stehen und nichts verstehen.

Archimedes wäre dazu in der Lage.

»Jemand muss doch die Erde bewegen«, wiederholte sie ihre Worte und blieb stehen.

Ich sah sie über meinen an den Bauch geschnallten Rucksack an. Erklärt mal einem Vorschulmädchen die Zentrifugalkräfte und die Entstehung des Sonnensystems. Ich grinste. »Gott.«

»Der passt doch auf uns Menschen auf. Gott kann doch nicht alles auf einmal machen. Wer bewegt die Erde noch?«

Mein Gott, war meine Nichte hartnäckig. »Weißt du, es gibt Dinge, die können Kinder in einem bestimmten Alter noch nicht verstehen, weil sie dafür erst mal in die Schule kommen müssen. In der Schule wird es dir dann Schritt für Schritt über mehrere Jahre hinweg erklärt.«

Bevor wir auf ein so kompliziertes Thema stoßen, machte es erst mal mehr Sinn, ihr einfach den Tagesablauf im Winter und im Sommer näherzubringen. Damit hatte sie dann genug, über das sie nachdenken konnte, anstatt darüber zu grübeln, wer jetzt die Erde bewegt. Genauso hatten wir Lia auch beigebracht, wie Babys in Mamas Bauch kommen. Die Geschichte mit dem Storch fanden wir doof, weil es eine Lüge ist. Um das Phänomen der Fortpflanzung zu verstehen, war Lia einfach noch zu klein, das hätte sie gar nicht begreifen können. Genau so haben wir es Lia gesagt.

Manchmal schnappen Kinder aus Gesprächsfetzen Sachen auf, bei denen wir als Erwachsene dann denken, dass die das sowieso nicht verstehen, und irgendwann hört man dann aus dem Kinderzimmer: »Warte, Mutter, ich hol dir deine *Kebikamente!*« »Nein, Kind. Es ist zu spät. Ich habe einen Schlaganfall.« »Aber davon stirbt man nicht immer, hat Mama gesagt.« Der Tonfall wird schärfer. »Aber Onkel Toni hatte einen Schlaganfall und ist gestorben. Das hat Mama gesagt.« Und lauter. »Aber man stirbt nicht immer!« Natürlich geht man als Mutter oder Tante ins Zimmer und schaut, was die Mädels dort machen. »Ich bin jetzt tot!« Lia liegt mit geschlossenen Augen auf dem Boden, und ihre kleine Schwester kniet neben ihr und will sie davon abhalten, an einem Schlaganfall zu sterben.

Kinder sind sehr aufmerksam. Und wie aufmerksam sie sind. Lia und ich stiefelten weiter zum Bahnhof.

»Schade, dass wir hier die Polarlichter nicht sehen konnten. Wer die wohl in den Himmel malt. Wer macht das?«

Ich stimmte ihr zu. Aber wie die Polarlichter entstehen, das würde ich ihr erklären, kurz bevor wir wieder eine Reise in den Norden machen. »Wir können noch mal wieder kommen, aber dann müssen wir das anders planen. Wir bleiben zwei Wochen in der Arktis und mieten uns ein Apartment. Deine Schwester kann dann mitkommen.«

Die Idee gefiel Lia. »Können wir dann kommen, wenn nicht so viel Schnee liegt und es so kalt ist?«, fragte sie vorsichtig nach.

Ich fing an zu lachen. Im Norden ist es immer kalt. Selbst im Sommer schwanken die Temperaturen zwischen 8 und 16 Grad, während wir in Deutschland schwüle Wochen durchstehen müssen. Ich habe so meine Probleme mit dem mitteleuropäischen Sommer, der auch von Jahr zu Jahr heißer wird. Auch wenn ich halber Nordafrikaner bin, ist die Hitze nicht wirklich mein Ding.

Lia hingegen hatte genug von der Kälte. Oder vielleicht lag es daran, dass ihr Abenteuer seinen Höhepunkt schon gehabt hatte. Viele Fragen hatten viele Antworten gefordert. Schnee und Wind hatten unsere Kraft beansprucht und uns ausgezehrt. Die Emotionen, Gefühle und Entdeckungen brauchten Zeit, um sacken zu können. Lia hatte ihr Ziel mit der Ankunft in der Arktis erreicht. Jetzt konnten wir ein paar Gänge runterschalten, um das Erlebte langsam ankommen zu lassen.

Narvik–
Stockholm

Wie ich mit anderen Reisenden
im Flur des Zuges trauerte
und lachte

Auf der Rückfahrt hatte Lia ein Mädchen zum Spielen. Allerdings stiegen die kurz hinter Kiruna aus. Ich wusste nicht, ob die Frau die Mutter oder die Oma des Kindes war. Aufgrund der sprachlichen Barriere konnten wir uns auch nicht wirklich unterhalten. Obwohl ich sie zuerst als etwas spießig eingeschätzt hatte, störte es sie nicht, dass ihr Kind sich eingesaut hatte und viel lachte und spielte. Ich fand's ganz angenehm, den Kindern beim Entdecken zuzusehen. Lia sprach auf Deutsch und das Mädchen auf Schwedisch. Sie verstanden sich, das war doch die Hauptsache.

Ehrlich gesagt, war ich dann doch froh, dass die beiden früh aus dem Zug gestiegen waren, weil Lia auf einmal so aufgedreht war davon, mit einem Mädchen in ihrem Alter im Zug spielen zu können. Ich konnte es verstehen. Aber abends war es doch echt schwer, sie ruhig zu bekommen, vor allem dann, wenn sie schlafen sollte. Einmal musste ich Lia zur Seite nehmen und ihr eine Auszeit geben, da sie zu laut war und andere beim Schlafen störte. Lia war so aufgedreht, dass sie mir nicht einmal richtig zuhören konnte.

Solche Konflikte hatte ich nicht oft mit Lia. Ich kann mich noch gut daran erinnern, als sie mit dreieinhalb für einen Monat bei mir in Berlin gewohnt hatte. Da waren wir auch einmal richtig aneinandergerasselt. Ich hatte ihr dann eine Auszeit im Schlafzimmer gegeben, weil sie schrie und sich nicht beruhigen ließ und mir der Kopf schon fast geplatzt war. Ich hatte nur im Wohnzimmer gesessen und wirklich gedacht: »Will das Mädel mich jetzt wirklich verar*****?! Ich gehe mit ihr auf den Spielplatz, sie lässt keines der anderen Kinder rutschen und macht dann noch Theater, weil ich mit ihr nach Hause gehe?!« Na ja, lange Rede kurzer Sinn: Lia hatte sich irgendwann beruhigt. Ich mich auch, und dann konnten wir auch vernünftig miteinander reden.

Im Zug war es eher die ›aufgeregte Freude‹, würde ich das mal nennen, weshalb ich Lia überhaupt nicht runterbekommen habe. Sie war extrem laut, sprang auf den Hochbetten umher, machte auf dem Gang auch noch Lärm. Es war wirklich anstrengend. Um 22 Uhr lag sie dann endlich im Bett.

»Ich habe Kopfschmerzen«, sagte Lia, als ich ihr ein weiteres Kissen gab.

»Ja, kein Wunder. Die hätte ich an deiner Stelle auch.«

Ich gab ihr noch ein Glas Wasser. Nachdem sie ein paar Schlucke genommen hatte, machte ich mit ihr noch ein paar Atemübungen, um ihre Energie etwas zu drosseln und sie endlich zum Einschlafen zu bringen.

Erleichtert setzte ich mich mit meinem Tagebuch in den Gang. Dieses Mal hatte ich weder ein herzerwärmendes Franzosenpaar noch einen Seelenverwandten aus der ärmsten dänischen Provinz in meiner Nähe. Um ehrlich zu sein, Freunde, hätte ich genau die drei jetzt gebraucht. Aber nein. Ich kam mit einer multikulturellen Gruppe in Kontakt, als ich über meinem Notizbuch saß und nachdachte, wie ich die Ereignisse in kurzen aber detaillieren Worten formulieren konnte.

»Wenn wir dich mit unserem Gerede stören, sag Bescheid«, sagte einer mit amerikanischen Akzent. Genauer gesagt, hörte er sich nach Philadelphia an.

»Alles gut«, erwiderte ich. Zumal ich das Gequatsche der Fünfergruppe gar nicht wahrgenommen hatte. Und wie es das Schicksal wollte, rutschte ich in die gemütliche Gesprächsrunde.

Sie war nicht so wie meine Gesellschaft auf der Hinfahrt. Sie war anders. Der Amerikaner war ein Kriegsveteran und kam tatsächlich aus Philadelphia. Die anderen vier hatte er in Stockholm kennengelernt. Die beiden jungen und hübschen Mädels mit ihren langen und wilden blonden Haaren waren stolze Schwedinnen, während die letzten beiden Reisenden ein Paar aus Schottland waren. Das freute mich. Ich bin gerne von Schotten umgeben. Ich mag Scots. Der beste Dialekt im Englischen, meiner Meinung nach. Die Schottin war um die 20 Jahre alt. Vielleicht auch erst 18 oder 19 Jahre. Sie hatte langes und glattes rotes Haar. Ihre grüne Mütze und die hellbraunen Augen gaben ihr das gewisse Etwas. Das perfekte Mädchen für meine rothaarige Nichte mit den fast schwarzen Augen. Ich schmunzelte.

Aber die Geschichte des Kriegsveteranen interessierte mich sogar noch mehr, deswegen versuchte ich das Gespräch auf das Thema zu lenken. Er schien mir jung zu sein. Vielleicht

Ende dreißig. Mehr aber auch nicht. Interessanterweise schilderte er, dass nicht jeden Tag Bomben abgelassen oder Einheiten irgendwo hingeschickt werden, um den Terrorismus zu bekämpfen. Er selbst war mit vielen Einheimischen in Afghanistan und insbesondere im Irak in Kontakt gekommen und hatte sich mit einigen sehr gut verstanden.

»Dann bekommst du einen Plan und deinen Auftrag. Im Endeffekt siehst du nicht den Schaden, den der Fliegerangriff anrichtet. Das ist auch besser. Wir wissen auch nicht, ob derjenige, mit dem man sich gut verstanden hatte, zu den Terroristen gehört, deren Lager wir angegriffen haben«, sagte der Mann aus Philly sachlich, manchmal auch mit leicht zitternder Stimme. »Es ist eine Ehre, für sein Land zu kämpfen. Das Risiko, das jeder Soldat eingeht, wird ihm im Nachhinein erst bewusst.«

»Wer garantiert euch, dass ihr nur Terroristen, die eine Gefahr sind, tötet?«, fragte eine der Schwedinnen.

»Keiner«, antwortete er kurz und knapp.

Ich schluckte. »Was passiert mit Deserteuren?«, fragte ich.

»Es gibt keine Deserteure. Jeder verpflichtet sich freiwillig. Es gibt keinen Zwang. Entweder man macht es ehrlich, oder du bleibst zu Hause.«

»Hast du jemanden verloren, den du mochtest? Einen Freund.« Der rothaarige Schotte sah den Ex-Soldaten ernst an.

»Ja. Ich habe gesehen, wie ein guter Freund in die Sucht gefallen ist.«

»Meinst du nach seiner Zeit im Irak?«, hakte ich nach. Unsere Fragerei glich einem Verhör.

»Wie schon gesagt, nicht jeder kommt zurück in der Heimat mit dem Leben nach dem Wehrdienst klar.«

Eigentlich war das nicht die Antwort auf die Frage des

Schotten, aber wir ritten nicht länger darauf herum. Wahrscheinlich, ging es mir in diesem Moment durch den Kopf, wusste der Ami, was der Schotte gemeint hatte. Ich konnte mir gut vorstellen, dass ihm tatsächlich so etwas passiert war, er aber darüber nicht reden wollte. Ist ja auch ganz legitim.

Natürlich kann ich nicht nachempfinden, wie es ist, eine Freundschaft mit jemandem von der gegnerischen Seite aufzubauen und diese Person dann aus Versehen durch einen Luftangriff zu töten. Von meinen Bekannten und Freunden aus Amerika wusste ich, dass Kriegsveteranen kaum psychologische Unterstützung von der Regierung bekommen. Viele kommen in eine Alkohol- oder auch Drogensucht. Am Ende läuft es darauf hinaus, in einem Methadonprogramm festzustecken oder das Leben an eine Überdosis Heroin zu verlieren. In der Tat kenne ich welche, die im Methadonprogramm sind und auch schwer mit den Nebenwirkungen zu kämpfen haben. Einige Geschichten darüber, was die Menschen zu so einer Sucht veranlasst, sind grausam. Obwohl ich solche Leute kenne, hatte ich bisher nur einmal live gesehen, wie sich zwei den Schuss gegeben hatten. In Kiew, direkt unter meinem Apartment, das ich für meine journalistische Recherche gebraucht hatte. Obwohl Kiew die erste Stadt war, in der ich Leute beim Heroinkonsum direkt erleben konnte, hat die ukrainische Hauptstadt einen bleibenden Eindruck bei mir hinterlassen. Als Reisender ist man vielen Orten ausgeliefert; der Genuss einer neuen Kultur kann lustig, spannend und liebevoll sein, aber eben auch herzzerreißend und voller Trauer. Ganz nebenbei – und um hier die Stimmung wieder etwas zu heben: Ich hatte ich mich damals als Mexikanerin ausgegeben, da die Kiewer Universität nur Apartments an Gastdozenten aus Mexiko vergab. Das war schon eine lustige Situation, Englisch mit spanischem Akzent zu reden. Zumal ich das nicht wirklich konnte. Aber der Pförtner konnte so gut wie kein Englisch.

»Krieg und Tod ist für beide Seiten schwer«, sagte ich leise. »In einigen Ländern habe ich schlimme Sachen gesehen und mit viele Betroffenen gesprochen. Krieg ist immer für beide Parteien grauenvoll. Die Schattenseite der Welt.«

»Das muss nicht sein«, sagte die Schottin schniefend. Ihr Freund legte schützend seine Arme um sie.

Ich denke, Gutes und Böses hat es schon immer gegeben. Ich kann mir nicht vorstellen, dass es je passieren wird, ohne Böses zu leben. Dafür ist der Mensch einfach zu sehr Mensch. In New York hat mir ein alter Mann einmal erzählt, dass es in den 1960er Jahren eine große Ausstellung gab über das gefährlichste Tier der Welt. Dabei handelte es sich um eine Tür, hinter der ein großer Spiegel war, betitelt: *Der Mensch*. Wer weiß, was die Besucher damals gedacht hatten, was sie sehen würden. Einen Grizzly? Ein überdimensionales Krokodil?

»Was kann daran ehrenhaft sein, für das eigene Land zu kämpfen, wenn man auf der anderen Seite der Welt ist? Du kannst uns ja nicht sagen, dass du nicht gewusst hast, dass so etwas auf dich zukommen wird. Soldatentum hat am Ende immer etwas mit Krieg und Tod zu tun«, sprach die Schwedin bestimmt weiter. Sie schien mir der Chef des Zweiergespanns zu sein und diejenige, die bisher die meisten Erfahrungen im Reisen gesammelt hat.

»Nein. Dir wird das ans Herz gelegt und schmackhaft gemacht. Wer will nicht als Held gefeiert werden?«

Ha ha, als Held gefeiert werden ... Da muss ich immer an die griechischen Helden denken. Irgendwie konnte ich den Amerikaner verstehen, weil damals in meiner Abiphase die Bundeswehr zu Besuch an meine Schule kam. Der Offizier erzählte uns, dass es viele Möglichkeiten gab, sich in der Bundeswehr zu entfalten, aber dennoch sollte jeder im Hinterkopf behalten, dass das Militär immer etwas mit Krieg und Verteidigung zu tun hat.

Wir schwiegen in der Runde.

»Woher hast du deinen Trekkingbackpack?«, fragte mich die andere Schwedin. »Ich habe den gesehen, als du eingestiegen bist mit dem kleinen Mädchen.«

Ich lachte, weil mein Rucksack immer zum Gesprächsthema wird, und startete meine Erzählung, wie ich dazu gekommen war. Kurz nach meinem Abitur hatte ich mir einen ganz neuen blauen Wanderrucksack gekauft, mit dem ich den Jakobsweg wandern wollte. Allerdings fehlten mir noch vernünftige Wanderschuhe, weshalb ich zum Geburtstag ein blaues Sparschwein von meiner Familie bekam, wo genügend Geld drinnen war, um mir gute Schuhe zu leisten. Eines Tages, als meine Mutter und meine Schwester einen Ausflug nach Düsseldorf machten, lief ich in die Wuppertaler Innenstadt, um mir neue Schuhe zu holen. Was soll ich euch sagen, Freunde?! Bis zum Eingang des Kaufhauses hatte ich die ganze Zeit nur im Kopf: Schuhe. Schuhe. Schuhe. Ich betrat den Laden, marschierte aber nicht in die Schuhabteilung, sondern direkt zu den Rucksäcken und entdeckte dieses tolle Exemplar. Auf dem Weg nach Hause wurde mir auf einmal bewusst, dass ich doch Schuhe kaufen wollte und keinen Rucksack. Zumal ich ja einen ganz neuen hatte. Zwei Wochen lang hatte ich diesen Rucksack immer mit in der Uni dabei, weil ich ihn nach meinen Kursen zurückbringen wollte. Aber ich wollte ihn unbedingt behalten, also verkaufte ich den blauen Rucksack an die Mutter meiner Freundin.

Das schottische Paar und der Ami lachten. Die Schwedinnen grinsten nur. Im Nachhinein kann ich auch darüber lachen, aber vor ein paar Jahren hatte ich mich in einer wirklichen Rucksackkrise befunden.

Es war nicht so familiär wie auf der Hinfahrt. Aber ich war auch froh, dieser kleinen Menschengruppe begegnet zu sein. Die beiden Schwedinnen waren Cousinen und mehr zu Fuß unterwegs als auf Rollen. Mit ihnen konnte ich gut über das Wandern reden, weil sie dieselbe Begeisterung teilten wie ich.

»Wie viele Kilometer bist du schon gewandert?«, fragte mich die schwedische Chefin neugierig. Ihre Augen glitzerten im dämmrigen Licht des Zuges. Die anderen sahen mich ebenfalls an.

Schwierige Frage, dachte ich nur. Auf Kreta hatte ich damals meine 3.000-Kilometer-Marke gefeiert. Aber seitdem habe ich nicht mehr gezählt. Ich kann mich noch zu gut an diesen Tag erinnern, weil die letzten elf Kilometer für mich die Hölle waren. Die Sonne stand damals an ihrem höchsten Punkt. Ein Adler, der mir schon seit Stunden gefolgt war, glitt anmutig in der Luft. Ich war irgendwo auf Kreta eine endlose lange Landstraße entlanggelaufen und nicht mehr so ganz bei der Sache. Es war zu heiß, und dieses Auf und Ab der Berge machte mich nach 20 Kilometern einfach nur fertig. Rechts und links von mir breiteten sich die Berge aus. Von meinem Standpunkt aus konnte ich das Ida-Gebirge am Horizont erkennen. Über diesen Anblick hatte ich mich gefreut, weil es eines der größten Gebirgsmassive auf Kreta war, und in einer der Grotten im Ida-Gebirge soll Zeus geboren worden sein. Vor mir lief eine Herde Schafe. Wie schon zum sechsten Mal an diesem Tag hielt ein Autofahrer an und fragte, ob er mich in die nächste Stadt mitnehmen solle – sofern man diese Orte hier als Städte bezeichnen konnte. Und wie die letzten fünf Anhalter, versuchte er mich von meinem Vorhaben abzuhalten, zurück nach Palaiokastro zu laufen. Ich musste dahin laufen, um die 3.000 zu knacken. Dieser Anhalter fragte mich, wieso ich das machte. Wieso machte ich das? Wochenlang ohne ein

Ziel durch die Welt laufen, nur um am Ende des Tages ausgepowert und mit Schmerzen ins Bett zu fallen? Vielleicht bin ich ein Masochist, und viele halten mich für verrückt, wenn ich gestehe, dass ich es liebe und mich irgendwie erfüllt und befriedigt fühle, wenn ich über meine Grenzen hinauslaufe. Tatsächlich gab es schon Momente, in denen ich heulend irgendwo in der Fremde saß und mich verflucht habe, dass ich nach 25 Kilometern nicht aufgehört und mir weitere 17 Kilometer zugemutet hatte. »Ehrlich gesagt, weiß ich nicht genau, wieso ich mir das antue«, antwortete ich damals dem Autofahrer. »Vielleicht finde ich es heute heraus.«

Auf die Frage der Schwedin antwortete ich in ähnlicher Weise: »Weiß ich nicht, aber ich bin schon eine Menge Wanderwege gelaufen.«

»Bist du schon in unseren schönen schwedischen Wäldern gewandert?«, fragte sie weiter.

Ich schüttelte den Kopf. Wenn ich an die schwedischen Wälder denke, muss ich immer an den einen Horrorfilm *Ritual* denken, in dem vier Freunde im schwedischen Nationalpark wandern, um eines verstorbenen Freunds zu gedenken, und dann werden sie im Laufe des Films von Jötunn, einem nordischen Göttergeschlecht, heimgesucht. Also ganz creepy der Film. Wer weiß, vielleicht bin ich deshalb noch nicht in Schweden wandern gewesen.

Plötzlich prustete der Schotte los und zeigte auf mich. »Du kennst den einen Horrorfilm mit den Jungs im schwedischen Wald!«

Jetzt fing auch ich an zu lachen. »Ja, schon. Aber das hat nichts damit zu tun«, sagte ich und wurde rot.

Alle stimmten in das Lachen mit ein.

»Doch nicht so eine taffe Weltenbummlerin«, sagte der Ami lachend und klopfte mir auf die Schulter.

»Okay, okay, Leute«, rief ich und stand auf. »Ich werde noch durch Schweden wandern. Irgendwann.«

»*Swear to God!*«, riefen die Schwedinnen.

»Ich schwöre es!«

Wir lachten und stießen mit unseren Getränkeflaschen an.

»Wie heißt ihr alle eigentlich? Wir sitzen hier schon seit mehr als einer Stunde«, fragte der Schotte.

Also, Freunde, vor mir saßen der Amerikaner und Veteran Josia, die Cosmopolitan-Schotten Roana und Alick sowie die Powerwanderin und Chef-Schwedin Astrid und ihre unscheinbare Cousine Wilma.

Irgendwie hatte ich ein schlechtes Gewissen Lia gegenüber. Ich hatte ihr gesagt, sie solle nicht mehr so laut sein, weil viele der Mitfahrenden im Zug schon schlafen, und was machte ich?! Ich gackerte und brüllte vor Lachen mit der Gruppe. *Schlechtes Vorbild, Emma!* Vorhin hatte ich sie zwar nicht angemeckert, sondern sie nur etwas zurechtgewiesen, außerdem wollte ich, dass sie sich beruhigt, damit ich sie ins Bett bringen konnte ... Okay, ich durfte mich da nicht herausreden. Ich war an diesem Abend selbst nicht besser, weil es einfach sehr spaßig war und ich bzw. wir überhaupt nicht an die anderen Reisenden dachten. Ich nahm mir vor, mich am nächsten Morgen bei Lia zu entschuldigen und ihr zu erklären, warum ich am Abend etwas strenger gewesen bin. Im Endeffekt mussten wir alle Rücksicht auf die anderen nehmen.

Der Schotte erzählte in der harmonischen und leiser gewordenen Runde, dass er ursprünglich aus Ullapool kam, aber wegen des Studiums nach Glasgow gezogen war.

»Du bist der zweite Schotte, dem ich begegne, der aus Ullapool kommt«, flüsterte ich fast. Ich setzte meinen rechten Ellbogen auf den dicken Gummirand des Fensters und lehnte meinen Kopf in den abgestützten Arm. Während die anderen weiter schnackten, schaute ich immer wieder zum Sternenhimmel. Er war atemberaubend. Außerhalb der großen Ortschaften und Städte konnte man das Band der Milchstraße im sternreichen Himmel deutlich sehen. Mehrere Tausend Sterne waren mit dem bloßen Auge zu beobachten. Ein faszinierendes Naturschauspiel, das man nur selten zu sehen bekommt. Das letzte Mal hatte ich es beim Wandern im Taunus erlebt, als ich an einer Lichtung auf Neuzeitdruiden stieß. Die hatten keine Gewänder oder Ähnliches an; ganz normale Alltagskleidung. Sie standen in einem selbst errichteten Steinkreis und sangen. Um ehrlich zu sein, klingelten mir die Ohren beim Gesinge der »auserwählten« Leute im Taunus. Aber sie waren freundlich zu mir, deshalb gefielen mir die schiefen Töne trotzdem. Bei Tee und philosophischem Gerede wartete ich mit der Gruppe auf den Nachthimmel. Kein einziges Licht brannte. Hohe Tannen und nackte Bäume ragten hoch in den Himmel. Um 20 Uhr war alles schwarz. Ein Panorama voller Sterne breitete sich über uns aus. Man muss es selbst gesehen und erlebt haben: Keine Erzählung und kein Foto können im Entferntesten beschreiben, wie es sich anfühlt, mitten im Wald auf einem Berg so viele Sterne und Planeten zu beobachten. Durch meinen dicken Pullis spürte ich plötzlich die Kälte an meinem Arm. Dann merkte ich, dass ein Stück von meinem Ärmel am Fenster festgefroren war. »*Shit!* Mein Pulli ist festgefroren«, sagte ich in die Runde, der ich gar nicht mehr zugehört hatte, weil ich träumerisch eine Reise durch den Nachthimmel machen musste.

»*Jesus Christ!*«, flüsterte Josia und begutachtete die festgefrorene Stelle. Er lachte kurz auf. »Das ist phänomenal. Was die Natur alles macht!« Ich war also nicht die Einzige, die von zugefrorenen Fenstern zum Staunen gebracht wurde.

»Ja, ich weiß!«, erwiderte ich. »Ich fand das auf der Hinfahrt schon einmalig. Ich hatte sogar Angst, dass meine Nichte erfriert.« Bei diesem Gedanken musste ich lachen.

Die Schwedinnen schauten uns grinsend an und dachten bestimmt, mein Gott, sind die beiden verstrahlt.

»Mir war das auch aufgefallen. Ich hatte schon die Befürchtung, die Dementoren von Harry Potter kämen jetzt, um mich mitzunehmen«, sagte Roana ernst.

Bitte?! Keiner sagte etwas.

Dann prustete die Rothaarige los. »O Mann! Ihr müsst eure Gesichter sehen!«

Wir stimmten mit ein. Aber tatsächlich konnte man schon denken, dass sich draußen die Dementoren näherten, da sogar die »Dichtung« mit Eis bedeckt war. Stellt euch mal vor, Freunde, die ganzen Scheiben im Zug wären zu 100 Prozent mit Eis bedeckt gewesen!

»Was machen wir jetzt?«, fragte Alick.

»Wir?«, fragte ich lachend. »Das ist doch mein Problem«, gab ich spaßig zurück. »Ich will meinen Pulli nicht kaputt machen.« Ich verzog mürrisch das Gesicht.

»*No, no!*« Josia hob die Hände. »Dein Problem ist jetzt auch unser Problem. Wir helfen dir, Emma!« Der Ami ging ins Badezimmer und kam mit einem dampfenden Becher zurück. Mit einem kleinen Plastiklöffel schippte er nach und nach heißes Wasser auf die Stelle, bis sich das Stück Stoff vom Fenster löste.

Die anderen vier jubelten.

»Sehr schlau! Vielen Dank!«, bedankte ich mich.

Ich fühlte mich wohl mit den neuen Bekanntschaften. Aber unser Gesprächsstoff war total anders, verglichen mit dem Dänen. Er interessierte sich für Lia und Kinderträume. Er war mehr auf Details fixiert und liebte Rentiere. Er war bescheiden. Einfach an sich eine interessante Person, über die man viel nachdenken musste. »Ich habe gedacht, du möchtest einen heißen Kakao«, schwebten seine Worte durch meinen Kopf. Ich hatte einer Frau einmal einen Kaugummi angeboten, weil wir Stunden nebeneinander am Flughafen gesessen waren. Das Ding mit dem Kakao wollte ich auch mal bringen. Es gab zwar keinen Kakao in dieser Runde, kein Bamsemums und keine Seelenverwandtschaft, aber ich war in guter Gesellschaft, in der wir ein paar Emotionen offenlegten.

Die Nacht verlief angenehm und entspannt mit lauter kleinen Anekdoten und Erzählungen, während der Schnee-Express durch die kalte verschneite Nacht in den Süden fuhr und ich dachte: Wie würden wohl die Reisen von Lia, ihrer Schwester oder vielleicht auch meiner Patentochter später mal aussehen? Sehr anders? Ich war gespannt, was mir die Mädels später mal über ihre Entdeckungen ohne mich erzählen würden …

Stockholm–
Wuppertal

Das Ende eines Abenteuers

Wir kamen pünktlich in Stockholm an. Lia war schon relativ
früh aufgewacht und besorgte mit mir zusammen das Frühstück im Bordbistro. Während des Frühstücks sprach ich sie
auf den letzten Abend an und erklärte ihr, dass ich sie nur deshalb zurechtgewiesen hatte, weil sie nicht mit sich hatte reden
lassen und ich sie einfach beruhigen wollte, damit sie in Ruhe
einschlafen konnte. Aber das interessierte sie nicht sonderlich.

»Das hat gestern so viel Spaß gemacht. Wieso waren nicht
mehr Kinder im Zug?« Sie rührte mit Kandis in ihrem Tee
herum.

»Wetten, es waren einige Kinder in dem Zug. Du hast doch
gesehen, wie lang der Zug war«, erwiderte ich und musste
gähnen. Ich war erst um zwei Uhr nachts im Bett gewesen.
Mein Kopf dröhnte leicht.

»O ja! Der Schlafzug ist wirklich laaang!«

Wir genossen unsere Zimtschnecken und den Haferbrei.

»Ich war gestern Abend auch etwas laut«, gestand ich.

»Wieso?«

»Da waren noch ein paar andere Reisende, mit denen ich geredet habe. Wir haben einige lustige Sachen erzählt, und dann mussten wir lachen.«

»Ich habe nichts gehört. Also ist das nicht schlimm.«

Ich grunzte kurz auf. Lia schläft wie ein Stein. Einmal hatten meine Schwester und ihr Mann sich nachts ausgesperrt, weil der Nachbar ein Problem hatte. Tibby hatte bei meinen Eltern geschlafen, und Lia war schnarchend in ihren schönsten Träumen gelegen. Ihre Eltern hatten angerufen, an der Tür wie die Irren geklopft und nach Lia gerufen. Alle Nachbarn wurden aus dem Schlaf gerissen. Jetzt könnt ihr raten, wer immer noch tief und fest schlief? Jo, Lia. Einer der Nachbarn lieh meiner Schwester ein Geodreieck, womit die dann auch die Tür öffnen konnten. Die beiden sind schnurstracks ins Kinderzimmer, um zu schauen, ob mit Lia alles in Ordnung war. Der ging es bestens.

»Das ist ja schön, dass du so gut schlafen konntest«, sagte ich grinsend.

Wir warteten, beladen mit unseren Pappbechern, dass sich die Türen des Zuges öffneten.

»Möchtest du eine Nacht in Stockholm bleiben?«, fragte ich Lia.

»Nein. Ich möchte mit dem Zug weiterfahren.«

Nachdem wir ausgestiegen waren und noch eine ganze Stunde Zeit hatten, bis unser Zug nach Kopenhagen weiterfuhr, erkundeten wir wieder den Stockholmer Bahnhof. Dabei stießen wir auf viele kleine Ramschläden, die wir beim letzten Mal gar nicht bemerkt hatten. Obwohl ich so ein Geier bin, gaben Lia und ich bestimmt vierzig Euro für hässliche Anhänger, Broschen, Magnete und Süßkram aus.

»Wir haben nur Schrott gekauft«, sagte ich zu Lia und verstaute das Zeug.

»Ich finde unsere Sachen schön. Und der Kuscheltierrentieranhänger kommt an meinen Rucksack. Da passt er ganz schön hin.«

Als das Wort Rentier fiel, sprang ich in Gedanken zu der Herde, die unseren Zug aufgehalten hatte. Das zufriedene Lächeln des samischen Kontrolleurs und dieses blaue Feuer in den Augen des Dänen sah ich direkt vor mir. So eine Leidenschaft für Rentiere findet man nur im Norden. Jede Reise hat ihren ganz bestimmten Zauber. Ich war sicherlich ebensosehr begeistert über den Schnee-Express von Stockholm nach Narvik wie Lia. Während meine Nichte immer noch im Glück darüber war, dass sie in einer Eisenbahn schlafen durfte, waren es bei mir die liebreizende Französin, der Däne mit seinem Kakao und die Rentierkühe, die mich ins Schwärmen versetzten. Ich liebe es, unterwegs neue Bekanntschaften zu schließen, deshalb sollten wir nicht die Kilometer der Strecke zählen, die wir auf Reisen zurücklegen, sondern vielmehr die Bekanntschaften und Erinnerungen auf diesen Kilometern.

In den skandinavischen Zügen mussten wir immer vor der Anreise Platzkarten online bestellen. Dieses Mal hatte ich das total vergessen. Als wir im Zug kontrolliert wurden, war die Schaffnerin sehr zuvorkommend. Wenn niemand anderes diesen Platz reserviert hatte, durften wir sitzen bleiben. Ich hatte einen Platz unmittelbar neben der Bordtoilette gewählt, falls Lia wieder ... na ja, ihr wisst ja, was ich meine.

Das erste Viertel der Zugfahrt verging einwandfrei. Lia redete hier und da. Erzählte mir, was sie alles in Schweden und im Zug nach Narvik erlebt hatte. Eigentlich war ich ja bei allem dabeigewesen, aber ich ließ sie erzählen und stellte ihr Fragen, die ich mir selbst hätte beantworten können.

Und dann ging es los ... Lia setzte sich mit angezogenen Beinen seitlich auf den Sitz und sah schweigend zum Fenster. Ich war wieder so superschlau und hatte keine Tüte dabei und Lia zuvor auch keine Ingwerbonbons gegeben – aber Hauptsache, wir saßen neben einer Toilette.

»Alles gut bei dir, Lia?«, fragte ich vorsichtig und flehte innerlich: Bitte, Herr, lass ihr nicht übel sein!

»Mir geht's nicht so gut.«

Ach du Scheiße! Meine Gebete wurden nicht erhört. Ich packte Lias Arm, zog sie aus der Ecke und lief mit ihr auf die freie Toilette. Einige der Leute schauten uns schief an, aber das war mir in dem Moment gleichgültig. »Halte durch! Halte durch!«, rief ich hysterisch, war gerade dabei den Klodeckel hochzuklappen, als Lia auch schon loslegte. Voll auf den Klodeckel.

Reflexartig knallte ich die Tür von außen zu, um nichts abzubekommen. Ich hörte sie nur spucken. Es plätscherte so. Das war echt ekelhaft.

Ein älterer Herr fing an zu lachen, während ich beschämt grinste.

»Fertig?«, fragte ich vorsichtig.

»Noch nicht ganz«, rief sie aus dem Klo.

Dann plätscherte es wieder. Es grenzt schon an ein Wunder, was alles in so einen kleinen Kindermagen reinpasst.

»Bin fertig!«

Vorsichtig, sehr vorsichtig öffnete ich die Tür. O mein Gott. Ein Desaster. Ich hielt direkt die Luft an, um nicht zu würgen und Lia dann womöglich ein schlechtes Gewissen zu machen. Sie tat mir leid.

»Jetzt geht's mir besser«, sagte sie und stand erleichtert in der einen Quadratmeter kleinen Toilette.

Mit spitzen Fingern lotste ich meine Nichte in den Durchgang der Zugtüren, machte direkt die Klotür zu und zog sie bis auf ihre Unterwäsche aus. Anschließend wusch ich sie mit einem Waschlappen, gab ihr frische Klamotten, natürlich wieder eine Vomex, platzierte sie auf ihren Sitz und kümmerte mich dann um das Desaster auf der Toilette.

Bevor ich mich an die Arbeit machte, entschuldigte meine Nichte sich.

»Du brauchst dich für nichts entschuldigen. Das ist ganz normal, und das kann passieren. Das habe ich dir doch schon einmal gesagt.«

Also eine halbe Stunde war ich bestimmt mit der Bordtoilette beschäftigt gewesen. Ein Glück, dass die hier an Bord auch Raumspray hatten. Die Toilettenkabine wurde abgesperrt. Sobald man die Tür öffnete, kam dieser Geruch einem entgegen. War nicht sehr appetitlich.

Lia schlief kurz nach der Tablette ein. Es war gar nicht so leicht, sie wieder wachzubekommen. Dabei war das Medikament gegen Übelkeit tatsächlich eigens für Kinder. Ich fand es krass, dass mit diesem Zeug die Kinder so ins Abseits geschossen werden.

Kurz vor Kopenhagen musste ich Lia darauf vorbereiten, dass wir nur vier Minuten zum Umsteigen hatten. »Verpassen wir den Zug in Kopenhagen, dann schaffen wir den ICE in Hamburg nicht und somit auch die letzte S-Bahn nach Wuppertal. Wenn wir die verpassen, müssen wir fünf Stunden in Düsseldorf am Bahnhof hocken.«

Damit hatte ich Lia in den Bann gezogen. Ich hatte ihr die verantwortungsvolle Aufgabe gegeben, den Zug aufzuhalten. Voller Eifer rannte sie in Kopenhagen die Brücke und anschließend die Treppe zum Gleis entlang. Sie stieg auch nicht ein, sondern hielt mit der Hand die Tür auf. Wieder gesellte sich ein Schaffner zu ihr, und wieder zeigte sie auf mich, dass ich nicht rennen konnte, aufgrund des Gepäcks.

Die komplette Rücktour war nicht spektakulär, außer die Schiffsfahrt, bei der die Eisenbahn im Bauch des Schiffes parkte. Mit Pommes und Salat saßen wir am Fenster des Schiffes und beobachteten die brechenden Wellen. Ein Mitarbeiter des Schiffs ging durch das Restaurant und kam auf uns zu. Der weiß bekleidete Mann begrüßte uns. Nach einem zweiminütigen Plausch fragte er, ob Lia meine Tochter sei.

»Nein, meine Nichte«, antwortete ich.

»Genau!«, stimmte Lia mir zu, während sie über frittierten Kartoffelstreifen saß und futterte.

Das war nicht immer so gewesen. Als ich sie das erste Mal mit nach Berlin genommen hatte, da war sie gerade erst drei geworden, hatte einmal der Schaffner im ICE sie gefragt, ob ich ihre Tante sei. »Nein! Das ist Nana«, hatte sie ihm ganz ernst geantwortet. Sein Blick wurde skeptisch. Ich kam ins Schwitzen. »Das ist meine Nichte. Sie nennt mich nur Nana«, stammelte ich. Wieder schaute er lächelnd zu Lia. »Echt? Ist Nana deine Tante?«, fragte er. »Nein! Das ist Nana!« *Will die mich jetzt auf den Arm nehmen,* ging es mir da nur durch den Kopf. »Ich schwör's! Das ist meine Nichte. Ich habe Hunderte Bilder auf meinem Handy, und außerdem können Sie meine Schwester, also ihre Mutter anrufen. Das ist meine Nichte.« Der Schaffner fing an zu lachen. »Ich glaube Ihnen schon. Bei der Kleinen ist es wohl noch nicht angekommen, dass Sie die Tante sind und nicht die Nana.« Lachend ging er aus dem Abteil und ließ mich schwitzend und grummelnd zurück. Was soll's! Als Lia herausgefunden hatte, dass ihre Mama nicht Mama heißt und ihre Oma nicht Oma, war sie erst mal in eine kleine mittelschwere Krise geraten wie vermutlich jedes andere Kind, das später oder früher erfährt, dass seine Familienmitglieder einen Vor- und Nachnamen besitzen.

Von Hamburg nach Wuppertal saßen wir in der ersten Klasse. Lia und ich schliefen sogar ein, weil wir so kaputt waren. In Stockholm hatten wir diesmal schließlich keine Pause eingelegt. Lia hatte es nicht gewollt, was ich nachvollziehen konnte. Irgendwie war ich froh, mein Kissen bald wiederzuhaben. Ich kann nur sagen, zum Glück lief die Rückfahrt von der Arktis nach Wuppertal einwandfrei und ohne jegliche Verspätung.

In Düsseldorf mussten wir aber auch zur S-Bahn rennen, weil es die letzte Bahn an diesem Tag war, die nach Wuppertal fuhr. Ihr könnt euch vorstellen, dass ich Lia wieder vorschicken musste. Lia stand in der Tür, während ich am Automaten schnell noch zwei Tüten Chips zog. Ich war happy, dass die Tüten nicht im Automaten stecken blieben. Ihr kennt es ja mit Sicherheit: 60 Prozent der gezogenen Süßigkeiten an den Automaten an Bahnhöfen, Flughäfen und Unis bleiben hängen. Das letzte Kleingeld ist dann futsch und die Schmacht nach etwas Süßem immer noch da. Der Snack hängt halb in der Spirale und halb in der Luft herum. Ich fühle mit jedem, der dies durchmachen muss.

Lia und ich saßen laut kauend nebeneinander. Gegenüber saßen zwei Männer mit Kapuze und Sonnenbrille. Aber wir saßen nur müde da, griffen immer wieder in unsere Chipstüten, bis nichts mehr da war, und glotzten die beiden vor uns an.

»Wieso tragen die eine Sonnenbrille? Es ist doch nachts?«, fragte Lia in normaler Lautstärke, ohne sich darüber im Klaren zu sein, dass die beiden uns hören konnten.

Ich blies hörbar die Luft aus. »Boah, keine Ahnung! Wahrscheinlich ist die Sonne in der Bahn so grell«, antwortete ich, während die beiden den Kopf drehten und sich gegenseitig ansahen. Der ein zog eine Augenbraue hoch. Das fiel mir direkt auf. Aber sie sagten nichts.

»Mit einer Sonnenbrille könnte ich hier nichts sehen«, kommentierte Lia weiter und suchte in ihrer Tüte weiter nach Chips.

Wow! Was war ich doch für eine Tante, meine Nichte um 01:30 Uhr nachts mit Chips abzufüllen. Ich bezeichne es mal als Ausnahmezustand. »Ich auch nicht, Lia. Da würde ich hier vom Sitz kippen und schlafen.«

Als wir um kurz vor zwei Uhr morgens in Wuppertal-Steinbecker Meile mit der S-Bahn einfuhren, spürte ich eine große Last von mir fallen. Nicht im negativen Sinne, sondern ... Ich hatte eine Expedition mit meiner Nichte gestartet. Diese Expedition war anspruchsvoll gewesen, weil wir von Wuppertal bis in die Arktis mit der Eisenbahn gefahren waren. Und das alles auch wieder zurück. Es hatte Momente gegeben, in denen es meiner Nichte nicht ganz so gut ging. Die Verantwortung, die ich ihr und natürlich auch meiner Schwester und meinem Schwager gegenüber hatte, hatte unbewusst an mir herumgeknabbert. Genau diese Last war jetzt weg.

Doch auch das gehört zum Reisen dazu: Verantwortung für sich selbst und seine Reisegefährten zu tragen und sich gegenseitig zu unterstützen, wenn es einem mal nicht gut geht. Selbstvertrauen ist ebenso ein wichtiger Part. Lia hatte sich Dinge zugetraut, weil sie wusste, dass sie es konnte. Ich hatte mir zugetraut, mit meiner Nichte ein solches Abenteuer zu bewältigen. Als es mir im Zug einmal nicht sonderlich gut ging, nahm sie sich das zu Herzen. Als es Lia nicht gut ging, versuchte ich ihr zu helfen. Genau das macht treue Reisegefährten aus: Gemeinsam neue Menschen, neues Essen, neue Abenteuer und neue Facetten in sich selbst zu entdecken

bedeutet Reisen. Lia und ich waren Reisende, Abenteurer –
keine Touristen. Wir haben gesehen, was wir erlebt haben,
und nicht, was wir besucht haben.

Mein kleiner Bruder Ninou stand schon am Gleis und wartete auf uns. Lia sprang aus dem Zug und fing direkt an, ihm
von ihrem Abenteuer zu erzählen. Der stand nur da, schaute
verschreckt und wusste gar nicht, was gerade Sache war. Okay,
es war auch schon zwei Uhr nachts.

»Das war so cool! Ich muss dir alles erzählen. So ein Abenteuer müssen wir wieder machen«, rief Lia außer sich vor
Freude.

Ich stieg wie ein vollbepackter Esel aus der S-Bahn und
drückte meinem Bruder direkt einen meiner Rucksäcke in die
Hand.

»Seid ihr beide wirklich mit dem Zug in die Arktis gefahren?«, hakte er vorsichtig und fast schon ungläubig nach.

O ja! Das sind wir. Ich konnte es selbst noch nicht wirklich
glauben.

Lia schon.

»Ich habe das meinen Freunden erzählt. Die haben mir das
nicht abgekauft. Wieso mit dem Zug? Es gibt doch Flugzeuge«, sagte Ninou und musste voll lachen. Sein Lachen schallte
durch die Unterführung des Minibahnhofs. »Erzähl, Emma!
Wie war's?«

Ich schaute ihn verständnislos an. Was sollte ich denn in
diesem Moment erzählen? Ich musste ja selbst erst einmal
damit klarkommen, dass ich gerade eine Woche lang mit einem sechsjährigen Mädchen im Zug gelebt hatte. Außerdem
musste ich die ganze Zeit von diesen blöden Chips aufstoßen.
Eigentlich esse ich so gut wie nie Chips.

»Das war einfach nur cool!«, rief Lia in die wolkenlose
Nacht hinein.

»Was habt ich denn erlebt?«, fragte Ninou noch mal.

Jetzt schaute auch Lia ihn verdattert an. Und da wurde mir klar, dass Lia so langsam verstand, was es bedeutet, sprachlos von einer Reise zu sein, die man gerade beendet hatte. Zum Geschichtenerzähler wird man erst, sobald man realisiert, dass die Reise zu Ende ist.

»Habt ihr gar nichts zu erzählen?!« Ninou klang fast enttäuscht. Gerade er! Der Junge war in Malaysia gewesen und hatte uns erst Monate später davon erzählen können, dass er auf seinem – wie ich es nenne – Yogitrip schreiend aus dem Dschungel gelaufen war und seine innere Kundalini nicht gefunden hatte.

»Ich fand die Reise einfach nur voll cool und schön!«, wiederholte sich Lia und lief freudestrahlend durch die Nacht.

Ich hingegen suchte nach ein paar Sternen am Himmel und atmete tief durch. Ich war mit meiner kleinen Nichte vom bergischen Wuppertal mit der Eisenbahn bis zum zweitnördlichsten Passagierbahnhof der Welt gefahren. In die Arktis. Wer konnte das schon erzählen?

Lias Begeisterung und was Kinder alles lernen können

»Omaaa!«, rief Lia am nächsten Morgen am Frühstückstisch. »Wir haben wirklich in Zügen nachts geschlafen. Es war so kalt, dass der Zug fast eingefroren ist. Ich habe auch mit anderen Kindern aus anderen Ländern gespielt. Die haben nicht Deutsch gesprochen, sondern Schwedisch und auch Englisch. Und ich habe auch mit denen auf Englisch und Deutsch geredet«, erzählte sie, nahm einen großen Bissen vom Brötchen und einen großen Schluck Kakao, um alles runterzuspülen, nur um schnell weiterreden zu können.

»Ich fand die Rentiere toll«, warf ich ein. »Ich hätte nie gedacht, so viel über Rentiere erfahren zu dürfen. Außerdem hätte ich nie gedacht, mit einem Kind eine Zugreise in die Arktis zu machen und wieder zurück. Aber ich habe es gemacht!«

YEAH! Alle jubelten am Tisch.

»Und ihr seid auch noch gesund und munter wiedergekommen«, rief meine Mutter erleichtert.

»Von deinem indischen Elbenbrot habe ich noch bis gestern gegessen.«

Lia haute ordentlich rein mit dem Frühstück.

»Deine Tante hat gesagt, dass du dich auch übergeben hast?«, fragte meine Schwester und versuchte ein Grinsen zu unterdrücken.

Ich glaube, das höhnische Grinsen galt eher mir. Hexe.

»Ja, aber danach habe ich dann geschlafen, und Emma hat es direkt weggemacht. Sie hat gesagt, das ist ganz normal«, verteidigte sich Lia direkt. »Das machen Abenteurer auch.«

Meine Schwester sah mich jetzt breit grinsend über ihre Brille an.

»Wir haben Burger bestellt und Nutella gekauft, als du nicht da warst, Lia«, rief meine kleinere Nichte Tibby in die Runde. »Das war auch lustig!« Um ihren Mund herum und auf der Nase war sie vollgeschmiert mit Nutella und grinste dabei so breit, dass ihre Ohren Besuch bekamen.

»Wow! Ist das spannend!«, kommentierte mein Bruder Tibbys Abenteuer. »Das ist so was von cool! Nutella und Burger, hast du gesagt?!«

»Halt die Klappe, Ninou!«, riefen meine Schwester und ich wie aus einem Mund.

»Nutella ist immer gut«, sagte ich zu meiner Nichte. »Und Burger sind auch voll cool.«

Freunde, ihr könnt euch vorstellen, dass der Morgen direkt nach unserer Ankunft ein Megakuddelmuddel am Frühstückstisch war. Lia redete ohne Punkt und Komma. »Der Schlafzug war total lang, und ich musste ihn aufhalten, sonst hätten wir das nicht geschafft. Emma hat gesagt, wenn ich den Zug nicht aufhalte, dann müssen wir zwei Tage warten bis zum nächsten Schlafzug. Das war echt anstrengend, weil ich rennen musste. Und ... und ... ich bin auf große Schneeberge geklettert und im Schnee getaucht. Dann war ich erst weg. Dann musste ich raus aus dem Schnee. Hat Emma gesagt.«

»Keiner ist durch die Tonnen an Schnee durchgestampft, nur du. Das war mir einfach zu gefährlich«, verteidigte ich mich. »Weißt du eigentlich, wie tief der Schnee war?«

»Das war aber voll cool!«

»Wenn ich sechs bin, fahre ich auch mit Emma mit dem Zug lange!« Meine kleinere Nichte stand auf dem Stuhl mit ihrer Stulle in der Hand und schaute uns an. »Dann fahr ich da wirklich hin.« Und dann setzte sie sich wieder.

So lief der Morgen und Vormittag mit der Familie ab. Viel erlebt und viel zu reden. Aber das zeigte mir, dass Lia die Expedition mit dem Schnee-Express genossen hatte und die Entscheidung, mit ihr nach Narvik zu fahren und ihrer Frage nachzugehen, wo es viel Schnee gibt und ob man da mit dem Zug hinfahren kann, richtig war. Und was noch hinzukommt – Lia hat ihre Frage beantwortet bekommen. Das war Sinn und Zweck dieser Reise gewesen.

Noch etwas muss ich mit euch teilen, Freunde ... Als Lia und ich nachts endlich zu Hause bei meiner Mutter angekommen waren und uns direkt ins Bett gelegt hatten, hatte Lia mich noch etwas sehr Interessantes gefragt: »Hast du auch auf den Schienen gesehen, dass da Blumen wachsen? Die gehen auch nicht kaputt, wenn ein Zug da langfährt. Das habe ich beobachtet. Das war in Deutschland und Dänemark.«

Diese Liebe zu den Details! »Sehr mutig von den Blumen, dort zu wachsen, oder?«

»Uns würde der Zug überfahren. Wir dürfen nicht auf Schienen stehen«, hatte sie weitergeredet.

»Weißt du, Lia, ganz oft sind die Kleinen die Mutigsten.«

Freunde, geht nach draußen und seid unterwegs mit euren Kindern. Lias Frage, ob ich die Blumen zwischen dem Oberbau der Schienen gesehen habe, zeigte mir, dass sie tatsächlich auf unserer Reise gelernt und Aufmerksamkeit gezeigt hatte. Endlose Möglichkeiten gibt es für Kindern, um zu lernen und zu wachsen. Reisen können ihre Welt für neue Lebensmittel, Kulturen, Kenntnisse und Erfahrungen öffnen, die in einem Klassenzimmer nicht verfügbar sind. Reisen können auch ihre Zuneigung zu anderen Mitmenschen erhöhen, zu einem besseren Verhalten führen und den Zeitaufwand für Sorgen verringern.

Es gibt keinen besseren Weg, um etwas über die Geschichte Schwedens, die eines anderen Landes, über die Ruinen und ungewöhnlichen Phänomene einer bestimmten Region zu lernen, als dort zu sein. Schnee, Polarlichter, Eiszeit oder der nördlichste Bahnhof der Welt bekommen bei der Erkundung der Arktis eine ganz neue Bedeutung. Während ihr unterwegs seid und reist, könnt ihr und eure Minis nicht anders, als etwas über andere Kulturen, Orte, Menschen und ihren Platz in der Welt zu lernen. Diese Art des Lernens, die durch das Leben geht, trägt dazu bei, ein Weltbild zu formen, das größer ist als das, was den Kleinen im Schulunterricht beigebracht wird. Dort wird nur geredet und geredet, aber nie etwas gezeigt.

Wenn ihr unterwegs seid, bietet sich täglich die Möglichkeit zu etwas Neuem: ein Rentier live zu beobachten, zu spüren, wie es sich anfühlt, in einem Zug zu schlafen, eine neue Sprache zu lernen, Verantwortung zu tragen und vieles mehr. Kinder sind von Anfang an neugierig, und das Reisen wird sie für eine ganz neue Welt von Fragen öffnen. Es kann auch helfen, ihre Fantasie zu wecken und sie zu ermutigen, auf kreative Weise zu spielen. Sie werden begeistert sein, Orte wie Machu Picchu zu erkunden und dann Fragen zu stellen, um mehr über die alte und verlassene Stadt zu erfahren.

Reisen kann euch Mut schenken. Sehr viel Mut. Nicht jedes Kind und auch nicht jeder Erwachsener lässt sich auf das Unbekannte ein. Durch die Reise erhaltet ihr und eure Kinder eine großartige Umgebung, um über die eigene Komfortzone hinauszugehen und sich selbst herauszufordern. Das Vertrauen, das ihr gewinnt, und eure teilweise unbegründete Angst, die ihr besiegen konntet, sind von unschätzbarem Wert. Abenteuerliche Reisen, auf denen ihr und die Kinder etwas zu erleben und machen habt, verbessern die Fähigkeit, in der Schule zu lernen, und eure Leistung auf der Arbeit. Ich kann von meinen Bekannten, Freunden, Kommilitonen, meinen Mitmenschen und mir selbst reden: Auf Expeditionen wird man gefordert, bessere Leistungen zu erbringen.

Ganz simpel ausgedrückt: Reisen fördert das Lernen und bringt Kinder dazu, lernen zu wollen. Reisen macht Kinder anpassungsfähiger, weil der Aufenthalt in internationalen Ländern und Städten eben nicht die gleichen Annehmlichkeiten hat wie das eigene Zuhause. Sogar einfache Dinge wie Marmelade und Brot schmecken anders. Durch Reisen können sich Kinder anpassen und dabei Spaß haben. Dies ist eine Eigenschaft, die ihnen ein Leben lang zugutekommt. Das darf man nicht vergessen.

Wie ich euch erzählt habe, erleben Kinder auf Expeditionen ein ganz neues Verantwortungsbewusstsein: Die gemeinsame Reiseplanung, das Packen der Rucksäcke und das Sicherstellen, dass sie alle ihre Sachen beisammen haben, wenn sie in ein neues Camp oder Hotel wechseln, vermittelt Kindern ein Verantwortungsbewusstsein, das sie möglicherweise nicht täglich haben. Das ist wohl das größte Geschenk für das weitere Leben, das Reisen Kindern schenken kann. Nutzt es aus, Freunde!

Wie oft bin ich in super Bekanntschaften und Gespräche reingerutscht, weil ich mangels Netz meinen Laptop oder mein Handy nicht benutzen konnte. Die Reise mit dem Schnee-Express schenkte mir in der Tat auch eine Pause von der ganzen Technologie und der Digitalisierung. Ich habe wieder angefangen, den Fokus auf das Wesentliche zu legen, auf das, was ich in meinem Alltag viel zu wenig beachte: unsere Umgebung und die wundervolle Natur. Diese Pause von der Bildschirmzeit verjüngt Erwachsene geistig und ermutigt Kinder, aktive Mitglieder in der Welt um sie herum zu werden.

Das Erleben einer neuen Kultur und einer anderen Lebensweise eröffnet Kindern die Möglichkeit, Respekt für ihre Mitmenschen zu entwickeln. Wenn Kinder einheimische Kinder treffen und mit ihnen spielen, passiert etwas Erstaunliches: Sie bauen trotz kultureller und sprachlicher Grenzen Bindungen und Freundschaften auf. Mein Gott, wie Lia trotz anfänglicher Unsicherheit zu den schwedischen Kindern Vertrauen aufgebaut hat und es dann plötzlich selbstverständlich war, mit den Kindern an einem verschneiten und noch so unbekannten Ort zu spielen.

Kinder lernen mehr auf Reisen als wir Erwachsenen. Und wenn wir genau hinschauen, dann lernen wir mehr von den Kindern als sie von uns. Kindern ist es egal, welche Religion,

Hautfarbe, Sprache, welcher Glauben, welches Geschlecht, welche sexuelle Orientierung oder Kultur ihnen gegenübersteht. Solange diese Person einen schönen Charakter hat und das auch ausstrahlt, wollen sie mit ihr zu tun haben. Das Mobben, die Diskriminierung und der Rassismus werden ihnen von den Älteren beigebracht. Aber auch Liebe, Verständnis und Offenheit in allen Lebenslagen werden ihnen von den Älteren beigebracht. Wir sind nie zu alt, um etwas Neues zu lernen und Kindern die Möglichkeit zu geben, uns etwas beizubringen. Und Kinder sind nie zu jung, um den eigenen Geist für Respekt, Verständnis und Weltoffenheit zu öffnen.

Mit diesen Worten schließe ich meine Erzählung über die Reise mit meiner Nichte und dem Schnee-Express in die Arktis ab. Ich hoffe, dass ich viele ermutigen konnte, etwas Neues zu erleben, den Kids mehr zu vertrauen und ihnen die Welt zu zeigen. Das Zuhause des Abenteuers ist die Fremde.

Nachwort

Manche Menschen reisen, um sich neu zu finden. Andere Menschen reisen, um aus ihrem monotonen Alltag herauszukommen. Dann gibt es Menschen, die nicht reisen oder unterwegs sein wollen oder es einfach nicht können. Dafür gibt es die unterschiedlichsten Gründe. Meistens ist fehlendes Geld die Hauptursache. Was die wenigsten Leute aber wissen: Sie überschätzen sich oft mit den Kosten. Alle Reisenden, die ich kenne, bekommen wie auch ich selbst ein durchschnittliches Gehalt. Ich habe Freunde und Bekannte, die teilweise für mehrere Monate unterwegs sind und sich von ihrer Arbeitsstelle aus freinehmen. In den Ländern, in denen sie unterwegs sind, bieten sie einfach das an, was sie können: die eigene Muttersprache unterrichten oder im Hotel aushelfen. Reisen kann so günstig sein. Wo ein Wille ist, ist auch ein Weg. Aber viele hängen sich an Preisen auf, die sie in den Schaufenstern der Reisebüros sehen oder in den Gesprächen von Freunden und Verwandten mitbekommen. Geld kommt immer irgendwie in die Kasse, aber Zeit nicht. Der 19. März 2021, 15:45:21 Uhr, wird nie mehr zurückkommen, während man 100 Euro immer wieder zu Gesicht bekommt. Freunde, ich kann euch nur sagen, dass wir nicht reisen sollten, um vom Leben abzuhauen. Vielmehr sollten wir reisen, damit UNS das Leben nicht abhaut.

Ich war schon immer viel unterwegs gewesen. Zugfahren war für mich als Kind ein Highlight, weil wir – meine Mutter mit ihren zwei großen Mädels, dem kleinen Sohn und dem neugierigen Kater – in den Bummelzügen viel Spaß hatten. Später musste ich aus beruflichen Gründen reisen. Diese Reisen haben mir überhaupt nicht gefallen, weil ich sah, wie unfair Menschen in Diktaturen behandelt werden und wie viel Leid es auf der Welt gibt. Ich fing an, das Reisen zu hassen. Doch im Oktober 2018 sollte sich das Blatt wieder wenden, als ich mit dem Zug in das schottische Kloster in Pluscarden reiste. Auf dieser Zugfahrt von Edinburgh nach Aberdeen fand ich meine Freude am Reisen wieder. Obwohl sie nur zwei Stunden dauerte, waren diese 120 Minuten ausschlaggebend für einen Wandel in meinem Kopf. Ich kann euch auch nicht erklären, wieso das so kam. Vielleicht, weil ich das Interesse eines Mitreisenden geweckt hatte. Oder es war diese Leichtigkeit, die eine fremde Begegnung mit sich brachte. Oder diese Art und Weise, wie er an mich herantrat. Vielleicht waren es auch irgendwelche Energien. Ich kann es euch nicht sagen. Höchstwahrscheinlich bin ich nicht die Einzige, die solche Erlebnisse kennt. Man sagt ja auch: Oft sind es die Begegnungen im Leben, die das Leben erst lebenswert machen. Irgendetwas muss hinter den ganzen Sprichwörtern ja stecken.

Die Züge der Scotrail fuhren alle mit Diesel, vermutete ich, weil ich keine Stromleitungen sah. Normalerweise bin ich nicht der Typ, der mit Gewalt am Fenster sitzen muss, aber an diesem Tag war der Wille schon da. Vom Süden Schottlands in den Norden zu fahren und dabei die wild aufpeitschenden Wellen der Nordsee zu beobachten, die an Felsen klatschen, in Millionen Tropfen schäumend gebrochen werden und dann wieder ins dunkle Wasser zurückfallen: Das konnte ich mir nicht entgehen lassen. Mein Zug verließ den Bahnhof. Seine Einrichtung wirkte altbacken. Der Boden war mit Teppich ausgelegt und mit vielen Flecken übersäht. Die Sitze waren mit blauem Stoff überzogen. Ich saß auf einem Viererplatz.

»Sorry, darf ich mich hier hinsetzen?« Ein Mann mit schulterlangem schwarzem Haar stand vor mir.

Ich musterte ihn mit verkniffenen Augen. Nein, ich starrte ihn an. Seine Stimme klang angenehm rau und freundlich in meinen Ohren. »Ja, ja. Klar. Ist frei. Also das ist nicht mein Platz. Ich meine ...«, sagte ich stotternd. *Wieso springt meine Zunge unkontrolliert in meinem Mund herum und lässt Worte über meine Lippen fliegen?* In meinem Hirn ratterte es. Gerade war ich dabei, in meinem Kopf Dateien mit Bildern, Tausenden von Bildern durchzugehen, weil ich wusste, dass ich diesen Menschen einem dieser Bilder zuordnen konnte. *Wo hast du den schlaksigen Typen mit langen Haaren, kantigem Gesicht, stark ausgeprägten Kiefeknochen und dunklen*

mandelförmigen Augen schon gesehen, Emma?
Ich kenne ihn. Das weiß ich.

»Er ist nicht besetzt, aye«, half er mir grinsend auf die Sprünge.

»Ja, er ist nicht besetzt«, sagte auch ich, wieder ruhig und gefasst.

»Die Tickets, bitte.« Der Schaffner holte mich aus meinen Gedanken. Ich gab ihm meines zum Entwerten, und er kritzelte mit einem Stift darauf herum.

»Was machen Sie da?«, fragte ich entsetzt und starrte auf meine orangefarbene Karte, die er mir hinhielt.

»Ich habe nur dein Ticket entwertet«, antwortete er.

»Ohne einen Stempel?!«

Der dicke Mann lachte. »Aye. Wir benutzen Stifte.«

Ich schaute mir die Kritzelei auf meiner Fahrkarte an und betete, dass mein Ticket die Gültigkeit für den Anschlusszug nicht verloren hatte.

Der Schaffner ging, der Fremde und ich bleiben zurück.

»Wir kennen uns.« Ohne zu überlegen haute ich das raus.

Er hob eine Augenbraue. »Wirklich?«

»Kommst du nicht aus Bayern?«, fragte ich ihn auf Deutsch.

Irritiert schaute er mich an. »Ich glaube, du verwechselt mich«, antwortete er auf Englisch.

»Hmm. Okay.« Irgendwie machte mich das in diesem Moment traurig. Betrübt ließ ich meine

Schultern hängen, lehnte mich zurück und sah aus dem Fenster. Ich war an vielen Orten gewesen, habe viele Menschen kennengelernt und ein paar von diesen Menschen habe ich ins Herz geschlossen. Mir fällt es ab und zu schwer, zurückzugehen. Ich fahre weg, während geliebte Menschen hinterherschauen, wie meine Gestalt immer kleiner wird und am Horizont verschwindet.

»Ist alles in Ordnung?«, fragte er.

Ich drehte meinen Kopf vom Fenster weg. »Ja, alles gut. Du hast mich nur an jemanden erinnert, den ich mal auf einer Reise kennengelernt habe.«

»Draußen trifft man die besten Menschen, aye«, sagte er, während er seine Kopfhörer einrollte. »Einer der Gründe, weshalb ich versuche, nicht mehr so viel zu reisen.«

Ich nickte. Das hatte ich mir auch schon so oft vorgenommen. Allerdings war daraus nie etwas geworden. Schließlich saß ich in diesem Augenblick in einem schottischen Zug und fuhr in den vermoorten schottischen Norden.

»Erzähl mir von dem Menschen, dem ich ähnlich sein soll.« Entspannt lehnte er sich zurück.

»Das kann etwas länger dauern«, gestand ich. »Ich glaube nicht, dass es so wichtig ist.«

Der Mann tippte kurz auf seinem Smartphone, das auf dem Tisch zwischen uns lag. »Du hast zwei Stunden Zeit.«

Und so erzählte ich einem wildfremden Mann, dessen Namen ich noch nicht einmal kannte, die Geschichte von dem Fahrradfahrer, der mich im bayerischen Wald vom Wandern abgehalten hatte, um mit mir den Tag zu verbringen. »Also gut. Meine Oma hatte mir eine Reise in den Bayerischen Wald geschenkt. In einen kleinen süßen Ort abseits des stressigen Alltags und des Großstadtrummels.«

Der Zug fuhr über Brücken aus Edinburgh raus, und der Typ machte es sich bequem mit seinem Becher Kaffee zwischen seinen Händen. »Mit Einzelheiten. Wie gesagt, wir haben mehr als zwei Stunden Zeit bis Aberdeen, aye.« Sein Grinsen wurde breiter. Von meinem Besuch in Glasgow und Edinburgh wusste ich, dass aye als Bestätigungsaussage von den Leuten verwendet wird. Allerdings hatte ich bislang in keinem Zusammenhang so viel aye hintereinander gehört wie jetzt. Jetzt stellte er auch noch Anforderungen.

»Okay ... Ich fuhr mit dem Auto die Landstraße zwischen Wäldern und kahlen Landschaften entlang. Sie waren wie die Landschaften in den Feenmärchen. Hügel und Berge ringsum. Jeder Baum hatte einen anderen Grünton als der andere. Selbst die Nadelwälder waren nicht nur dunkelgrün, sondern es gab die unterschiedlichsten Nuancen. Die Gräser auf den Hügeln leuchteten wie Smaragde in der Sonne. Das Gästehaus, in dem ich untergekommen war, lag fünf Kilometer von der Kleinstadt Regen entfernt. Ein typisch bayerisches Landhaus, geschmückt mit bunten Blumen. Die Hauswirtin empfing mich mit offenen Armen und zeigte mir direkt mein Zimmer. Es war groß, mit einer kleinen Küche und einem großen Balkon mit Tisch und Stuhl. Sie erklärte mir alles.«

»Was erklärte sie dir?« Der Typ nippte an seinem Becher.

»Wann es Frühstück gibt, wo ich Tee und solche Sachen finde. Als ich am nächsten Tag aufbrach, um meine erste Strecke zu wandern, fragte mich jemand: ›Soll i di a Stück mitnehma, Madl?‹«

Er fing an zu lachen, als ich diesen Satz auf Bairisch aussprach.

Ich erklärte ihm, was es auf Englisch bedeutet, musste aber auch lachen. Aus Spaß wiederholte ich den Satz und machte ein paar lustige Grimassen dazu. Ich machte mich in dem Moment zum Clown, und nachdem wir ausgiebig gelacht hatten, fuhr ich fort. »Bevor ich mich umdrehen konnte, stand auch schon ein Mann, der dir wirklich ähnlich sieht, mit einem Fahrrad vor mir. Der sah dir so etwas von ähnlich. Ihr hättet Zwillinge sein können. Ich schirmte mir die Augen mit meiner Hand ab und wollte ihm klarmachen, dass ich wandern wollte. ›Du kommst nicht aus Bayern‹, bemerkte er beiläufig in perfektem Hochdeutsch. ›Hört sich ganz so an, oder?!‹, versuchte ich dann ganz cool und lässig zu sagen. Aber ich war da genauso angespannt wie vorhin bei dir.«

Der schottische Reisende stellte seinen Becher ab. »Das war witzig«, sagte er grinsend. »Aye. Das war witzig, wie du gestottert hast.«

Ich verdrehte die Augen. »Findest du witzig? Du bist doch nicht der nette und verständnisvolle Mann, für den ich ihn noch vor 20 Minuten gehalten habe.«

»Trotzdem hast du mich angesprochen.«

Eigentlich hatte er mich angesprochen, aber gut. »Und jetzt erzähle ich dir die Geschichte meines Lebens«, entgegnete ich sarkastisch.

»Aye, das machst du.« Seine Augen waren auf mich gerichtet.

Normalerweise hätte ich in so einer Situation verlegen reagiert, aber ich war es nicht. Ich fühlte mich pudelwohl, Zufriedenheit stieg in mir auf, und diese Begegnung kam mir einfach leicht und friedlich vor. Das ließ etwas in mir auftauen, einen Eisklumpen. »Also«, erzählte ich weiter, »ein breites Grinsen zierte sein ausdruckstarkes Gesicht. Schwarze Haare bis zu den Schultern, markantes Gesicht, buschige Augenbrauen. ›Dann nehme ich dich wohl mit, hm? Es geht hier ziemlich steil aufwärts.‹ Mit seinem Kinn deutete er auf eine Burgruine am Horizont. Eigentlich hatte ich wandern wollen, doch der Bayer sah mich aufrichtig mit seinen braunen Augen an. ›Wie willst du mich denn mitnehmen? Auf deinem Fahrrad?‹, fragte ich ihn. Wollte er mich tatsächlich auf seinem Fahrrad da hochbringen? Zwar war die Landstraße gut ausgebaut und hatte keine Schlaglöcher, aber es war August, die Sonne knallte mir jetzt schon auf meinen Kopf und – das war der ausschlaggebende Punkt – ich sollte auf dem Gepäckträger eines Fremden eine sechs Kilometer lange Straße hochfahren. In meinem Kopf überschlugen sich die Gedanken. Ich lachte kurz auf. ›Bekomme ich dein Fahrrad, und du gehst zu Fuß?‹«

»Nur Frauen können solche Fragen stellen, aye«, warf der Reisende im Zug ein, eher zu sich selbst als zu mir.

Ich setzte mich aufrecht hin, spielte mit meinen Händen, um meine Erzählung zu unterstreichen. Ich hatte schon lange nicht mehr über diese Begegnung in Bayern geredet, und jetzt kam alles in mir hoch. Ich war richtig aufgeregt und froh, das erzählen zu können. »›Traust du mir das nicht zu, Mädel?‹ Demonstrativ schob er ein Hosenbein hoch. Das hatte ich nicht erwartet. Ein durchtrainierter Oberschenkel kam zum Vorschein. Er fasste sich an sein T-Shirt. ›Okay, okay. Ich glaube dir. Ich habe es verstanden‹, sagte ich, bevor er sein Oberteil hochziehen konnte. ›Bitte keinen Striptease!‹ Der Verrückte fing an lauthals zu lachen. ›Dich nehme ich definitiv mit.‹ Wenn ich das mal nicht bereuen würde, dachte ich da nur und setzte mich auf den Gepäckträger. Er sah mich kurz an, lächelte. Ich zwang mir ein Lächeln auf und begab mich etwas skeptisch ins Abenteuer.«

»Etwas skeptisch?« Der Schotte lachte laut. Weiße und leicht schiefe Zähne blitzen auf.

»Total skeptisch«, verbesserte ich mich und schaute mein Gegenüber mit scharfem Blick an. »Weil ich schon wieder meine Pläne geändert hatte. Ich hatte mir zu Hause fest vorgenommen, den Bayerischen Wald zu erwandern. Allen hatte ich erzählt, dass ich zum Großen Arber und nach Falkenstein wandern würde. Und jetzt wurde ich da hochgefahren, statt zu wandern. ›Wie sieht's da hinten aus?‹, rief der Mann. Ich krallte mich nur an seinem Sattel fest. ›Alles gut.‹ Der Gauner wollte, dass ich meine Arme um seine Taille legte. Habe ich natürlich nicht gemacht. Weil das nicht mein Ding ist.«

»Das war klar!«, sagte der Schotte.

»Wie ein Weltmeister ist er die Straße hochgefahren. ›Sag mal, machst du das mit jedem Mädel?‹, fragte ich den Radler.«

»So etwas macht man nicht mit jedem Mädel, aye.« Die tiefe Stimme meines Sitznachbarn war ruhig und ernst.

Während ich weiterredete, suchte ich mein Wasser aus meinem Rucksack. »Links und rechts von uns gab es nur Wiese und vereinzelt Häuser. Ein Auto fuhr an uns vorbei und hupte. Mein persönlicher Chauffeur schaute kurz hin und zeigte ihm den Mittelfinger. Ich schaltete meine Gedanken ab und genoss die Natur.« Ich trank drei großzügige Schlucke. »Wie du dir denken kannst, bin ich ihn nicht direkt losgeworden. Er zeigte mir die alte Burgruine Weißenstein und hat mich seiner Oma vorgestellt. Es gab Kaffee und Apfelkuchen.«

»Der deutsche Apfelkuchen ist der beste«, warf der Schotte ein.

»Auf jeden Fall, Kumpel! Er ist der Beste. Nichts kommt gegen einen deutschen Apfelkuchen mit Streuseln an.« Ich schwieg, um der Erinnerung Platz zu machen. »Zwei Stunden später hatte er mir das ganze Dorf gezeigt, und wir trafen auf zwei Freunde von ihm. Wir saßen alle auf Baumstümpfen auf einer Wiese. Einer von denen war ein Ire, der in jedem Ast und Blatt Hinweise auf Feen und Elfen sehen konnte. Das war total lächerlich.«

»Wir Schotten sind abergläubischer als die Iren.«

Ich runzelte die Stirn.

»Ich glaube nicht an Feen und Elfen, aber aus den Volkssagen kann man vieles lernen. Sie sind ein Teil der schottischen Kultur. Früher noch stärker. Wenn du tiefer in den Highlands bist, kann es gut sein, dass du da auf Menschen triffst, die Angst vor Feen und Elfen haben.«

»Heute im 21. Jahrhundert noch?!«

»Aye!« Er grinste.

»Das ist jetzt schon einige Jahre her, aber das Erlebnis mit dem bayerischen Radler war so bindend und anziehend, dass es mich traurig macht, wenn ich darüber nachdenke. Vor allem als sein irischer Freund eine Elfen-Story erzählt hat über Zeitreisende.«

»Die meisten gälischen Märchen gehen um Zeitreisen, die von Elfen und Feen verursacht werden.«

»Ja, aber als er davon erzählte, habe ich den Fahrradfahrer gesehen, wie er betrübt und mit hängendem Kopf dasaß. Das tat mir irgendwie leid. Ich wusste, dass er mich mochte, weil er mich den ganzen Tag begleiten und mir alles zeigen wollte. Er hat es auch getan. Und dann reibt ihm sein Freund eine dieser Geschichte unter die Nase.«

Mein Gegenüber schien zu überlegen, dabei bewegte er seinen Mund langsam nach links, nach rechts, biss sich auf die Unterlippe und schaute die vorbeiziehenden Klippen an. Über dem Himmel hing ein tiefer Wolkenschleier. Die schäumende Nordsee hatte eine gräuliche Farbe

angenommen. Ich warf einen Blick auf die links-
seitigen Fenster des Zuges. Bäume, soweit das
Auge sehen konnte.

»Was für ein Kontrast«, sagte ich zu mir
selbst.

»Aye.«

Ich weiß nicht, wie oft ich schon mit Zügen
gefahren bin. Vielleicht 1.000-mal oder doppelt
so oft. Ich weiß nicht, wie viele Stunden ich in
Zügen verbracht habe, aber diese Zugfahrt war
so emotional und gefühlsaufreibend wie kaum
eine zuvor. Zwei Menschen, die sich gar nicht
kennen, bauen eine Bindung auf mit dem Wissen,
dass beide gleich getrennte Wegen gehen und
sich nie wieder mehr sehen werden.

»Wieso bist du hier?«, fragte er und sah wieder in meine Richtung.

»Wandern«, antwortete ich knapp.

»In Aberdeen?«

Ich schüttelte den Kopf. »Ich bin für einige Zeit
im Pluscarden Abbey.«

»Aye, in Morayshire.«

»Dann durch den Norden wandern.«

»Gute Entscheidung. Sie sind ein Wunder.«

»Na ja, ziemlich rau. Aber was man nicht
kennt, muss man erwandern.«

»Die Highlands sind wild. Der ganze Stolz
eines Highlanders.«

Ich verkniff mir ein Lachen. So wie der Schotte
den Rücken durchstreckt und die Brust nach
vorne drückt, habe ich anscheinend an seinem
Stolz gekratzt. »Stimmt, sonst würde ich sie nicht

kennenlernen wollen, oder?«, versuchte ich ihn zu beruhigen.

»Du wirst sehen, es wird dir gefallen. Für viele sind sie langweilig. Aber dir werden sie gefallen, aye. Das weiß ich, aye.«

Ich schaute ihn fragend an. »Ich verstehe nicht ...«

»Schönheit ist ein Geheimnis, das man finden muss, und das steckt tief, aye. Highlands sehen auf den ersten Blick nicht spektakulär aus. Aber wenn du sie kennenlernst, die Menschen, Tiere und die Natur, dann entdeckst du ihre Schönheit.«

Ich ließ seine Worte auf mich wirken. Die nächsten Minuten verliefen schweigend, obwohl ich spürte, dass er mich ansah. Es war, als würde er versuchen in meine Seele zu schauen. *Vielleicht schaffte er es auch oder hatte es schon geschafft. Was würde er finden? Oder hatte er schon etwas gefunden?* Ich blickte aus dem Fenster. Er sah mich weiter an.

In Aberdeen lud mich der Mann mit der rauchigen Stimme und den zusammengebundenen Haaren zu einem Kaffee im Café Pumpkin ein. Ich nippte an dem dampfenden Pappbecher, während er schweigend neben mir herlief. Ich hatte Schwierigkeiten, mit ihm Schritt zu halten. Sein Gesicht verdüsterte sich.

»Erzähl mir etwas«, forderte er mich auf.

Irgendetwas stimmte nicht. Hatte ich ihn doch gekränkt, als ich sagte, dass die Highlands rau sind? Sind sie doch auch. Also kann ich ihn nicht beleidigt haben.

»Du studierst Geschichte, aye. Wieso studierst du Geschichte?«

Da musste ich nicht lange überlegen. Ich gehöre nicht zu den Menschen, die ihr Studium anfingen, weil sie nicht wussten, was sie nach der Schule machen sollen. Okay, ich war in zwei Studiengänge verwickelt gewesen, obwohl ich von Anfang an gewusst hatte, dass ich Geschichte studieren wollte. Von Archäologie auf Lebensmittelchemie, und nach diesem Umweg war mir dann doch klar, dass es Zeit wurde, endlich mit Geschichte anzufangen. »Ich will den Wandel der Menschheit ergründen. Ich will wissen, warum Menschen dieses oder jenes getan haben, und ich will wissen, wie genau sie gelebt haben. Es geht mir nicht um Imperatoren, Könige, Tyrannen und Menschen, die in unseren Büchern stehen. Ich will wissen, wie der einfache Mensch, wie du und ich gelebt haben. Geschichte beinhaltet das ganze Wissen, das an Universitäten und in den Schulen gelehrt wird. Geschichte ist nicht nur die Vergangenheit. Es ist die Gegenwart und die Zukunft. Wir alle machen Geschichte. Wir gehören zur Geschichte. Von uns wird aber nur im Plural geredet: die Völker, die Menschen. Wir sind namenlos. Aber wir gehören zur Geschichte. Wer weiß, vielleicht will ein kleiner Historiker in 500 Jahren wissen, wie wir gelebt haben. Vielleicht findet er einen Beweis, dass wir beide existiert haben und uns im Zug über den Weg gelaufen sind. Er findet Hinweise darauf, dass wir uns mochten, was wir geredet haben. Dann sind wir nicht mehr namenlos in 500 Jahren.«

Der Mann blieb stehen und schaut zu mir runter. Also einen Kopf war er mindestens größer als ich. Vielleicht auch zwei Köpfe. Das rechte Auge kniff er nur ein bisschen zusammen, während sein rechter Mundwinkel sich leicht nach oben zog. Der Hauch eines Lächelns zierte jetzt sein Gesicht. »Aye. Was du nicht sagst.«

Ich trank einen weiteren Schluck.

»Hast du mal in einen Spiegel geschaut, während du redest?«

»Eh ... Nein, wieso sollte ich?!«

»Wenn du redest, zeigst du, wie du über deine Worte fühlst. Im Zug hast du eine Geschichte erzählt, die sich vor Jahren abgespielt hat. Du hast es erzählt, als wäre es letzte Woche gewesen: Freude, Liebe und Trauer. Man merkt dir deine Begeisterung an, zu erfahren, was und wer die Menschen sind, was sie bewegt haben, wie einfache Menschen in der Vergangenheit gelebt haben. Aye, das ist schön.«

Für mich klang es albern. Ich stellte mir vor, wie ich redete. Bei mir kommen nur wildes Gestikulieren und ein rot-verzerrtes Gesicht raus. Ich wusste nicht, was ich darauf erwidern sollte. Ich glaube, er erwartete auch nichts.

»Verstehst du, weshalb ich es nicht mehr mag, wegzufahren und zu verreisen?« In seinem Gesicht spiegelten sich gefühlt 1.000 Emotionen wieder. »Verstehst du?«

Ich war verwirrt.

»Du fährst nach Elgin. Ich bleibe hier und fahre morgen nach Ullapool.«

Ich verstand. Dieses Gefühl, nicht mehr gehen zu wollen. Dieses Gefühl, einen Freund gefunden zu haben, der gehen muss und nicht bleibt. »Das gehört dazu«, sagte ich mitfühlend.

»Aye. Deshalb ist mir das Reisen nur eine Last.«

»Du verstehst nicht. Das gehört zum Leben dazu. Menschen kommen und gehen. Menschen, die man gerne hat, müssen auch gehen.« Ich musste damit ringen, einen Freund zu verlassen, mit dem Wissen, dass man sich vielleicht nie mehr wieder sieht.

»Es ist schwer, aye. Wirklich schwer.«

»Aye«, stimmte ich ihm zu.

Er lächelte mich jetzt wieder an. »Aye.« Schließlich hob er seinen Kaffeebecher in die Luft, forderte mich auf, meinen Becher ebenfalls zu heben, rief etwas auf Gälisch und fügte hinzu: »Und dass du deinen Platz findest. In Schottland. Aye!« Er umarmte mich fest. Das Kuddelmuddel auf dem Bahnhof in Aberdeen, die lauten Rufe, Lautsprecherdurchsagen, das alles flog an uns vorbei. »Danke für die Verwechslung.«

»Danke für die Erinnerung. Ich werde von dir erzählen, damit du nicht in Vergessenheit gerätst.«

»Das erwarte ich auch von einer Historikerin«, rief er lachend. »Ich werde dich auch nicht vergessen, aye.«

Dann trennten sich unsere Wege.

Danksagung

Zuallerletzt möchte ich erklären, dass meine Gedanken, insbesondere über das Reisen und Abenteuer mit Kindern, nur meine Empfindungen sind, das, was ich beobachtet und was mir Kinder und auch Eltern erzählt haben. Ich hatte bereits erwähnt, dass der Kinderbuchautor Erich Kästner eines meiner großen Vorbilder ist, weil seine Kinderbücher oft ein Appell an die Erwachsenen sind, nicht ihre eigene Kindheit zu vergessen: Die meisten Menschen legen ihre Kindheit weg, als wäre sie ein alter Hut. Sie vergessen sie, als wäre sie eine Telefonnummer, die nicht mehr gilt. Sie denken über ihr Leben nach, als wäre es eine Salami, die sie Stück für Stück essen, und dann werden sie Erwachsene, aber was sind sie jetzt? »Nur wer erwachsen wird und noch Kind bleibt, ist ein Mensch.«

Die Expedition mit dem Schnee-Express war eine ganz neue Erfahrung für mich. Erstens hatte ich Lia dabei. Ihr

Verhalten in anderen Ländern und noch dazu eine Woche lang auf einer Zugreise zu beobachten, ihre Fragen und einfach, wie sie über Dinge nachdachte, die ich ihr erzählte, war noch mal etwas ganz anderes als in der vertrauten Umgebung zu Hause. Außerdem wurde ich mit einem knapp dreißigjährigen Studenten konfrontiert, der seiner Kindheit nachhing und versuchte einiges aufzuholen. Ich glaube, Menschen die gedanklich auch mal an ihre Kindheit zurückdenken, haben ein besseres Verständnis für Kinder und das Leben. Wenn Kinder etwas nicht wollen, sollte man das akzeptieren, und wenn ein Kind für irgendetwas Interesse zeigt, sollte dies gefördert werden. Erwachsene sollten sich mit Kindern mehr auseinandersetzen. Leider sehe ich zu häufig, wie Kinder neben den Eltern herlaufen und erzählen, während der andere Part gar nicht zuhört, sondern mit dem Handy spielt. »Mama, wie groß waren Dinosaurier?«, hatte ich noch vor Kurzem vor dem Kindergarten meiner kleinen Nichte gehört. »Weiß ich doch nicht«, hatte die Mutter gereizt geantwortet und weiter auf dem Smartphone herumgetippt. War es wirklich so schwer, zu sagen: »Warte, wir können in die Bücherei gehen und ein Buch über Dinosaurier lesen oder im Internet schnell schauen«?

Oft sind es die kleinen Sachen, die sich sammeln lassen und irgendwann zu einem großen Ganzen werden, die uns ein Leben lang verfolgen. Das französische Paar, speziell die Frau, war total aufgeschlossen. Sie hatte versucht Lia zu erklären, was Skilaufen ist. Ihre entspannte Art und Weise war beruhigend. Und auch die Schwedin im Pippi-Langstrumpf-Outfit wird mir lange in besonderer Erinnerung bleiben.

Wege entstehen dadurch, dass man sie geht, schrieb einst Franz Kafka oder Erich Kästner – das Internet kann sich auch nicht so richtig entscheiden. Diese Aussage beziehe ich nicht nur aufs Reisen, sondern auf das Leben im Allgemeinen. Wir dürfen unsere Wege nicht mit unnötigen Lasten wie Angst und Sorge verbauen lassen und davor stehen bleiben. Wir müssen versuchen, diese Last nicht zu umgehen, weil wir sonst vom Weg abkommen, sondern wir müssen über dieses Hindernis drüberklettern, da wir nur so unsere Probleme angehen können, seien sie innerlich oder äußerlich. Du kannst erst dann leben, wenn du deine Ängste kennst und weißt, wie du sie angehen und überwinden kannst. Hast du Angst vor dem Leben, um neue Wege zu gehen oder einen Weg fortzusetzen? Setze dich mit deiner Angst auseinander. Du wirst bald merken, dass deine Angst eigentlich gar nicht so groß ist.

Ich möchte mich bei denen bedanken, die ich auf dieser Reise kennenlernen durfte: für ihre Fürsorglichkeit und die schönen und tiefgründigen Gespräche über das Leben und die Welt.

Ein großer Dank geht an meine wichtigste Schreiberfreundin Maja G. Anders für den regen Austausch, das Lesen meiner Texte und Manuskripte und ihre hilfreiche Kritik.

Ein noch größerer Dank geht an Matt Tucker, der mich dazu bewegt hat, Lias und meine Expedition zum nördlichsten Bahnhof Europas niederzuschreiben und zu veröffentlichen: *A huge thanks also to you, Matt Tucker. You got me to write and publish Lia's and my trip to the northernmost train station in Europe. Thank you very much ... Although you called the cops in Valley Forge back then and the cops hunted me for no reason* 😉

Mein größter Dank gehört natürlich meiner Nichte Lia für ihre Neugierde, dafür, dass sie mich auf die Idee gebracht hat, mit dem Zug in die Arktis zu fahren, und dass ich mich auf sie verlassen konnte 🖤

Ach ja, danke Oma, dass ich an deinem Esszimmertisch sitzen und schreiben durfte und du mir ständig Tee nachgeschenkt hast, für die Fülle an Schokolade und das Plaudern aus dem Nähkästchen, das die eine oder andere Schreibblockade gelöst hat.

Der neue Ratgeber fürs Reisen mit Kindern

Was braucht man, wenn man mit kleinen Kindern groß verreisen will? Sonnencreme, Schwimmflügel und eine Handvoll Valium? Oder einfach nur ein bisschen Mut und die Entscheidung, endlich loszuziehen? Reisen mit Kindern ist nicht nur möglich, sondern ein ganz besonderes Abenteuer.

Davon ist Gabriela Urban überzeugt. Zusammen mit ihrem Sohn hat sie 35 Länder bereist – darunter Sri Lanka, Guatemala und Albanien. In ihrem neuen Ratgeber lässt sie die Leserinnen und Leser an ihren eigenen Erfahrungen teilhaben und zeigt, wie mit ein bisschen Planung und einer großen Portion Gelassenheit das Reisen mit Kindern zu einem wundervollen Erlebnis wird.

Gabriela Urban
**Wenn ich groß bin, werd' ich auch
ein Machu Picchu**
Ein Mut machender Ratgeber fürs
Reisen mit Kindern

ISBN 978-3-95889-187-6
ISBN 978-3-95889-358-0

CON
BOOK.

Jetzt gesteht Nick, was nicht so geil war in zehn Jahren Weltreisen

Endlich! Der Nachfolger von *Die geilste Lücke im Lebenslauf*

Nick Martin
Die geilste Lücke im Lebenslauf – Die dunkle Seite
Was nicht so geil war in
10 Jahren Weltreisen

ISBN 978-3-95889-402-0
ISBN 978-3-95889-407-5

www.conbook-verlag.de/buecher/
die-geilste-luecke-im-lebenslauf-
die-dunkle-seite

Ein Jahrzehnt des Weltreisens hat aus Nick einen neuen Menschen gemacht: aufgeschlossen, abenteuerhungrig, aber auch nachdenklich. Und wer von ihm wissen will, ob seine Reisen wirklich immer geil waren, bekommt die ehrliche Antwort: »Nope.« Ob auf selbst gebastelten Krücken, während einer nächtlichen Schießerei oder ausgeraubt bis aufs letzte Hemd – Nick hat mehr als einmal erlebt, dass Fehltritte und Grenzerfahrungen zum Reisealltag dazugehören.

Mit Witz, Charme und Sarkasmus richtet er sein Spotlight auf die Welt hinter den turbulenten Storys, Once-in-a-Lifetime-Begegnungen und schillernden Fotos auf Instagram. Fast wünschte man sich, für immer in den eigenen vier Wänden zu bleiben, wäre da nicht Nicks unerschütterlicher Optimismus. Denn Dunkel gibt es nur, weil es Licht gibt, und so fordert Nick aufs Neue die Abenteuerlust seiner Leserinnen und Leser heraus.

»Nick sucht nicht mehr in der Ferne, er findet. Und er weiß nun, dass er nur für sich reist, er muss niemandem etwas beweisen. Genau das will er weitergeben.«

(Mittelbayerische Zeitung
zu Nicks Debüt »Die geilste
Lücke im Lebenslauf«)

Ein einzigartiger Blick auf ein Deutschland zwischen Spießertum und Popkultur

Marcus S. Kleiner
Deutschland 151
Porträt eines bekannten Landes in
151 Momentaufnahmen (Edition 151)

📖 ISBN 978-3-95889-403-7

🌐 www.conbook-verlag.de/buecher/
deutschland-151

*Editionsausgabe der 151er
als hochwertiges Hardcover*

Deutschland – ein Land, das wir alle kennen, weil wir hier leben. Vielleicht schauen wir gerade deshalb nicht mehr so genau hin. Deutschland steht für Vieldeutigkeit und Widersprüche: Beamte, die im Berghain tanzen. FKK-Fans verteidigen die Kehrwoche. Satire schlägt Sauerkraut. Deutschland wandelt sich beständig, obwohl wir oft glauben, dass nichts vorangeht, wie z. B. die Digitalisierung.

Marcus S. Kleiners Deutschlandreise beginnt mit der Zuckertüte in der Hand mitten im Wirtschaftswunder. Er geht mit uns als Urlaubsweltmeister in Sandalen und Socken durch Mallorca. Als Sparfuchs versteht er keinen Spaß am Jägerzaun, der sein Eigenheim schützt. Er spricht mit uns über Emanzipation und Karneval, Klimawandel und Wohlstandsmüll. Den König Fußball lässt er auch mal danebenschießen. Die Ironie erklärt er für beendet. Und schließlich kommt er ganz pünktlich im Streamland an. Mit diesen 151 Momentaufnahmen werden Sie garantiert anders auf das Land blicken.

Welt retten statt Weltreisen

Robert Kösch
Ein Krankenhaus im Kongo
Wie ich bei einem Hilfeinsatz versuchte, die
Welt ein bisschen besser zu machen, und
warum das gar nicht mal so einfach ist

- ISBN 978-3-95889-399-3
- ISBN 978-3-95889-410-5
- www.conbook-verlag.de/buecher/
  ein-krankenhaus-im-kongo

Robert ist glücklich vergeben, hat einen guten Job und den Master frisch in der Tasche, als er mit 27 Jahren beim Gleitschirmfliegen lebensbedrohlich verunglückt. Nach seiner Rettung durch die Ärzte beschließt er, besser heute als morgen seinen großen Traum zu verwirklichen: einmal für die gute Sache zu kämpfen und die Welt ein Stück besser zu machen.

Als Allround-Manager schließt er sich einer großen Hilfsorganisation an, um im Kongo beim Bau eines neuen Krankenhauses zu helfen. Ein Jahr lang soll er in Baraka leben, einer Stadt am tiefsten See Afrikas, in der vieles anders ist. Doch Robert fühlt sich angesichts der Leichtigkeit und der Gemeinschaft der lokalen Bevölkerung schnell heimisch. Neben der Arbeit bei der Hilfsorganisation hat er Zeit, Fußball zu spielen, zu lachen, zu tanzen und im See zu planschen.

Doch dann verschlechtert sich die Sicherheitslage, die Grenzen werden geschlossen, und das neuartige Coronavirus wirbelt alles durcheinander ...

CON BOOK.